The Land not Promised

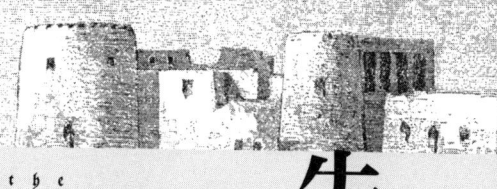

Pitfalls and Lessons in the Development of Emerging Countries

失落的世界

新兴国家发展的陷阱与教训

郭建龙 ◎ 著

当代中国出版社
Contemporary China Publishing House

献给我的祖父母郭保成和李玉萍

献给我的妻子梦舞君

目录

前言
一本为改革开放提供世界教训的书

发展只是一道窄门　003
自由贸易从神话到现实　005
与世界的关系：并非每个国家都足够幸运　007
经济自信不等于计划经济　010
经济发展与外债　012
战争往往是最糟糕的手段　014
中国的幸运与未来的坚持　016

楔子
阿富汗：从改革先锋到最落后之地

改革与传统　024
黄金时代　028
被西方遗弃的国家　031
倒向东方　033
从激进到入侵　036
被推翻的镀金时代　042
世俗化坠落　047
"圣战者"时代　050
从改革到地狱，只用 20 年　054
发展的窄门和错失的机会　058

第一章
并不友好的世界秩序

全球化与自由贸易　067
从蚕食到大博弈下的世界　071
侥幸的夹缝中国家　082
夹缝也可以是困境　091

第二章
殖民地的后遗症

殖民地独立的两种观点　103
英国模式：从代议制到独立国家　107
法国模式：左右为难的帝国器官　118
最暴力的独立史　124

第三章
前宗主国：剪不断，理还乱

融入国际秩序之难　135
面对前宗主国的欺骗　140
等待羽翼丰满　146
在争霸夹缝中长袖善舞　153

第四章
皮埃尔之惑

自由还是发展　165
计划还是市场　167
成也开国者，败也开国者　176
两个国家的对比　184

第五章
世俗化：民主制也无法解决的难题

阿姆河两岸的天壤之别　197
三个国家的世俗化命运　202
民主救不了世俗化　210
强制性改造是必须的吗　217

第六章
经济独立何其难

债务不仅是经济问题　227

石油的诅咒与祝福　232

困于剪刀差　241

基础建设的悲喜剧　245

中国企业走出去的磨炼　252

第七章
新兴国家的战争与毁灭

遭遇战争恶魔　257

塞满武器是个好的做法吗　266

虚假的种族，真实的屠杀　270

统一战争和统一市场　277

在共存中蹒跚学步　281

第八章
南亚的希望与纠缠：
　　　一个案例

自古分裂的次大陆　291

印度如何捏成一个国家　298

计划经济与改革运动　303

巴基斯坦的难题　311

徘徊于发展和稳定之间　315

依然无解的边疆　321

夹缝中的缅甸女神　328

拯救缅甸的路线图　336

后记　343

前言

一本为改革开放提供世界教训的书

发展只是一道窄门

最近几年,人们形成的少数共识之一,是中国的改革开放正在进入深水区。

40年来,我们已经习惯于享受这个世界上少有的奇迹,看着这片美丽的国土发生着日新月异的变化,从一个贫穷的农业国,变成世界的制造大国,并逐渐摆脱简单的加工贸易,向着智能化的方向迈进。

随着中国在世界经济中地位的提高,来自各方的压力也渐次而来,美国的施压是最新和影响最大的,却不是唯一的一个。但在所有的艰难险阻中,人们最担心的反而不是来自外部,而是内部的骄傲自满,以及可能出现的狭隘民族情绪,这可能会触发另一轮的闭关倾向,从而影响到改革开放的整体。

这种担心并非空穴来风,如果不足够警惕,人们的自满的确可能是致命的。

如果放眼更广阔的范围,回首这几十年的世界发展状况,我们会发现,一个发展中国家从落后到现代化,这条路看上去如此普通,但真正能够完成的国家其实少之又少。或者说,现代化不是坦途大道,反而只是一道窄门,大多数国家并没有完成这惊人一跃,而是在寻找窄门的路途中迷失了。中国作为少数正在经过窄门的国家,由于比其他国家顺利,容易忽视其中的艰难和险恶,过于将现代化的成功当作理所当然了。中国有许多经验可以分享给世界,也需要作好吸取世界各国教训的准备。在人类历史中,教训往往比经验更加宝贵。

需要说明的是,中国至今还没有完成现代化,但距离终点更近了一些。在这个阶段,前期的突飞猛进已经告一段落,接下来需要的不仅是速度,更重要的是不要走错了方向，到这时，世界的教训已经越来越有参考价值。因此，本书关注的，就是来自其他发展中国家的教训，告诉我们应该避免哪些陷阱，这有利于我们继续在发展的道路上走下去。

在对外关系史上，有截然不同的两派。其中一派认为，世界关系就是一部斗争的历史，充满了你死我活和尔虞我诈，玩的是零和游戏，一方所得必然是另一方所失；而另一派认为，世界总是充满了善意，先进国家总是在帮助落后国家成长，并达到共同的富裕和繁荣。

这两派在解释现实时都会遇到非常大的问题。第一派很难解释中国在改革开放过程中获得的来自世界的机遇，给中国提供了40多年稳定的环境来发展经济；第二派又过于理想化，很难解释不同国家之间不讲道理的打压行为。

事实上，世界是一个复杂的综合体，这里既有理想化的成分，比如人们对于人权的向往和对美好生活的追求，以及帮助弱者的慈善行为，也有更加复杂的一面，那就是国家之间的确存在一定的竞争关系，一个国家的发展，可以取代另一个国家原有的优势。整体上说，世界既不好也不坏，介于理想主义与勾心斗角之间。只有认清了这个现实，才能理解一个国家的发展策略，不能将世界关系天真浪漫化，要学会避开危险的区域，但又不能将世界关系说成一团漆黑，从而完全从对立和闭关锁国的角度思考问题。

一个国家真正的策略，是认清形势的复杂性，做到心里有数的同时，避开与世界强权的冲突，还要向世界靠拢，这样有利于获得足够的生存空间，从而开启内生的现代化。中国改革开放40多年来之所以受益，恰好是认清了形势之后的自主选择，在国际上利用不与人为敌的低姿态，为国内的发展提供了和平的环境。

但是，世界上有相当一部分国家却没有中国那么幸运，它们或者由于天生的不足，或者因为后天的选择出错，在到达那道发展的窄门之前，就已经接近于失败。那么，这些国家的教训主要有哪些呢？本书要回答的就是这个问题。了解这个问题，有助于深入分析中国在哪些方面做对了，从而在未来的改革开放中避免陷入同样的陷阱。

但在回答这个问题之前,本书先要告诉读者现代世界是怎么到来的,在这之前的世界是什么样子的。

自由贸易从神话到现实

在本书的楔子部分,叙述了阿富汗独立之后的遭遇,向读者展现了一个国家即便想要现代化,却在国际关系中迷失,最终又被本国的极端思想摧毁的过程。在这个例子中,读者将看到,与现在的阿富汗给人的面貌不同,它曾经是一个坚决要求现代化,并取得过一定成就的国家。然而,在复杂的国际博弈背景下,一旦陷入了选边难题(阿富汗的一次选择错误),就导致了全盘皆输的局面。

事实上,这一次选边也并非是阿富汗自己可以控制的,它是被美国一方推入到苏联怀抱之中的,之后所发生的苏联入侵、"圣战者"崛起、军阀混战等,都不再是本国人民能够控制的。而之前阿富汗已经取得的政治、经济和世俗化成就,在一次次的战乱中被颠覆,最初是政治和经济成就的丧失,最后社会世俗化也保不住了,导致了极端思想的滋生。

阿富汗的难题,引出了发展中国家现代化过程中的第一个陷阱:国际关系。这也包括殖民地国家独立后与前宗主国的关系问题。

中国曾经也存在在美苏夹缝中的选边难题,但到了1978年之后,采取了更加灵活的做法,与双方寻找共识,在夹缝中找到了自己的定位,通过互不干涉、埋头发展的方式,才取得了现在的开放成就。如果背离了这样的原则,势必要以牺牲与一部分国家的关系为代价,影响开放的国策,甚至像阿富汗那样走入被迫重新闭关的窘境。

为了看清楚国际关系的来龙去脉,本书的第一章首先回顾了世界格局的形成。在这里,有一个持续了数百年的神话:西方是靠自由贸易获得了全世界的领先权的。

但事实上，自由贸易观念是在19世纪才形成的理念，在这之前并不存在自由贸易。西方国家在15世纪末发现了新世界和新航路之后，首先想到的不是自由贸易，而是在国王授予独家贸易权之下的垄断贸易。葡萄牙、西班牙、英国、荷兰、法国等殖民国家追求的，都是对某一个地区的贸易进行垄断，甚至不惜为此发动战争。正是这种对贸易的垄断冲动，让西方国家不断地攫取殖民地，因为所谓殖民地，更多是为了垄断与当地的贸易权，排斥其他强权参与该地的商业行为。对于亚洲来说，所谓英、法、荷等国的东印度公司，不仅不是自由精神的代表，反而是垄断的代言人。只是到了后来，随着全球化带来的不可避免的技术和经济外溢现象，使得少数几个国家已经无法维持住垄断的格局，这时自由贸易的好处才被发掘出来，并逐渐成了主流。只有到了这个阶段，自由贸易才从原来的神话变成了现实，但依然残存着大量的不彻底性。

也正是由于垄断贸易的残余，才导致了现代经济中的许多问题。虽然19世纪和20世纪，世界已经开始提倡非殖民地化和自由贸易，但新兴国家获得了独立之后，依然有着选择性难题。它们往往与这个集团发展经贸关系，就无法与那个集团保持良好关系。

所谓选边难题，也并不只是存在于后来的美苏争霸时期，事实上，任何时候都有着所谓的大博弈现象，而其中又以19世纪英国和俄罗斯横亘欧亚的大博弈，以及英国和法国在非洲、亚洲和北美的争夺最为著名。

在大博弈中，世界上大多数的传统国家都被迫作出选择，只有少数的幸运国家是例外。这些国家大都处于世界不感兴趣的偏远之地，或者两大（或者数个）势力的交界地带。这些强权势力为了避免发生直接冲突，宁愿让这些交界地带或者边远地区保持独立。而这些幸运的地区包括位于偏远角落里的日本，以及位于势力交界区的泰国、阿富汗、伊朗和埃塞俄比亚等，从某种程度上也包括地域广阔的中国。

这些国家和地区中，有一部分利用了这样的地位获得了快速的发展，比如日本和泰国，以及 19 世纪的阿富汗。本书的第一章就分析了几个在夹缝中国家的发展策略。比如泰国取得成功，是因为它利用自己处于英法势力夹缝中的地位维持了独立性，而国王又能迅速转向，学习西方的技术、政治和社会治理经验，完成一定程度的现代化，这些转向导致泰国成了东南亚的稳定剂。

与此同时，也有一些国家浪费了这样的地位，比如非洲国家埃塞俄比亚，它也有着悠久的历史和边缘性的地位，并在西方强权的默许下维持住了独立性。然而，正是悠久历史的惯性，让埃塞俄比亚君主在维持独立的同时，却缺乏足够的动力开展改革向西方学习，这一点很像中国的清王朝，这导致了埃塞俄比亚进入 20 世纪后，依然是一个中世纪的传统国家，并造成了该国的悲剧。

另一个夹缝中国家伊朗却又是另一番景象，由于国王过于急切地想完成现代化进程，却无法保持独立的判断力，在政策上过于依赖这个或者那个强权的许诺，因而被英、俄两大势力欺骗，又同时被两者抛弃。

总结而言，处于夹缝中的国家既不能轻易相信强权的许诺，又必须寻找到摇摆的空间，只有这样才能在夹缝中获得发展。即便对于中国这个曾经处于东西方阵营之间的国家，这样的策略也是成立的。哪怕我们已经成为世界第二大经济体，但由于在国际关系中的惯性，在未来短时间内依然很难成为世界秩序的主导者。如果发生大规模冲突，对中国来说还不存在能够完全倚赖的稳定国际关系和国际贸易体系，中国的技术迭代能力也不足以单独与世界抗衡。在这样的背景下，避免在崛起过程中过多树敌，寻找空间并取得共识，依然是未来几十年继续发展的法宝。

与世界的关系：并非每个国家都足够幸运

除了少数幸运的夹缝中国家之外，世界上大部分国家都有过被殖民的历史，但这些国家除了少数之外，也都无法走出殖民地解体所带来的遗留问题。这就是本书第二章和第三章的内容。

在第二章中，我们回顾了世界上大部分殖民地的独立过程。在殖民地体系中，我们又可以将其划分成重要的两类，其中以英国和法国各为代表。在英式殖民地中，每一块殖民地都相当于一个独立的有机体，殖民地虽然有英王派来的总督，但一般事务却放给了殖民地所成立的类似议会的组织，这些地方议会承担起了日常管理和本地区立法职能，因此英式殖民地独立的过程，就是这些原本由英国人控制的立法和行政机构逐渐接纳本地人，并由本地人完全接管本地事务的过程。由于具有连续性，英式殖民地所遇到的问题相对较少。

在法式殖民地中，由于法国本土的中央集权模式，使得每一个殖民地都只相当于法兰西这个庞大帝国的一个器官，缺乏独立的管理能力。这些器官必须依赖于法兰西的母体才能存活，一旦失去母体，就会引起剧烈的经济和社会萎缩。法式殖民地的独立，相当于为每一个器官强行加装手脚以形成一个完整的躯体，难度要大得多。

但不管是英式还是法式，殖民地一旦完成了独立，都存在与前宗主国之间的严重冲突问题。

事实上，一个国家获得独立之后的最初岁月，是最难寻找自己定位的时期。独立后的领导人必须意识到，即便获得了独立，但他领导的国家在世界这个大家庭中，依然只是弱小的一分子，在很长时间内不具有左右世界或者地区格局的能力。在这个阶段，他们最应该做的不是彰显自己的威望，而是躬下身子尽快发展经济，使人民过上好日子。

另外，随着殖民官员的撤离，在最初的时间内，接手职责的本土官员的执政能力是不足的，这往往会造成国家和社会的退化现象。如何尽快地度过这个阶段，不要让社会退化过于严重，是领袖们必须考虑的内政问题。

为了达到经济、政治的发展，这些前殖民地国家一定要学会和世界搞好关系，特别是与前宗主国保持独立但密切的联系，获得前宗主国的帮助，同时又必然向前宗主国让渡一定的经济特权，来获得最快速的发展。

但在实际操作中，刚刚独立的国家往往处在最具有雄心壮志的时期，也是对它们之前推翻的殖民体系最仇恨之时，因此，独立国家与它们的前宗主国往往会发生激烈的冲突，形成巨大的闭关锁国倾向，或者迅速地在国际强权中参与选边游戏。

本书的第二章末尾提供的刚果（金）的例子，就表明当一个前殖民地不幸遇到了不良的前宗主国，会造成多大的灾难。由于刚果（金）前宗主国比利时采取了暴力治理加愚民治国的方式，使得刚果（金）在独立时不仅人才储备不足，还对前宗主国充满了敌视，在独立后迅速将面向比利时的大门关闭，这直接导致了比利时支持下的内乱和内战，最终导致了独裁者的上台。

刚果（金）的命运更多是没有选择的，但在本书的第三章却又有许多可以自主选择的例子。读者们将看到埃及和西非的部分国家如何迅速与前宗主国划清界限，但由于缺乏对世界舆论的影响，又迅速遭到前宗主国主导的国际社会的封杀。

本书也提供了东非、西非等地的另外一些例子，比如东非的肯尼亚和西非的塞内加尔，在这些国家独立后的发展过程中，领导人保持着较为清醒的认识，选择了与前宗主国和平共处，让渡一定的经济特权，但在发展过程中逐渐取得完全的自主，这种方法取得了良好的效果。

在中国发展的初期，也曾经存在着被迫或者有意的选边难题，并因此加剧了国际环境的复杂化。直到1978年之后，才避开了阵营和意识形态之争，获得了国际社会最大程度的接纳。

这里我们可以与第一次世界大战前的德国作一个对比，在20世纪初，德国也曾经取得过巨大的经济成就，让它误以为足够挑战已经形成的世界秩序，从而遭到了旧秩序的联合抵抗。如何在发展过程中避免德国的命运，也是每一个快速发展国家面临的问题。这意味着在较长时间内，必须尊重哪怕是不合理的旧秩序，而不是过早地陷入重新对抗的局面中。

但是，外部环境只是新兴国家要面临的问题之一，而更重要的原因还在于内部，比如，经济模式的选择……

经济自信不等于计划经济

新中国成立的时候，首先采取了计划经济的做法，中国在步履蹒跚中摸索了几十年，有成绩也有不足，最终走上了社会主义市场经济的轨道。

当我们为了这段曲折的历史而扼腕时，却忽视了新兴国家的一个共性：世界上很大一部分新兴国家，在独立后都立刻采取了计划经济或者半计划经济的做法，其中许多国家至今依然无法回头，在停滞的烂泥中继续挣扎。

新兴国家之所以乐于采纳计划经济，很大的原因在于过度的自信：既然独立都可以争取到，那么独立之后的发展看上去是一个更加容易达成的目标。这种自信心（或者叫经济自信）是很大一部分国家独立之初的共同特点。为了实现经济的快速发展，看上去最直接的手段，就是在政府的主导下实行计划经济，上大项目，干大事。当人民有不同的声音，或者因为日子过得越来越艰难而呻吟时，往往被认为是人民的短视造成的小波澜。在这样的潮流中，中国是走了弯路的国家之一，却又掉头足够快，从而避免了进一步的混乱。

需要指出的是，中国在1949年10月以后的几十年采取的计划经济，是符合当时中国国情和世界政治环境的，事实也证明，中国的以"人民为本"的计划经济为中国经济的发展打下了坚实基础，作出了重大贡献，与其他国家的计划经济有本质不同。

本书的第四章以"皮埃尔之惑"开头，讨论了新兴国家的政府主导和民间自由之间的关系，也可以称为人权和主权的关系。皮埃尔是托尔斯泰小说《战争与和平》的主人公，他向往人权，并因此对法国大革命充满了好感，但由于法国入侵了俄国，即便他向往人权，却不得不拥抱主权优先的思想去帮助祖国对抗法国。

在现实中,"皮埃尔之惑"普遍存在于发展中国家之中。这种矛盾既可以反映在政治上,也可以反映在经济上,后者就表现为是要计划还是要市场的问题。

不管在亚洲的越南、缅甸、印度以及中亚各国,还是在中东的土耳其、伊朗、埃及,又或是在非洲的坦桑尼亚、塞内加尔、布基纳法索,都有过一个强烈的计划经济时期。在政府的主导下,新兴国家很快将大部分的资金花费在华而不实的项目上,也浪费了最初的发展机会,更浪费了第一代领导人在独立过程中积累的威望。于是,许多国家过渡到了更加混乱的第二代领导人统治时期,也就是强权和暴力时期。直到第三代领导人的崛起,新兴国家才普遍采纳了市场经济的做法。

但是,计划经济又是有惯性的,在任何时候,政府都有着强烈的插手经济的冲动,即便是经过了长期的自由化改革,依然有可能重新回归计划。伊朗和土耳其,都曾经受到过长期的市场培育,但随着一个有威望的领导人的崛起,在他的率领下,整个社会很容易就回归到权威经济之中。这一点在拉丁美洲也常常遇到,于是就有了拉美陷阱的说法。

除了计划和市场问题,在许多宗教色彩浓厚的国家,世俗化一直是它们的心头之痛。以中亚地区的阿富汗和乌兹别克斯坦为例。在百年之前,阿富汗已经步入了改革和发展的轨道,而乌兹别克斯坦却依然是宗教色彩浓厚、又笼罩在俄国(苏联)羽翼下的神秘国度。但百年之后,在阿姆河南侧的阿富汗女性们又再次回到了罩袍之下,男性们惴惴不安地惊恐于时常发生的暴力袭击,可一跨过阿姆河来到北岸的乌兹别克斯坦境内,美丽的姑娘穿着长裙出现在街道上,立刻让人们意识到了它的和平与宁静。本书无意忽略中亚所存在的更多经济问题,但是,正是通过苏联时代的世俗化政策,使得中亚已经脱离了宗教化的基础,从而拥有了和平的可能性。

在许多国家,世俗化与民主制之间的冲突问题依然没有得到足够的重视,以埃及21世纪的"颜色革命"为例，虽然"革命"实现了民主化，但随后的民主选举却选择了宗教性的穆斯林兄弟会上台，而穆斯林兄弟会的目的，却是要颠覆民主制和世俗制度，实行教法治国。

在宗教化强烈的地区，许多国家是通过一个世俗化的强力人物来解决问题的，最典型的是土耳其的阿塔图尔克改革，正是他利用自己的威望强行打掉了土耳其的宗教束缚，使得土耳其拥有了百年的发展。但是，一个强力人物如果无法把控自己的野心，又很容易造成独裁问题，埃及、叙利亚、伊拉克莫不如此。

到底如何才能处理这种问题，依然是许多新兴国家不得不面临的难题。

经济发展与外债

决定新兴国家命运的终极问题依然是发展，如何调动起社会资源来发展经济呢？由于新兴国家的资金普遍不足，于是要想加速发展，就必须借助于借债和外来投资。

对于外债和外来投资，现代的中国人已经懂得它是一件好事，意味着外来资金将本地资源活化，从而产生出更多的经济效益。对于借债的一方而言，虽然需要偿还利息，但是在还完利息之后，往往赚的钱还是有剩余的，这部分剩下的钱就是自己留下的发展基金。

然而，对于世界上许多国家而言，外债和外国投资却是噩梦一般的经历。先不说1997年的东南亚危机，在更早的19世纪，埃及就曾经因为外债而丧失了主权。自从拿破仑战争之后，埃及一直被当作独立于西方的准主权国家，但不幸的是，国王在现代化过程中，向西方借了大量的外债，到最后由于偿还不上，不得不进行债务重组。现代国家的债务重组是与丧失信用这种软性惩罚相联系的，但在一百多年前，债务重组却意味着必须将属于国家内部事务的关税或者其他收入直接交给外国人管理，从而丧失了主权。埃及就是这样成了英国的被保护国。

与此同时，外来投资也同样是带有强迫性的。伊朗由于接受了英国人投资，其大部分石油资源在"二战"后被英国人控制，以至于英国海军可以以极低的价格获取伊朗石油，但伊朗本国人却不可以。与此同时，由于英国人掌握了公司的管理权，大部分利润也不会落入伊朗政府手中。这种极不公平却必须持续几十年的股权体系，使得伊朗铤而走险，却又付出了极大的代价。

中国改革开放借取的外债，与埃及、伊朗的外债模式，以及更多的亚非国家的模式是不同的。其最终的秘密在于：借债完成的投资收益是否能够覆盖借债成本，以及投资的收益能否外溢到所在国。

事实上，许多发展中国家的借债是被浪费掉的。以埃及的借债为例，大部分的资金没有转化为再生产，而是变成了国王的奢侈消费。在非洲，由于领导人拥有主导经济建设的权力，借来的债务大都变成了恢弘却无用的大工程，而不是由民间经济自主决定资金的流向。到底是政府主导借债行为，还是民间决定资金去向，决定了借债的成败。

而在投资中，投资是流向工农业等能够带来持续效益的部门，还是仅仅流向石油等资源型企业，这一点也是决定成败的关键性问题。事实上，现在许多亚非拉国家，依然是靠纯粹的自然资源换取外汇，这样的模式不仅无法带来效益，反而由于剥夺了穷人对资源的接触，可能制造出更大的不公平。

在本书的第六章中，还探讨了许多发展中国家特有的现象，比如工农业的剪刀差，以及援助问题，事实上，由于援助的资金没有流向能够促进经济发展的工农业，许多援助注定要被浪费。

一旦资金无法持续，社会的矛盾集中爆发，就到了下一个阶段，也是最糟糕的阶段：战争。

战争往往是最糟糕的手段

在现代化发展的过程中,最糟糕的手段莫过于战争。一个发展中国家一旦陷入了战争,就无法将资源集中在经济和社会发展领域,战争对于资源的挤占,将会让国家长期贫穷。

但本书也并没有一概而论,而是又区分了不同类型的战争加以讨论。由于后殖民地世界格局形成时,各地区有着大量的不平衡,有许多新兴国家虽然有了国家的名义,却还没有国家的实质,它们的人民还没有形成足够的国家意识。在历史上,这些国家并没有成为一个政治实体,而是许多分散的部落、民族或者地区,只是在殖民者的意志下被强行捏合在一个框架内。一旦独立,这样的国家就存在一个重新形成国家意识的过程,而这个过程很有可能是通过战争来完成的。这样的战争可以称为统一战争,统一的是国界或者人们的国家意识。

统一战争结束后,胜利的一方掌握了政权,建立了统一的政权,这时人们被迫学会在一个国家的框架下打交道,并在整合的过程中,形成统一的市场,保证人力、资金和物资三种要素的自由流通。只要这三种要素能够实现在国家内部的全流通,就必定能够促进社会经济的发展。这样的战争虽然也是悲剧,但最后所产生的结果往往是正向的。

本书专门以越南、土耳其、尼日利亚、乌干达、卢旺达这些国家在战争之后的整合为例,介绍了统一战争在破坏性之外带来的进步意义。以尼日利亚为例,这个国家虽然是由三个完全不同的部分捏合而成的,在独立之前缺乏足够的国家意识,有着严重的分裂倾向,但随着一场战争将三者强行绑定在一起,人们被迫学会了居住在这个叫尼日利亚的国家之下。虽然这场战争对某一部分人民有很强的强迫成分,但由于国家没有分裂,尼日利亚得以保持了非洲人口第一大国和市场大国的地位,至今依然是非洲重要的一极。

与此同时，作为反面案例，同是非洲国家，埃塞俄比亚和厄立特里亚、南苏丹和北苏丹，这两对国家都曾经是统一的，前者属于一个大埃塞俄比亚国家，后者组成了一个叫苏丹的国家。由于种种原因，这两个国家都分裂了，虽然分裂得到了联合国和许多大国的祝福，甚至埃塞俄比亚与厄立特里亚的分裂还是在友好的气氛中达成的，可一旦分裂，由于市场的缩小和不均衡，两者都遭遇了经济发展的困境，并最终反目成仇。在这里，一厢情愿的分裂破坏了统一的市场，将人力、资金和物资三要素打散了，所带来的负面作用是巨大的。

除了统一战争之外，其他任何战争形式对于国家发展的破坏性都是巨大的。本书也打破了一种迷信，即只要给予人们更多的武器，就有助于他们监督政府。巴基斯坦西北部是世界上武器密度最高的地方，这里却并没有获得和平，反而成了战争频发的地区。拥有武器之后，地方军阀会寻找各种借口发动战争，而不是将武器交给穷人自卫。事实上，自从15世纪地理大发现以来，向落后地区出口武器的行为总是能够促发当地的战争，从而制造大量的奴隶，或者便于窃取更多的资源，这已经是西方国家屡试不爽的法门。世界大国向贫穷地区出售武器，从来没有产生过和平，只会增加进一步的混乱。

在第七章中，除了有我经历的阿富汗战乱之外，还叙述了世界上导致战争的两种主要原因。其一是种族冲突，最典型的是卢旺达和布隆迪的种族大屠杀和种族灭绝事件。其二是因为信仰而发生的战争，同一个群体内部，不同人的信仰差距，也会导致最残酷的战争，这既包括极权主义发动的战争，也包括不同宗教信仰之间的战争。卢旺达、布隆迪、埃塞俄比亚、柬埔寨、中东等地，都留下了人们的鲜血和眼泪。

我曾经在柬埔寨、埃塞俄比亚、卢旺达的人骨纪念碑下默默祈祷，也曾经在阿富汗遭遇了最危险的情况，对于战争的观察是刻骨铭心的，并希望借助这本书提醒读者：一个国家一旦陷入残酷的战争，就失去了发展的机会。

特别是对发展中国家而言，一旦与世界的主流社会发生冲突，很可能会导致连锁反应，让国家最终不得不走向封闭，如果发生了这样的情况，那么，之前所取得的一切成绩都可能归零。因此，战争绝不应该轻易成为一个发展中国家所考虑的手段。

中国的幸运与未来的坚持

尽量避免与世界的冲突，特别是与主导了前一段世界秩序的大国的对抗，哪怕暂时吃点亏，也是新兴国家必须经历的。谁违背了这个原则，哪怕在道义上占了上风，依然可能受到主流秩序的制裁。

在经济上，一定要坚持减少管制，加强自由贸易，哪怕暂时受到了国际贸易不公正的对待，也要合理利用规则，善于维护自身利益。能够忍痛坚持下去的国家最终会得到相应的回报。

在对外交流上，一定要坚持开放，避免闭关锁国。闭关锁国是一个吃了亏的国家最可能的选择，却是以整个民生为代价的。

更重要的是尽量避免战争。即便一个国家已经进入了发达国家的行列，一场战争依然可以让它一无所有，这一点，当年的德国和日本都用血的事实进行了验证。

中国等少数国家与世界的走向不同，能够接近甚至通过那道发展的窄门，根本原因是中国在做这几个选择题时都作了正确的选择，此外，它自身幸运的地理和历史条件、庞大的体量也让它避免了发生像阿富汗那样被逼迫着退步的情况。

为了对中国和世界的对比有更加深刻的认知，本书的最后一章专门介绍了南亚的案例。由于中国和印度都属于世界的巨型国家，且人口相当，中印对比已经成了世界政治和经济的一门显学。本书也试图回答中印对比的问题：印度现在到底发展怎么样，印度和中国的差距由什么原因造成的？

我们将看到，事实上，印度并没有中国幸运，因为它的历史是分散大于联合的历史。由于地理的优势，中国在两千多年中基本是一个聚合的整体，人们总是渴望统一。作为对比，直到英国人撤出时，印度都还没有构成一个整体。中国在历史上大部分时间里是一个政治概念，而印度只是地理概念，这增加了它的整合难度。同时，印度的宗教问题、领土问题都有着更加不易愈合的伤口。

然而，除了这些客观条件之外，印度在做上面这些选择题时也并没有做好。在经济上，印度也采取了计划经济和管制的做法，直到1991年，也就是中国改革开放十几年后，它才不得不进行了市场化改革，但由于阻力重重，至今依然无法完全解决市场化问题。在对外交往上，印度经济的开放程度也不如中国。加上与巴基斯坦的长期冲突，以及没有解决好的教育问题，等等，导致了它今天相对于中国的落后。

但与周边国家巴基斯坦、缅甸等相比，印度又是幸运的，本书最后也对整个南亚的形势进行了简单的点评。巴基斯坦在短期内无力解决边境问题和宗教问题，而缅甸的军政府长期采取闭关锁国和计划经济的做法，虽然时而开放，但时而又突然回潮，它的走向依然是不明确的。从与南亚国家的对比中，我们也可以看到自身的优势，以及未来可能面临的挑战。

当然，研究海外的真正目的是思考中国。对于现在的中国而言，融入世界已经实现了一大半，但国内所泛起的急功近利，或者不断地希望为百年耻辱寻求复仇的心态，却是需要警惕的，它很可能会导致新一轮的闭关，也可能导致与世界的冲突。

如何避免这种情况的发生，依然是考验着中国人智慧的题目，希望本书能够给读者提供一个新的思考角度。

楔子

阿富汗：从改革先锋到最落后之地

尽管过去了好几年，但我依然记得那个下午，在阿富汗首都喀布尔（Kabul）遇到的那位老人。

2016年夏日的一天，是我到达这座战乱的城市的第一天，也是我遇劫的前一天。我住在喀布尔新区沙瑞脑（Shari Naw）公园旁边的一个旅馆里，距离公园不远处，就是著名的鸡街（Chicken Street）。

鸡街是喀布尔最繁华的街道之一，这里曾是旅行者们必到的目的地，两侧的铺子里摆满了阿富汗特有的旅行商品。从鸡街上望去，可以看到后面著名的电视台山（Koh-e-Asmai，或者TV Mountain），上面有许多无线电发射塔，这座山也是北面新区和南面老区的分界线。

当我到达喀布尔时，虽然局势仍有起伏，但鸡街的店铺已经纷纷开张，只不过游人少了很多，大部分铺子空无一人，店员们显得无精打采。

在经过一家地毯店时，一位老人突然拉住了我，将我拉入了他的店里。他先用英语说了欢迎，接着换法语和我交谈，发现我不会法语，又改成德语（当然我也不会）。从他良好的发音，我猜测他受到的教育已经穿越了战争，到达了曾经的和平年代。

阿富汗的和平年代可以追溯到38年以前（以2016年为原点），也就是说，一个人的年龄只有超过了38岁，才有幸看到过和平是什么模样。他要是在和平年代受过完整的教育，那至少要60岁以上了。这个老人又有多少岁呢？

"我已经86岁，老家在加兹尼（Ghazni），在喀布尔生活了62年啦……"这位老地毯商拉着我的手，颤颤巍巍地告诉我，"我经历了国王、总统、苏联人、塔利班和美国人，他们都走了，只有我还活着……"

他说的话并不完全准确，因为在这一连串的本国和外国势力中，最后的美国人在2016年时还没有离开。

老人的家乡加兹尼位于阿富汗东南部，在从喀布尔去往南部最重要城市坎大哈（Kandahar）的道路上。在现代，人们认为坎大哈是阿富汗南方最重要的城市，这里也是塔利班的起源地。阿富汗战争期间，美国国防部长拉姆斯菲尔德（Donald Rumsfeld）不断地重复坎大哈这个词，将这里当作除了喀布尔之外重点的打击对象。然而在历史上，南部最重要的城市却是加兹尼。这里曾经出过一个在整个南亚地区都举足轻重的王朝——加兹尼王朝（Ghaznavids）；成吉思汗进攻阿富汗，加兹尼也是最主要的防守地点，并遭到了残酷的屠城。

老人名叫扎希尔（Zahir），与阿富汗最后一位国王同名。他的青年时期就在加兹尼度过，直到一位亲戚把他带到了喀布尔，成了鸡街上的一个学徒。之后他大部分时间都在首都度过，经历了战争岁月，直到公元2016年，已经86岁的他仍然在经营着地毯铺子。

随着和他的闲聊，我也走进了他的店里。然后……我的心突然一紧，感觉到了疼痛……

在老人的商店里，地上塞满了折叠好的毯子，墙上则挂着那些更具风格、更容易卖掉的。其中，最显眼的一幅挂毯是这样的：上面绣的不是传统的穆斯林风格花纹，也没有那种伊斯兰教特有的静谧之美，而是密布着各种各样的武器。

由于知识的缺陷，我认不出这些武器的型号，只是简略数出了两种不同的坦克，两种固定翼飞机，两种直升机，三种冲锋枪和机枪，装甲车、炮车、炮弹、RPG（便携式火箭筒）、手雷、地雷……这些致人死命的武器都栩栩如生地出现在了地毯上。

老人以为我喜欢这样的图案，连忙解释说：这是最新风格……

不。我回答。我只是看了有些心疼。

老人并没有理解到我的多愁善感,把我的话当作了我更加喜欢传统风格,于是从地上厚厚的毯子堆里开始挑选传统风格的地毯向我展示。我赞美着,观察着,记下了心仪的两块小毯子,准备在离开阿富汗之前购买。

在翻弄毯子时,突然间,老人翻到了一块带人像的地毯。

正统的穆斯林一般不准将人像作为装饰品,而这个毯子上的人像说明它有几十年的历史了,是在战争之前的改革开放时代制造的。但即便如此,人像也只是一堆几何形状,显得非常抽象。人们除了知道他是个人,不可能认出他是谁,但显然这个人像又是有所指的。

老人看出了我的迷惑,解释说,这是达乌德(Mohammed Daoud Khan),阿富汗第一任总统。

达乌德执政于20世纪70年代,早已去世几十年,但老人就仿佛是在谈昨天刚遇到的某个人一样。也许在他漫长的记忆中,死去的,活着的,都只不过是一瞬间的事儿罢了。

在达乌德的时候,我们还没有打仗呢。老人突然若有所思地说。接着又否定了自己的说法:不对,我们就是从他开始乱套的……对,就是他,从他开始,我们就进入战争啦……

就这样,他沉浸在自己的经历中,开始向我娓娓道来,我们竟然聊了一个下午。通过这个老人,我有机会深入了普通阿富汗人的世界,了解了这片被遗弃的土地上发生的喜怒哀乐,不是用外界的眼光,而是通过当地人,理解他们的生活和所思所想。

在他叙述自己的经历时,我问过他一个问题:作为一个阿富汗人,他感觉最好的年代是哪个时期?出乎我的意料,老人思考过后,竟然回答:阿富汗没有最好的时代,可是,对于一个商人来说,称得上好一点的时代有两个,一个是国王扎希尔(我跟他一个名字)的时候,另一个是苏联人刚来的时候。最坏的时代还不是塔利班时代,而是"圣战者"(Mujahideen,阿富汗对抗苏联时出现的军阀)的时代(20世纪90代初期,在塔利班之前)。

他注意到我的惊讶，因为中国人总是认为，国王都是不好的，苏联人的统治也是外来统治，是入侵，这两个时代怎么会成为他口中的好时候呢？至于推翻了苏联傀儡的圣战者，如果稍微熟悉阿富汗历史的人就会明白，他们早已经被世界神话成了反抗暴政的英雄，但他们控制的时期怎么在老人嘴里，成了最坏的时代了呢？

于是，在好奇的询问中，我在老人的带领下，获得了一段与外界提到的完全不同的阿富汗历史，也是更加真实版本的阿富汗社会史。下面，我就把阿富汗视角的历史写出来。在这片世界的背水洼里，曾经发生过积极的改革与开放，试图跟上世界的步伐，实行现代化。在阿富汗人的努力之下，他们也差一点儿摆脱旧有的束缚，步入现代化世界。但突然间，全世界仿佛形成了一种合力，粉碎了他们的现代化梦想，将他们拉回了落后、动荡的泥沼。可以说，阿富汗今天的局面，不是阿富汗人控制的，而是整个世界都参与的罪过。

在这里，人们也在向往着好日子，但在大国博弈的背景下，背水洼里的生命显得多么不值一提，他们的努力又有多么脆弱……

改革与传统

阿富汗的第一段好时光是在国王时代。说到国王时代，就要去喀布尔南部著名的达鲁拉曼宫（Royal Palace of Darulaman）看一看。

2016年我访问阿富汗时，这座宫殿仍然处于废墟状态。它坐落在城郊的一座小土丘顶端，它的历史，就是一部微缩版的阿富汗近代史。

宫殿建于20世纪初，屡次被毁、屡次重修。它最早的损失发生在1969年的国王时代，一场火灾将它变成了废墟。不过随后又进行了重建，并授予当时的国防部使用。到了苏联入侵时，这座建筑再次遭遇大火，变成废墟。苏联人刚来到时，阿富汗的极端派领导人阿明（Hafizullah Amin）从这里撤到了距离不远的塔吉别克宫（Tajbeg Palace），在那里被苏联人枪杀。

不过，达鲁拉曼宫的悲惨史并没有结束，到了20世纪90年代，随着不同派别的"圣战者"占领了喀布尔的不同区域，由于宫殿所处的地理位置优越，这里又成了各个派别争夺的战场，建筑被打得稀巴烂，在它的周围还可能有没有清理的爆炸物。

达鲁拉曼宫从建设到现在不过只有100年时间，却见证了阿富汗王朝的毁灭、总统制的灭亡、红色政权的倒台、"圣战者"的混战、塔利班的肆虐以及美国人的入侵。这座宫殿也有着无数的化身，从阴森的恐怖机器，到巨大的战争遗迹。

而在建设之初，它却有着另一种身份——改革的象征。它的建筑者，就是阿富汗历史上著名的改革派国王——阿曼努拉汗（Amanullah Khan）。

这里不去追溯阿富汗更早的历史，只简单地说，在阿曼努拉汗之前，阿富汗曾经是亚洲抵御西方势力的英勇堡垒，两次击退了英国人的入侵。在和英国人作战时，阿富汗的统治阶层并没有故步自封和自我隔绝，而是意识到必须进行改革，才能继续保持国家的独立性。

到了20世纪，阿富汗的主要政治基调不是保守和闭关，反而变成了如何开放，如何放弃一部分闭锁的风俗，接纳更先进的文化、制度和技术。阿曼努拉汗就这样以改革家的形象登上了王位。

对于一个后进国家来说，改革与开放包含了四个层面的意思：第一，不管是哪个文明，人们追求的最终目标，是国家的富强和人民的富裕，这是经济层面；第二，为了达到经济目标，又必须有足够的政治自由相匹配，这就进入了政治改革、建立民主立宪制的范畴；第三，政治改革又必然牵扯到另一个问题——世俗化，如果没有世俗化的加持，政治改革往往会因为要改变某些风俗（如女性的权力、司法改革等）而遇到极大的阻力，只有打破了原有的宗教或者传统氛围，才能完成世俗化，因此，世俗化反而成了一切改革的起点；第四，就算完成了前三项改革，国家还需要在已经形成的国际秩序中找到一丝夹缝，获得国际的承认，在和平中跻身于国际舞台，至此，才算完成了改革开放的所有任务。

阿曼努拉汗的改革也必须完成这四项任务。但对于阿曼努拉汗时期的阿富汗来说，最难的也是最关键的，反而是作为起点的那一步：世俗化。

1928年，雄心勃勃的阿曼努拉汗在刚刚修建好的新宫殿达鲁拉曼宫宴请他的亲信官员们。他刚刚出访过欧洲。当时出访欧洲并不像现在一样乘坐飞机，而是利用轮船、马车、火车、汽车，一次出访可能持续数月。国王先从阿富汗陆路前往印度孟买，乘船途经英国殖民地亚丁（Aden），经过苏伊士运河到达埃及。对埃及进行访问后，再乘坐轮船前往意大利，进入了欧洲。随后经过陆路访问了法国、比利时、德国，又从多佛尔乘船去英国访问。离开英国后，他乘船前往波兰和苏联，受到了热烈欢迎。最后，他在克里米亚半岛的塞瓦斯托波尔（Sevastopol）乘船，经过黑海到达土耳其的伊斯坦布尔，会见了他心目中的英雄阿塔图尔克（也是现代土耳其之父，一位强硬的世俗化改革家）。他从土耳其陆路又到达了伊朗，从伊朗东部的马什哈德（Mashhad）亲自开着劳斯莱斯汽车，越过了伊朗—阿富汗边境，经过坎大哈回到了喀布尔。这趟行程一共持续了10个月。

从欧洲回来后，受到鼓舞的阿曼努拉汗决定在一生梦寐以求的改革中走出关键一步。

在达鲁拉曼宫的这次宴请中，主角并非国王，而是他的王后索拉雅（Queen Soraya）。在聚会中，当各路豪杰侃侃而谈时，王后索拉雅悄然出现，她走到人们面前，突然摘掉了面纱，人群中传来了惊叫声。他们第一次面对面看见了王后美丽的面容。

这是阿富汗历史上最摄人心魄的时刻。即便是普通的商人、富人，都不会把妻子的容颜示人，甚至连大门都不让她们出。只有那些低贱阶层和游牧的女人，才不得不为了生活，在外面劳动，即便这样，她们也要将脸遮住才敢出来。

首先打破这个规矩的竟然是国王！王后不仅不相信什么失贞的怪论，还落落大方地与朝臣们谈话，甚至参与了国王接下来改革的部分设计。

通过国王和王后的努力，他们试图打破阿富汗的世俗化障碍。但是，国王真的取得了胜利吗？

一年后，历史作出了回答：国王不仅没有维持住他的改革措施，反而在民变中失去了王位，流亡他乡。在流亡中王后一直不离不弃地守候在他的身边。

阿曼努拉汗的失败为后进国家的激进现代化做了很好的注脚。一方面，国家的有识之士已经意识到，不进行西化改革就是慢性自杀；另一方面，到底走什么样的路线，却总是无法达成共识。人们对经济改革并不排斥，对政治改革也部分接受，但在世俗化改革（社会改革）上，社会的保守阶层却总是抵制改变，甚至不惜用武力来阻挠改革，试图保留传统。可是如果不进行世俗化改革，政治改革和经济改革都缺乏可靠的根基。

于是，任何这样的国家都是在改革与保守之间来回地摇摆，有的摇摆得比较文明，能在政治框架内和平地进行斗争，这样的国家就发展得好一些；另一些冲破了和平框架，采取了暴力，这样的国家必然要面临更多的麻烦。

在20世纪70年代之前，在阿富汗，虽然改革派与保守派之间有过暴力冲突，但最终改革派还是占了上风。于是，到了第二次世界大战之后的国王扎希尔时代，改革的成果终于在喀布尔这样的大城市趋于稳定，阿富汗进入了第一个黄金时期。

在阿曼努拉汗时期，王后当众露出面容都被当作对传统的冒犯，但在扎希尔时代，首都的女孩子甚至可以穿上裙子，在大街上和外国人聊天、喝酒。虽然这样的场景在首都之外还很少见，但在喀布尔却已经习以为常了。这至少说明，阿富汗官场的生态也已经西化了，社会的关注已经从女性装束这样的事情上移开，聚焦在从西方如何引进制度和技术，改革也就进入了政治经济取得大发展的时期。

这时，也到了地毯商扎希尔老人生活的时代了。

黄金时代

扎希尔老人至今仍然能够回忆起喀布尔街头那些穿着短裙的女孩子。当时，喀布尔的繁荣和西方旅行者的一条主流线路有关。

那时在世界上流行一条叫"嬉皮士之路"的线路。这条路从东欧进入土耳其，穿越伊朗后，到达阿富汗西部的城市赫拉特（Herat），再从南方经过坎大哈，或者从中央经过巴米扬（Bamiyan）横穿阿富汗，到达喀布尔，从喀布尔经过开伯尔山口（Kyber Pass）进入巴基斯坦和印度。

这条路之所以出名，是因为它将当时世界上最著名的大麻产地串在了一起。伊朗和印度都产大麻，而阿富汗更是被认为拥有世界上最上乘的大麻品种。在那个时代，阿富汗对于西方青年的吸引力甚至超过了另一个嬉皮士聚集地——泰国，他们在这条路上抽烟喝酒吸大麻，听着音乐，并购买大量的纪念品。位于喀布尔的鸡街正是因此而繁荣起来。

扎希尔在青年时代从加兹尼来到喀布尔时，由于政策的开化，国王和首相为了吸引西方人来旅行，花了很大力气，法律也很宽容。最初，年轻的扎希尔在一家为本地人服务的珠宝店工作，随后发现为西方人服务更加赚钱，就转向了工艺品、青金石和地毯，最后固定在地毯行业。

"那时挣钱简直是小菜一碟……没有战争，只有游客。"老人向我感慨说，那时一天可以卖好几块地毯，可现在，几天都不开张。也正因为这样，扎希尔老人将扎希尔国王统治时期定义为一个黄金时代。

扎希尔老人的说法也得到了其他人的证实。在伊朗城市设拉子（Shiraz），我碰到了一位瑞士人，他曾经在20世纪的70年代，就去过了阿富汗。

"那时候的阿富汗，是旅行的天堂。"瑞士人朝我回忆说。由于欧洲处于发展的黄金时期，青年人兜里有钱，可以用很低的成本从西欧游玩到亚洲。当时的伊朗对于西方游客也是敞开的，伊朗国王同样是个完全的西化派，看不起伊斯兰教，总是以欧洲和美国标准来要求自己的国家。瑞士人经过土耳其从伊朗西部入境，前往伊朗东部城市马什哈德，从那儿坐车前往阿富汗的边境，过境后到达赫拉特。

当时的阿富汗也是一个对西方很友好的国家，人们自信而有教养，比伊朗人都和蔼。瑞士人和朋友们一同到达阿富汗之后，就被这个国家吸引住了。他现在也已有80岁，去阿富汗时才三十出头，那一次旅行，让他爱上了阿富汗的大麻，当然还有阿富汗的大山。

"还有姑娘，阿富汗的姑娘。"他又补充说。

由于他是做旅行装备的，后来又有机会去过几次阿富汗和印度。他在喀布尔待过很长时间，并去了巴米扬、马扎里沙里夫（Mazar-e-Sharif）和昆都士（Kunduz）。

"那时候的阿富汗真是太棒了。它没有战争，没有不安，我们去哪儿就像去世界上其他景点一样正常，却比其他地方更加自由——当然这是对游客而言。阿富汗人很好客，不会像别的国家那样限制你这个或者限制你那个。你可以喝酒，可以抽大麻，那儿的风景比其他地方都震撼……可是风景反而是其次的。首先是人，你能感觉到这是一个不同于欧洲的地区，却努力地开放着自己，不想落后。谁能想到，几十年后，会变成现在的局面！"他感慨说。

瑞士人回忆的时代，也恰好是国王扎希尔和总统达乌德（他先是担任国王的首相，后来成为总统，也就是扎希尔老人向我展示的地毯上的人物）接连执政的时代。

20世纪六七十年代，阿富汗首都喀布尔的社会氛围之所以这么开化，得益于20世纪50年代上台的首相达乌德的改革，以及后来国王扎希尔亲自领导的深化改革，还有达乌德成为总统之后的继续改革。

由于阿富汗的城乡差距很大，虽然乡村受到的改革冲击还不大，但在首都已经很繁荣。由于处于"冷战"时期，瑞士人记得，最后一次他在喀布尔时，阿富汗的电台上，政客们正在为是向欧洲靠拢还是向苏联靠拢而争吵不休，这两大势力在政治经济上有许多分歧，但在世俗化上，却毫无异议。甚至亲苏派比亲英美派更加鼓励阿富汗大力推行世俗化。结果，阿富汗的时髦女人们和欧洲没有什么区别，她们穿着绚丽的裙子，戴着欧式的项链，出现在街头的酒吧里，和欧洲人谈笑着。女孩子们也穿着裙子，不戴面纱，去往学校上学，处处可见她们灿烂的笑容。

鸡街的老板们快乐地挣着钱，和游客们用德语谈着荤笑话，并告诉他们哪个旅馆是背包客常去的地方。

一个国家的改革除了经济、政治和社会三方面，还有第四方面——如何获得国际地位。在担任首相时，达乌德明智地采取中立的政策，从美国和苏联两方面都拿了不少钱发展经济。阿富汗的经济和教育都蒸蒸日上，显示出一个新型政权的模样。

也是在达乌德首相时代，阿富汗再次扩大女性解放，女性不仅可以自己决定穿戴，还可以出任公职、在外工作。如果说，阿曼努拉汗时期的毛拉们（宗教保守势力）还极力反对，到这时，他们的力量已经退缩了，妇女们的权利得到了极大的加强。瑞士人前来阿富汗时，就享受到了达乌德改革的成果。

我试图让瑞士人回忆一下，当他最后一次在阿富汗时，除了吃喝玩乐之外，有什么迹象表明阿富汗将出问题？

瑞士人回忆良久，告诉我，如果说有什么迹象，那可能有两个：第一，他最后一次去的时候，国王扎希尔已经下台了，阿富汗成了共和国，国王的堂兄（前首相）达乌德已经成了总统。第二，虽然政客们还在争吵，但达乌德总统本人和苏联的关系越来越紧密，他没有和西方断绝关系，但是和苏联更亲近。阿富汗和巴基斯坦的关系也很僵，当时西方人过境巴基斯坦，总是会遇到麻烦，但对于游客，路基本上仍然是畅通的。

总之，这些政治问题会时常出现在阿富汗人的谈话中和电台上，但对于游客却毫无影响。人们不会意识到，突然有一天，阿富汗边境会朝西方人完全关闭。

那么,阿富汗又是怎样从开放变成封闭的呢?这要从阿富汗如何被西方主动抛弃说起。

被西方遗弃的国家

鸡街的扎希尔老人认为,阿富汗是一出被人陷害的悲剧,而阿富汗人民是无辜的。之所以说阿富汗人无辜,是因为他们是想选择西方式的现代化道路,但西方却主动拒绝了它。

前面已经提到,除了经济、政治和社会改革,国家能否改革成功,一个很重要的因素是整个国际上对这个国家是否友好。最典型的例子是"一战"之前的德国和"二战"之前的日本,它们都基本上完成了经济、政治和社会改革,但在改革过程中,两国都变得野心勃勃,不惜与世界对抗,最终导致了战争,毁掉了改革成果。

除了德国、日本这样的强势国家之外,还有许多更弱小的国家也由于各种原因,无法通过国际关系的窄门,从而失去了机会。有的问题出在这些国家本身,有的问题并不在于国家内部,而是国际环境本来就恶劣。阿富汗恰好就属于后面的一类。

人们常常说,阿富汗倒向苏联,是它步入乱局的开始,但人们很少提到,它是被西方强行推入苏联怀抱的。在此之前,阿富汗的改革都是以西方为蓝本,不管是政治上、经济上,还是世俗化上,都是如此。

那么,阿富汗又是怎样被西方遗弃的呢?这和它的一个邻国有关。

阿富汗的地理位置极其特殊。在 19 世纪,国际政治的主旋律是大英帝国与俄国的大博弈。在这时,阿富汗作为一堵墙隔开了两大势力,它虽然保持了独立性,却付出了惨重的代价。最大的代价莫过于英国人将它东面的土地占去了不少,并入了当时的英印帝国,这些土地上住着阿富汗的主流民族普什图人,他们愿意留在阿富汗,却被迫并入了英属印度。

此外，在阿富汗和巴基斯坦交界的南部，有着大片的沙漠地带，本来是无主之地。英国人占据印度之前，阿富汗和印度的本土政权都对这些沙漠不感兴趣，也没有占领。但英国人到来后，却把这些沙漠都占领了。英国人撤退后，这些无人地带都留给了后续国家巴基斯坦。随着海洋时代的到来，阿富汗人却发现，那些沙漠本来可以让他们直通海洋，但现在，他们变成了内陆国家，一个出海口都没有了。

到了20世纪下半叶，英俄大博弈已经不存在了，世界潮流变成了美苏争霸，作为小国的阿富汗，政策只能是在美国和苏联之间的夹缝中继续寻找平衡。

它的内部有两个党派，分别以国王的叔叔哈西姆汗（Mohammad Hashim Khan，后来的领导人是沙马麦德汗，Shah Mahmud Khan）和堂兄达乌德为代表，前一党提倡向西方靠拢，后一党想在美苏之间保持平衡。国王也在这两派中维持着微弱的平衡，不想让国家完全堕入其中一方的主张。

然而，这种平衡却在另一个问题上撞得粉碎，这个问题就是阿富汗和巴基斯坦关系。

第二次世界大战后，英国决定让印度和巴基斯坦完全独立，而英国当初从阿富汗挖去的普什图人的土地如何归属，就成了阿富汗关注的焦点。按照阿富汗的要求，既然协议是与英国签署的，英国人撤走后，这些土地应该归还阿富汗，但英国人却把它们划给了巴基斯坦。

更致命的是出海口问题，英国人撤走后，阿富汗必须借道巴基斯坦，从那个属于巴基斯坦的港口城市卡拉奇（Karachi）才能进入海洋。

当双方因为边境问题发生了长期的冲突后，巴基斯坦就用出海口问题威胁阿富汗，最初是限制，直至完全断绝了阿富汗的出海通道。

在与巴基斯坦的冲突中，所有的西方大国都没有站在阿富汗一方。英国曾经是巴基斯坦宗主国，而巴基斯坦也是当时美国反苏的重要合作伙伴，美国人不会因为偏远无用的阿富汗而去得罪这个伙伴。

阿富汗突然发现，哪怕它想靠近西方，却被西方自动疏远了。它想发展经济，但西方不肯帮它。它想进行世俗化，西方也不感兴趣。这个几乎被遗忘的国家被扔进了不起眼的角落自生自灭，没人理睬。

就这样，与其说是苏联控制了阿富汗，不如说是西方将它推向了苏联。

1950年，这时巴基斯坦出海口还没有对阿富汗完全断绝，但双方已经冲突不断，为了获得稳定的转运通道，阿富汗与苏联签署了贸易协定，苏联让阿富汗借道中亚的加盟共和国，出口羊毛、棉花等农业品，换取石油等工业品。靠着苏联的帮助，阿富汗才寻找到了救命稻草，维系着与外界脆弱的联系。

但即便如此，阿富汗人仍然不打算完全投入东方的怀抱。对于阿富汗人来说，东方并不是它的首选，另一种恐怖的记忆一直萦绕在人们心中。鸡街的扎希尔老人就听他的父母不停地回忆20世纪30年代苏联大清洗时期，从北方的边境跑来了大量的乌兹别克人、土库曼人和塔吉克人。

那一代的老人们谈起北方的邻居（苏联），总是庆幸它占领中亚后就止步了，没有继续前进入侵阿富汗。到了21世纪的现在，所有的阿富汗人都带着羡慕的目光看待邻居乌兹别克斯坦。

不过，老一代人的记忆，让阿富汗不可能对北方邻居有充分的信任，国王和他的首相们仍然试图在世界秩序中维持平衡，不倒向任何一方。

但情况却在改变，那就是阿富汗的年轻人。

倒向东方

虽然老人们依然留着20世纪30年代的恐怖记忆，但在阿富汗的年轻人中，已经有人开始用另一种眼光看待问题了。由于政府的激烈争论，一些年轻人对于受到西方的冷落感到不满，他们开始将北方邻居看作是唯一能够给阿富汗提供解决方案的解放者。

东方阵营在全世界之所以受欢迎，很大程度上是因为西方势力的殖民体系太蛮横。

与此同时，事情还在恶化。达乌德在担任首相期间，最初实行的是不偏不倚的政策，在美国和苏联之间长袖善舞。但到了1960年，达乌德的摇摆政策走到了头。巴基斯坦和阿富汗边境普什图人问题再次激化，巴基斯坦完全封闭了阿富汗边境。西方人扭过脸去不理睬阿富汗的呼吁，这一次，达乌德的中立政策再也维持不下去了，他不得不更加转向了东方。

达乌德丧失了中间立场。国王依然向往的是西方模板，不愿意采纳计划经济为主导的框架。国王担心达乌德的转向会给阿富汗带来灾难，在1963年解除了他的职务。

解除达乌德职务后，国王扎希尔决定孤注一掷，加速改革，建立更加民主的体制，也以此换取西方的帮助。在他的主导下，重新写了宪法，实行君主立宪。从1963年到1973年，就成了阿富汗社会的黄金10年，同时也是混乱10年。

所谓黄金10年，是指在政治上一片欣欣向荣，国王承诺不再动用酷刑，不再搞警察国家，即便这些承诺打了折扣，但仍然比以前好很多。大量的人都接受了教育，有过留学经验的人也很多，这些新型人才充斥着政府。西方旅行者来到喀布尔感受到的是类西方文明。大街上新型的建筑越来越多，人们的服装也逐渐脱离了原来的传统，采纳了更加西化的装束。

但是，到了1973年，国王改革的负面效果也开始显现。虽然他大力改革，却依然无法得到西方的实质性援助，加上内陆型国家的不利地位，经济改革越来越艰难。

对于刚开始改革的民族来说，最头疼的莫过于贫富差距扩大问题。改革之初还有许多特权阶层，这些阶层会钻制度空子为自己牟利。这本来是改革不彻底导致的，但最终大家却都责怪改革和国王本身。

对于一个新兴的国家，外国技术、资本，以及友好的协助，都是国家发展不可或缺的财富。但在20世纪六七十年代，西方国家一方面陷入"冷战"思维，不愿意帮助朋友（巴基斯坦）的敌人，另一方面它们国内也被革命、民权、通货膨胀死死缠住，对于遥远山地的小国毫不关心，也无力提供帮助。这一切，都导致国王逐渐成了阿富汗国内情绪宣泄的焦点。

1973年达乌德再次出现。此时的他已经变成了国王的对头，发动了政变，将堂弟赶下了台。

对于国王下台和建立共和国，地毯商人扎希尔是这么回忆的："那时候，我们都没有觉得怎么样，国王和总统有什么不一样吗？总统是国王的堂兄，还是他一家人掌权，有什么不一样吗？对我来说唯一的麻烦是经常有人跟我开玩笑：扎希尔，你下台了，怎么还不跑？要不就说：扎希尔，你不是逃出国去了吗，怎么还在喀布尔？"

人们甚至最初还很喜欢达乌德总统，地毯商人扎希尔向我展示的地毯就是明证之一。那时候，将达乌德的画像放在地毯上或者其他地方，都是一种时髦，这里面有作秀的成分，但也有着人们对他的认同。人们记得，达乌德担任首相时期进行了很多改革，效果都不错，认为他上台至少可以试着把阿富汗带出困境。

但接下来，人们却发现事情有些奇怪。达乌德上台后，苏联的影响力逐渐加强，大学也逐渐采取了苏式的教育体系。这和达乌德当年任首相时希望保持中立形成了鲜明的对比。再到后来，人们又传出，达乌德在政变中有苏联的帮助。人们开始越来越关心政治，后悔把国王赶走了。

对阿富汗的政治家来说，也许他们认为从东西平衡政策向东方政策转变，只是一次外交上的小小调整。但不幸的是，国际政治往往是一系列国内制度的基础，它和经济、政治架构紧密相连。既然阿富汗最早的政治架构和经济基础是按照欧洲模式设计的，一旦转向东方，意味着原来的许多基础都不再适合接下来的发展。另外，西方对于阿富汗的防范，将对它的技术和经济演化造成致命性的打击。这些暂时看不见的变化，将最终影响到阿富汗改革的前三个目标：经济发展、政治自由和世俗化。

不过，阿富汗的精英阶层依然不想屈服于命运，包括达乌德总统本人。就在人们以为他彻底成了傀儡时，这位总统却开始疏远苏联了。在这个理想主义者的心中，是要当全体阿富汗人的总统，而不是外国的代理人。

政府内部的斗争越来越激烈，达乌德和他的部长们也分成了派别。至于社会改革也早已停滞，甚至走向了反面。达乌德为了取得斗争的胜利，不得不加强了独裁，取消了媒体自由。

地毯商人扎希尔认为，达乌德一直试图从北方邻居的胁迫中走出一条独立之路。阿富汗的苏化，罪不在总统。但是也有人有不同的看法，就在扎希尔和我谈话的当天，另一位串门的老人却持另一种说法。他曾经在当时的政府部门工作过，后来当达乌德政权倒台后，跑到印度避难了一段时间。他说，苏联人并没有参与太多的阴谋，那时苏联人在阿富汗的名声很好，对于阿富汗的帮助也很多。苏联人也并没有要求阿富汗走他们的意识形态之路。只是，阿富汗的大学培养了太多激进的青年人，是这些青年人让形势急转直下。

不管谁说的正确，情况是，到了1978年，阿富汗的一群青年人发动了政变，推翻了达乌德政权。总统和他的部长们，还有他们的家属被全部杀害，阿富汗这才开始了另一场实验。

从国王到总统，都曾经醉心于西方的政治和经济，并坚持世俗化，但西方却主动疏远了阿富汗，让它在外交上只能向世界的另一极靠拢，这看上去只是小小的一步，却让阿富汗永远失去了改革开放的机会。

从激进到入侵

不管喜欢还是不喜欢达乌德，阿富汗人都承认，在达乌德推翻国王的政变中，最大的错误是不该丧失了中立的立场，而依靠一批激进的年轻人。在阿富汗，这些激进的年轻人组成的党派叫人民民主党（People's Democratic

Party of Afghanistan）。

由于国王属于改革派，大部分支持民主的中坚力量都是和他站在一条战线的。这就给达乌德出了个难题：在他发动反对国王的政变中，缺乏足够的中坚支持力量。为了获得足够的社会支持，他必须从其他方面寻找依靠性力量。

由于西方对于阿富汗的排斥，在阿富汗大学中充斥着一种激进化的风潮，许多年轻人不仅要求经济变革，还要求更加激进的计划主义的社会变革，完全向北方邻居靠拢。这些年轻人虽然支持改革，但他们却是非常危险的：如果按照这些年轻人的主张，就破坏了阿富汗原本正确的经济和政治改革目标，走入了一条计划主义的歧途。

不幸的是，达乌德由于缺乏中坚力量支持，他能够找到的支持者只有这些年轻人。

在这股风潮中，最著名的两个人物是塔拉基（Nur Muhammad Taraki）和卡尔迈勒（Barak Karmal）。人民民主党围绕着他们两人形成了两派，由于他们各办了一份报纸，人们就以报纸的名字来命名这两派，塔拉基和他的《人民报》（Khalq）被称为人民派，卡尔迈勒和他的《旗帜报》（Parcham）被称为旗帜派。

其中人民派是更加极端的派别，强调社会革命和暴力。而旗帜派相对温和，赞同在现有框架内争取和平革命。

达乌德政变上台时，就获得了旗帜派的帮助，并给了他们几个部长职位。但上台后，他感觉即便是旗帜派也还是太激进了，就疏远了他们。旗帜派被疏远，却让他们意识到，在达乌德政权内不可能找到他们的位置，于是和人民派联合起来发动了政变，推翻了达乌德。

关于这一次政变，地毯商扎希尔是这么回忆的：人们一听说达乌德被杀，就知道阿富汗的灾难来了。大部分人既不相信塔拉基也不相信卡尔迈勒，担心他们会把阿富汗带向灾难。这次政变也没有苏联人的直接参与，只能说阿富汗青年主动用左倾理论武装了头脑，自行发动了政变。思想的种子一旦种下，就必然会有后来的结局。

但更糟糕的还在后面，达乌德死后，人民派和旗帜派立刻陷入了内斗，激进的人民派获得了胜利，卡尔迈勒被排挤走了，塔拉基成了领袖，后来，塔拉基又被更加激进的阿明（Hafizullah Amin）取代，巨大的灾难正走向阿富汗。

在国王时代，试图实现经济、政治、社会和外交四大成就。到了达乌德时代，阿富汗在国际上的定位出现了巨大变化，但在经济、政治和社会三方面，依然试图保持着原来的步调。到了这些年轻人上台时，随着经济政治的极权化，最后改革所剩下的成就，就只剩下世俗化这一个了。

人民派政府上台后，立刻开始了激进化改革：没收地主土地、农业集体化，阿富汗很快陷入了减产和饥荒之中。大规模的屠杀，异议分子、教士、商人、读书人都受到了迫害。西方的游客再也没有了，鸡街的商店老板们都赶快关门回家，生怕被算总账。

在这样的风潮中，地毯商扎希尔也不能幸免。在经商就意味着罪恶的年代里，他关掉了鸡街的铺子，把所有的地毯都装上了汽车，拉到了喀布尔北区的家中存放。他的家距离喀布尔的英国人墓地不远，在一个小山坡上，我曾经去过那个区域，却不知道哪一个房子是他的。

过了一段时间，扎希尔把汽车也卖了。他的朋友们则纷纷大规模逃亡，有的坐飞机去了印度，有的走陆路去了巴基斯坦，有的从伊朗借道逃走。

在是否逃离喀布尔问题上，扎希尔的态度却十分坚定："我活了这么大，从来没有逃离过自己的国家……我是去过印度，可那是去做买卖和游玩，去几天就回来，不是逃跑……至于其他人跑掉的可多了。我有三个儿子，大儿子在印度做生意不回来了，二儿子已经死了，小儿子在身边。我还有一个姑妈在加拿大，一个叔叔在巴西，不过他们都死了，他们的家人留在了那边……我的商人朋友里，也有一多半的人都生活在国外了，有钱的就跑到欧洲，没钱的去往印度，最不济的竟然跑到了乌兹别克斯坦（这个我们曾经看不起的地方）。普什图人逃往巴基斯坦，哈扎拉人跑到了伊朗，他们都曾经亲如一家，可是一旦战争来了，人们都四处逃命……"

与巴基斯坦交界的贾拉拉巴德，以及与伊朗交界的赫拉特都突然间热闹了起来，人们都害怕掉脑袋，只要能找到渠道，跑掉为妙。阿富汗（美国）战争之后的首任总统卡尔扎伊（Hamid Karzai）在当年恰好去了印度读书，之后他一直在印度、巴基斯坦等地流亡。

有人认为，阿富汗之所以重建如此艰难，就和这一次激进派的大镇压有关，所有有思想的人要么逃亡，要么死掉了，留下的只有那些顺从的人。所有有钱人消失了，剩下的都在政权的剥削下变成了赤贫。

阿富汗一共数十万人死于清洗和屠杀。各地纷纷反抗，南部、西部、北部都形成了单独的军阀统治区，那些原本已经习惯了听从中央的部落首领们不想被消灭，举起了反旗，脱离了中央。就这样，阿富汗从一个好不容易统一起来的国家，变成了一堆没有隶属关系的碎片，这个碎片化的领土至今仍然让阿富汗人头疼不已。

地毯商扎希尔在封锁的高峰时期，与自己的家乡加兹尼断了联系，他把家人送往了加兹尼，自己孤身一人留在了喀布尔。他舍不得自己的房子和货物。他指望着事情变好，但接下来事情却向着更加失控滑去。

从经济上讲，阿明的人民民主党政府已经让阿富汗掉入了低谷。随着阿富汗的左倾化，西方国家终于意识到一个与自己为敌的国家出现了，于是他们纷纷指责阿明，加强了封锁，让阿富汗的经济变得更加脆弱。只是他们没有意识到，阿富汗转向的起点，就在于他们当初的漠视和丧失了公正。

那么，让阿富汗人摆脱了阿明的又是谁呢？答案出乎意料，不是西方，而是苏联，帮助的手段却是一场入侵。

在国际秩序中，有一类特殊的事件，叫最好的朋友变成最凶狠的敌人，这种转变可能是在瞬间完成的。

比如，在20世纪初，古巴曾经长时间依赖美国，最终却成了美国身边最长久的敌人。古巴曾经是西班牙的殖民地，后来在美国的帮助下摆脱了西班牙，又在美国的帮助下，经济取得了较快的发展。在一段时间里，美国人包办了古巴的经济，甚至指定古巴的领导人。但美国人没有想到，对古巴的帮助却逐渐让古巴人的愤怒积累了下来，因为美国帮助之余显得颐气指使，习惯了指手画脚。并非所有的古巴人都获得了美国的好处，越是富有的人，获得的收益越大，而贫穷的人虽然也有收获，他们却只看到了相对差距的扩大，不在意绝对生活水平的提高。

最后，卡斯特罗出现了。美国人在翻手之间成了古巴最大的敌人。

苏联和阿富汗的关系也属于此类。苏联曾经是阿富汗最大的资助人，慷慨大方吸引了一大批年轻的追随者。但在阿富汗扎希尔国王和达乌德总统执政时代，并没有迹象表明苏联要干涉阿富汗国内的政治进程。在与美国的斗争中，苏联在阿富汗已经占据了主动，赢得了阿富汗人的好感。但阿富汗不是一顿大餐，它过于贫瘠的土地、大量的穆斯林人口，都让苏联人避之不及，不想过分参与，这本来是一种明智的态度。

但接下来，阿富汗的形势发展过于迅速，让苏联变得无法适应了。阿富汗国内的年轻人接受了左倾教育之后，已经超出了苏联的控制，走向了反对政府、发动激进革命的道路。苏联人更支持达乌德总统，以及温和的旗帜派，可革命一旦启动，这些人都已经拉不住缰绳了。

极端人民党上台之后，在国内大搞清洗，整个国内形势逐渐失控，一个分崩离析的阿富汗显然不是苏联想看到的。苏联人突然间发现被绑上了一条不属于自己的战船。

更头疼的是，巴基斯坦已经开始利用机会，对阿富汗进行渗透，力图通过边境地区的普什图人武装推翻阿明。一旦推翻了阿明，那么巴基斯坦支持的新阿富汗政权必然是亲美的。

苏联人意识到，阿明政权迟早是要被推翻的，如果长期和这样一个政权绑在一起，到最后苏联在阿富汗必然声名狼藉，彻底失去影响力。如果想保持影响力，必须扶持更加温和的人上台。

可是如果不用武力，阿明又是不会下台的。

1979 年 11 月底，苏联人跨过了乌兹别克与阿富汗之间的友谊大桥，开始小规模进入阿富汗。如今的友谊大桥仍然连接着阿姆河两岸，这是一座钢架桥，除了可以行人，也有一条铁道相通。在和平时期，这里曾经是苏联物资帮助阿富汗的必经之地，而在入侵时，则是一条快捷的通道。

即便到了现在，两国仍然对这座桥充满了警惕。旅游者如果想从阿富汗去往乌兹别克斯坦，必须经受长时间的检查，将所有的行李都查一遍，再将随身携带的照相机、电脑都打开，确定其中没有敏感信息，然后才可以上路。两国之间的不信任感非常强烈。

除了从友谊桥过境之外，苏联人还利用塔吉克加盟共和国（现塔吉克斯坦）境内的机场，空运了许多士兵直接进驻苏联在阿富汗境内的空军基地。但即便在这时，行动依然没有公开，调兵遣将持续了近一个月，直到将机场、隧道、电台等设施都尽情控制，才开始了正式的入侵。

1979 年 12 月 25 日圣诞节，苏联部队大规模跨过土库曼、乌兹别克边境，向马扎里沙里夫和喀布尔挺进，空军则负责占领西部的赫拉特、坎大哈、贾拉拉巴德。两天后，苏军控制阿富汗全境。27 日，苏联人将阿明打死在了达鲁拉曼不远处的塔吉别克宫。

达鲁拉曼和塔吉别克残破的宫殿又经过了大量的内战，变成了废墟，几十年里没有人维修，如同巨大的怪兽在小山的顶部遥遥相望。在达鲁拉曼宫的对面，是同样被打得稀巴烂的阿富汗国家博物馆。当美国人占领阿富汗后，博物馆得到了修复，宫殿却仍然是废墟状态供人凭吊。直到我去的时候，新总统加尼（Mohammad Ashraf Ghani）才决定修复宫殿，作为弥合战争创伤的一种努力。

苏联入侵后，扶持了温和派的卡尔迈勒担任新的总统，指望他能够重新拾起达乌德总统的社会改革。

在苏联人看来，自己不是在入侵，而是在帮助阿富汗。在 100 年前，入侵阿富汗的英国人也是认为他们是在帮助阿富汗。那一次英国人最终被阿富汗人赶走，而这一次，会有区别吗？

被推翻的镀金时代

从执政的角度看，苏联人扶持的卡尔迈勒政府是一个温和的政府，采取了一系列的开明措施，纠正了阿明时期的极左政策。

扎希尔国王和达乌德总统追求的目标有四个，到了阿明时期只剩下了一个（世俗化）。卡尔迈勒时期，虽然外交安全投向了苏联，政治自由也受到了控制，但是，苏联又有意给卡尔迈勒保留了一定的政治决定权，同时努力地恢复阿富汗的经济繁荣，使得改革的任务又恢复到了两个半。

按照鸡街的扎希尔等人的说法，在卡尔迈勒的统治下，以喀布尔为中心的周边区域出现了另一次小的黄金时期。由于繁荣程度已经不如前次，因此我们可以称之为镀金时代。

尤其是在世俗化上，此时阿富汗的世俗政策比起国王时期还要彻底。由于苏联反对任何宗教，是一个彻底世俗化的国家，它支持的政权也大都延续了这种作风。在这个时代，喀布尔更多的女人进入了职场之中，对女孩子的教育也达到了高峰。

在经济上，苏联的援助带来了大量的卢布，使得以喀布尔为中心的地区进入了畸形繁荣。在苏军消费的刺激下，喀布尔市区周边突然变得一片繁华，不亚于国王时代。

这对于扎希尔这样的地毯商人来说是好消息：卡尔迈勒成为总统后，扎希尔又重新出山，把地毯从隐蔽处拿了出来，鸡街的其他商店也纷纷开张。

"你可能想不到，苏联人来了之后，我们的生意不仅没有受影响，喀布尔反而比往常更繁荣了。"他带着一种困惑又留恋的表情告诉我。

阿明刚死时，阿富汗又重新出现了一种错觉，仿佛和平再次到来了。在得知苏联人入侵时，阿富汗人首先不是愤怒，而是休克了。他们根本没有想好该怎么办，毫无准备。就连反抗中央政府的军阀也暂时收了手，担心打不过苏联坦克。其他国家开始谴责苏联，却都处于观望状态。

到了后来，远处的抵抗开始出现，并愈演愈烈，但喀布尔本身却保持着相对平静。苏联人和傀儡政权一直鼓励贸易，做了许多经济上的放松工作，希望能够恢复阿富汗的繁荣。

苏联士兵们最初很有礼貌，他们显然受过教导，吃饭、买东西必须付钱，不能耍占领者的威风。"你看到现在的美国士兵是什么样，当时的苏联士兵就是什么样，没有任何区别。"扎希尔这么告诉我。

苏联士兵们很喜欢喀布尔的纪念品，于是，喀布尔的工匠们开始专门为苏联人制造手工艺品。比如，阿富汗的国石是青金石，这种宝石既可以当首饰，也是上好的颜料。在数千年前，青金石商品就已经遍布了欧亚大陆，而开采地都来自于阿富汗东北的矿脉。正是因为现代考古学在世界各地发现了大量古代青金石工艺品，阿富汗可以自豪地说，他们自古以来都是融入世界贸易体系的。

在鸡街上，卖得最好的纪念品是青金石的首饰盒，盒盖上镶嵌着金属的或者兽骨的阿富汗国旗。苏联人来了之后，士兵们大量采购纪念品寄给家人，青金石工匠们临时加班搞设计，将苏联和阿富汗两国的国旗并排镶嵌在盒盖上，表明阿苏友好。这样的纪念品平均一天能卖好几件，赶得好的时候一次就卖一大批。

扎希尔的地毯上也开始绣苏联国旗，或者苏联字母，或者阿苏友谊万岁之类的话。织毯工们加班加点学习俄语，希望把俄文绣得漂亮一点儿。还有各种各样国王时期的钱币也是热门收藏品。最聪明的人开始用阿富汗的制作方法制作勃列日涅夫的雕像。

这些纪念品一直留到今天都没有卖完，在鸡街的商店里，仍然寻得着踪影。这里简直是一个浓缩历史的地方，从当初卖给嬉皮士的小礼品，到满足苏联人品位的首饰盒，再到美国人喜欢的武器地毯，还有塔利班发行的钞票，都找得着踪迹。它们并排和谐地出现在货架上，共同诉说着世事的沧桑。

按照扎希尔的说法，由于刚来到的苏联青年过于热情，工匠们都高估了苏联人的消费能力，以为造多少他们都能买光，结果造多了。不过这可能是开玩笑的说法，这些东西躲过后来的游击队和塔利班时期并不容易，如果不是精心保存，早就消失了。

苏联人带来了大量的士兵和货币，造成了喀布尔的通货膨胀。但对于喀布尔的商人来讲却是好时光。只是，他们挣了卢布和阿富汗尼之后，却不知道该怎么处理这些钱，毕竟谁也不知道未来这个政权会怎样，后来的政权承认不承认前朝的货币？聪明的人开始积攒物品，从手表、收音机等工业品，到黄金、石头等矿物，还有的人开始买房子。阿明时期，逃亡的人们很多，许多人宁肯把房子卖掉换路费，也不想留在喀布尔，房价跌得一塌糊涂也没人买，害怕被当作资本主义尾巴割掉。到了卡尔迈勒时，人们又慢慢回来了，房价开始上涨。

这样的好时候持续了几年后，苏联人开始变了。幻象消失了，人们曾经指望苏联人能够一直善意地对待阿富汗人，可一旦在战场上出现了严重的伤亡，苏联人就对阿富汗人越来越苛刻了。

主要的战场发生在潘杰希尔山谷（Panjshir Valley）。这里距离喀布尔只有200公里路程，是一个险要的山谷地带。山谷里出了一个善于打游击战的将领马苏德（Ahmad Shah Massoud）。马苏德在阿富汗拥有着极高的口碑，他以少量的部队拖住了大量的苏军，并对他们造成了致命的打击。

喀布尔得到的消息越来越多，人们的说法是这样的：第一天来的往往是官方消息，马苏德被苏军击退，生死未卜；第二天私人消息就传来了，不是苏军击退了"叛军"，而是马苏德袭击了苏军，又安全撤退了；第三天已经有人看到苏联人的尸体通过直升机或者汽车运了回来，战争的消息才确实了。

不过，即便有如此多的传闻，喀布尔人仍然不相信马苏德的胜利有多大，毕竟一个缺枪少食的游击队怎么能和正规军相比？直到苏联人撤退后，扎希尔亲自去往北方，看到了那漫山遍野遗弃的坦克，才知道马苏德的胜利不是虚假的。

苏联人撤退后，喀布尔逐渐进入了游击队的射程，也正是从这时开始，战争与混乱才降临到了喀布尔。

老人总结说："在苏联人占领的时光，对于其他地方意味着战争，但是喀布尔却一直保持着宁静，虽然也有小规模的袭击，但整体上仍然是安全的。"

关于苏联的入侵，我总是试图问阿富汗人另一个问题：如果当初阿富汗不反抗苏联扶持的卡尔迈勒政权，而是接受它的统治，阿富汗能否找到一条更好的出路？

为了说明这种可能性，我向他们举中亚为例：苏联在获得了中亚后，建立了一系列加盟共和国。但是，这些中亚共和国在苏联时期并非完全吃亏，回头来看，苏联人在中亚至少有两个成就。

最大的成就是将中亚彻底世俗化了。对于一个宗教性的国家而言，需要解决两方面的问题，第一是世俗化，第二是现代化。而世俗化是更重要的方面，因为世俗化之后，才能将人的精神从传统社会的束缚中解放出来，从而促进现代化。

在苏联的努力下，中亚各国的女性已经彻底走出了家庭，男人们也不再执迷于对宗教的追寻，而是把目标调整为财富和金钱，这样的社会虽然也存在计划经济和社会停滞的问题，但危险性已经小了很多。

第二个成就是工业化和城市化。在苏联主导下，中亚各共和国都已经有了一定的工业基础，特别是石油方面。中亚的城市也已经有了欧洲的特征，干净、整洁，如同花园。

即便后来苏联倒台，这两方面的成就仍然保留了下来，成了中亚人民宝贵的和平基础。

而苏联入侵阿富汗，实际上想做的事情是一样的，他们要建立一个听话的政权，但同时它可以强迫这里实现世俗化和工业化。也就是说，在国王时期的四大目标中，苏联人至少保持了经济和社会两个目标，此外在政治上也保留给阿富汗一半的决定权。地毯商扎希尔这样的人也承认，卡尔迈勒政权可能是阿富汗近代最好的政权之一，仅次于国王扎希尔时期。他虽然听命于苏联，却试图将阿富汗的发展引入正常的轨道。

由于之前的阿明政权破坏太大，卡尔迈勒一上台，就要纠正前任的错误，他特赦了大量的政治犯，恢复他们的权利，同时在政权中安排了一定的反对派。在经济上也废除了激进的土地改革，尽量少干扰民间的正常经济行为。在政治上，强调种族融合，普什图人、塔吉克人、乌兹别克人、哈扎拉人、土库曼人都享有同样的权利，同时限制宗教领袖毛拉们的权利。教育上虽然推行计划式教育，但也同样推行世俗化教育。

在整个卡尔迈勒政权时代，喀布尔的女性们仍然保持着现代派的着装，女人们一样抛头露面，公开工作。这样的成就在当时没有人在意，可是对比现在，回头一看，却感到是多么令人珍惜。

如果阿富汗能够停留在卡尔迈勒设计的轨道上，那么时间长了，或许阿富汗会成为一个类似于乌兹别克斯坦的国家，虽然带着许多经济问题，但至少实现了世俗化，最重要的是保持了和平与统一。

可惜的是，人们并不认同卡尔迈勒政权，在反抗他的同时，把这个政权中最优秀的特点都给打碎了。为了反抗政权，人们甚至愿意接受极端宗教组织的领导，结果女性解放、世俗化、教育的成就全都随风而去，阿富汗变成了世界上最可怕的战场，人民也陷入了极端的贫困化，丧失了最起码的安全。

阿富汗人听了我的问题，大都不会回答。后来有人终于跟我说：阿富汗人永远不会服从于外来人扶持的傀儡政权，就像之前对英国人和现在对美国人一样。

对于这个问题，我个人的总结是：从阿富汗中立政策转向东方政策的那一刻，就已经没有了选择。达乌德的转向，让一批激进的年轻人尝到了权力的滋味，并最终推翻了达乌德。苏联要想去除这些激进者，只有出兵扶持一个温和政权这一条路。可是，这个政权却不可能得到阿富汗人民的支持。与此同时，一旦苏联入侵，外部势力必然为了反对苏联（而不是帮助阿富汗人民）而介入。这种混战的结果，就是苏联的退出，以及极端势力对阿富汗的破坏。

苏联在中亚之所以能够世俗化成功，是因为他们控制了整个国家机器，并镇压了一切反抗者，建立了足够稳定的政权。可是苏联却无法在阿富汗建立一个足够强大的政权。傀儡政权只控制了几个大城市，至于乡村，却保持了独立和反抗的姿态。

苏联原本以为建立起傀儡政权后就可以撤出大部分军队，只保持一定的军事存在就可以了。但入侵后，苏联领导人却发现，一旦撤军，这个傀儡政权会立刻倒台。为了避免倒台，必须保持大量的驻军。这些驻军又成了反抗者们袭击的目标，成了苏联沉重的财政和军事负担。

不过，苏联入侵的非正义性，并没有增加反抗者的合法性。当我们现在再回头看一看当年的反抗者们和他们的后台，才会发现这群人是多么地可怕。

阿富汗不幸在，不管是入侵方，还是帮助他们反抗入侵的国家，都充满了野心与阴谋。

世俗化坠落

在阿富汗城市马扎里沙里夫，有一位年轻人说过的一句话让我印象深刻，他说：对阿富汗人来说，更可怕的不是敌人，而是朋友。苏联人在入侵之前，是我们的好朋友；为了对抗苏联人，美国、巴基斯坦和沙特阿拉伯又成了我们的好朋友。对敌人，我们一直在战斗，但是对朋友，我们却没有防范。

阿富汗另一个可悲之处在于，在世界两大强权面前，当它被其中一个入侵了，才会对另一个有价值。美国为了巴基斯坦曾经拒绝对阿富汗进行帮助，可苏联一入侵，它却突然积极了起来。美国需要阿富汗，不是为了它的人民，而是因为可以牵制苏联。

苏联入侵后，帮助阿富汗的朋友国家分成了三类：第一类是巴基斯坦、伊朗这样的邻居国家；第二类是沙特阿拉伯这样以推行宗教激进主义为己任的国家；第三类是美国这样以"冷战"为目的的国家。到最后，这些朋友们都达到了它们各自的目的，阿富汗却成了一盘无法捏合的散沙。

巴基斯坦曾经长期是阿富汗的敌人，可是苏联入侵后，巴基斯坦却立刻摇身一变，支持阿富汗的反抗势力。

由于阿富汗是个内陆国，当国际社会想帮助阿富汗时，最便捷的道路只有伊朗和巴基斯坦两条。伊朗刚刚发生了什叶派的伊斯兰革命，对于任何西方势力和逊尼派都充满了敌意，它虽然也帮助阿富汗，但它只是自主帮助，不允许其他人借用自己的领土。外界要想援助阿富汗，唯一可行的道路，就只有经过巴基斯坦北部的山区进入阿富汗这一条通道了。

巴基斯坦虽然同意美国等西方国家借道，但其真实的目的却是在阿富汗建立一个服从于自己利益的傀儡政权，至少可以做到肢解阿富汗的中央政权。

此外，另一个国家沙特阿拉伯更加强势。沙特阿拉伯出了大量的资金帮助阿富汗人建立反抗组织，但它也不是为了阿富汗人，而是为了推行它的激进主义教义。沙特阿拉伯的立国思想是一种叫瓦哈比主义的教义，这种教义是以反对世俗化、实行宗教统治为特征的。这和阿富汗一直进行的世俗化改革背道而驰。在对抗苏联的斗争中，沙特阿拉伯用资金、武器包装着瓦哈比主义，一同送到了阿富汗。

除了巴基斯坦、沙特阿拉伯之外，对阿富汗产生巨大影响的就是美国。美国人主要针对的是苏联，一切能够削弱苏联、反对苏联的力量，不管是独裁的、民主的、温和的、激进的，都是美国的朋友。美国帮助朋友的方法就是卖给他们武器，将巴基斯坦和阿富汗边境地区变成了世界上武器密度最高的地方。即便到了今天，在巴基斯坦靠近边境的白沙瓦地区走一走，就会发现那儿四处都是武器商店，大街上的男人们随时带着枪。强大的物资资源激发了人们的战争欲望，使得两国交界地带再也没有了和平。

正是在沙特阿拉伯、巴基斯坦和美国的共同作用下，在阿富汗的南部后来出现了一支以瓦哈比主义进行武装的游击队——塔利班。

不过塔利班出现时间较晚，在对抗苏联时代，这里（阿富汗东南与巴基斯坦交界地带）出现的是另外几支被冠以"圣战者"（Mujahedin）的队伍。在阿富汗的北部和西部也有不同的游击队，同样被冠以"圣战者"的名字，大都是由伊朗支持的。

阿富汗在苏联占领时期失去了政治自由，却保有世俗化和经济繁荣，但为了对抗苏联，其他多国所扶持起来的势力却是最宗教化的，他们完全反对世俗化政策，把这也当作苏联的糟粕要进行根除。至于经济繁荣，由于战乱的原因也保不住了。随着战争的继续，给阿富汗剩下的只有战乱、贫穷和装在布袋里失业的女人。

1989年2月15日，在阿富汗与乌兹别克之间的友谊大桥上，最后一支苏军部队撤离。在长达9年的阿富汗战争中，苏联的代价是死亡官兵14453人，受伤53753人，失踪264人。经济损失则更加巨大，直接军费开支每年约50亿卢布，共花费了600亿卢布。至于因为制裁而引起的间接损失则无法估量。

战争之后，苏联没有维持多久就崩溃了。阿富汗人愿意相信，是他们的抵抗让苏联垮台了，一个小小的山国战胜了一个2000多万平方公里的庞然大物，也间接地将整个中亚解放了出来。

然而，与苏联的抗争代价也是巨大的，阿富汗的战士死亡人数大约在7万—9万人，至于平民的死亡人数，则更加无法计算。

苏联既然已经撤退，按照常理，接下来就应该是和平与重建。但付出了巨大代价的阿富汗人怎么都想不到，接下来的战争反而比苏联人在的时候更加残酷。

苏联占领时期，至少各个大城市没有遭到太多破坏，战争发生在较偏远的山区。城市人的生活仍然在维持，世俗化还在推进。苏联撤走之后，各路的圣战者们蜂拥而至，不仅是乡村成为战场，就连城市也保不住了。

"苏联人走之前，在喀布尔还维持着正常的经营，苏联人走后，喀布尔成了一片废墟。"扎希尔老人用迷离的眼光望着窗外的街道，他的眼中已经有了泪水。在他讲述时，除了我和另一位串门的老人，商店里没有来过一个真正的客人……

"圣战者"时代

在阿富汗有许多军阀组织，这些军阀拥有军队和支持者，代表着不同的利益，不惜大打出手。从某种程度上说，是这些军阀造成了现在阿富汗的乱局。

关于军阀对国家进程的影响，几乎每一个阿富汗人都有着深深的痛感。在鸡街做生意的扎希尔老人则说：在苏联人时期喀布尔没有乱，甚至苏联人撤军之后的纳吉布拉（Mohammad Najibullah，苏联扶持的最后一个傀儡）统治时期也不乱。只有到了纳吉布拉垮台之后，那些自称为"圣战者"的游击队军阀来了，喀布尔才乱了套。

阿富汗著名作家奥马尔（Qais Akbar Omar）写过一本回忆录叫《九塔城堡》（A Fort of Nine Towers，An Afghan Family Story），书中的回忆与扎希尔老人谈到的情况是完全吻合的。

奥马尔一家也曾经是鸡街的地毯商，在战争时期全家人东躲西藏。根据他的回忆，在苏联时期，他们一家人仍然在喀布尔的大宅子里过着悠闲的生活，祖父既是地毯商，也是退休的银行官员，拿着退休金，吃着补助食品。

"圣战者"到来后，喀布尔人以为迎来了解放，但是从这一天开始，他们坠入了地狱。"圣战者"们四处烧杀抢掠，又为了争地盘大打出手，使得喀布尔成了一片焦土。

在"圣战者"进城的前一天，他们学习的课本还是世俗化的，老师告诉他们，人类是从类人猿进化而来的。"圣战者"进城后，立刻更换了课本，于是人类就变成了上帝的创造、亚当和夏娃的后代。好奇的奥马尔询问老师，为什么前几天的人类和现在的人类来源不同呢？老师无奈地支吾着。

从这一天开始，阿富汗的世俗化成果奄奄一息，人们再次坠入了宗教氛围中。数代国王的努力被"圣战者"们一朝摧毁！

苏联撤军后的阿富汗是另一场悲剧。苏联人离开前扶持了一位叫纳吉布拉的人做总统。这个政权虽然不得人心，却仍然是世俗化的。在苏联物资的支持下，纳吉布拉挺过了四年。接着苏联本身都解体了，没有人再给纳吉布拉送钱送物，这个傀儡政权随即垮台。

此时，美国和西方都沉浸在苏东剧变的喜悦之中，在鞭炮和礼花中，阿富汗也失去了利用价值。苏联没有了，谁还在乎一个满是荒山的小国？与当初往荒山上大把撒钱，硬塞着给武器不同，美国人现在连一分钱都不愿多出。

阿富汗的难民怎样了？阿富汗孩子有书读吗？这些事情都不是美国政客们考虑的，跟他们没有关系，也不要用世界上遥远角落的民众来烦这些"伟大"的政治家。

美国的撤出，给巴基斯坦、沙特阿拉伯和伊朗等国留下了机会。在这些国家的支持下，当年的"圣战者"已经演变成了可怕的军阀，他们在不同后台的支持下，将阿富汗扔进了更剧烈的战火之中。如果说苏联入侵的战争让人感到恐惧，那么军阀的混战是让人绝望的，没有人知道阿富汗的未来在哪儿了。

纳吉布拉倒台后，首先进入喀布尔的是北方军阀马苏德和拉巴尼（Burhanuddin Rabbani），他们属于伊朗派系，曾经在潘杰希尔山谷与苏联人恶战。他们占据了喀布尔，引起了巴基斯坦和沙特的妒忌。于是军阀希克马蒂亚尔（Gulbuddin Hekmatiyar）在后者的支持下挥军向北，"圣战者"的火拼来到了。

以阿富汗中部的巴米扬为中心，还有一支蒙古人的后裔哈扎拉人，他们也来到了喀布尔。

喀布尔位于兴都库什山中的一个小盆地之中，周围小山林立，从任何一座小山上架设炮台，都可以直接炮击城市。

哈扎拉人占据的炮位在西部，而希克马蒂亚尔占据的炮位在南部。就在我遇到扎希尔老人的第二天，我在阿富汗新区和老区交界处的一个小山上遭到了袭击，那座山上有一个古老的城堡，当年这里曾经是希克马蒂亚尔的炮位。从那儿，炮火可以覆盖整个喀布尔南区（老区），以及北区（新区）的一部分。

在争夺喀布尔的部队中，希克马蒂亚尔的装备是最精良的，沙特的资金带来了源源不断的士兵，巴基斯坦的武器让他们本该摧枯拉朽。对喀布尔人来说，从他将炮位架在山上的第一天开始，希克马蒂亚尔就成了魔鬼的代名词。

大约在1991年前后，纳吉布拉还没有倒台时，鸡街地毯商扎希尔的店铺开始时断时续，不能保证每天开门了。"圣战者"的消息不断地传来，人们怀着忐忑的心情等待着。他们心怀希望，因为"圣战者"是自己人，要推翻的是纳吉布拉。可是人们又担心"圣战者"是乡巴佬，无法控制城市的秩序。到底会发生什么，人们议论纷纷。

有一天，街上的欢呼声传来，扎希尔听说马苏德的部队已经从北方进城了。这是一支衣衫褴褛的部队，却士气高昂。那时候，扎希尔的商店又已经关门了，"圣战者"到来时他待在家里。

最初"圣战者"并没有骚扰他们，尽量保持了城市的正常秩序。当然变化还是有的，电视里的节目越来越少，不让女性做主持人，大街上姑娘们也不敢随便出门了。即便在纳吉布拉时代，女性的地位还是可以保证的，姑娘们穿着职业套装去上班，苏联将这看作社会进步的招牌。

人们口中谈论最多的，是傀儡政权官员们的去向。不时传来他们被私刑处死的传言。傀儡总统纳吉布拉逃到了联合国机构中躲避了起来。马苏德既不想得罪联合国，也不想把他放出国，纳吉布拉只好在联合国机构中借住了几年。直到塔利班时代，联合国撤走了，把这个没有价值的前总统留下做了人情，塔利班才将他抓出来处死。

许多人都去看纳吉布拉的尸体，但是扎希尔没有去。"纳吉布拉还来过我的店里买过地毯呢，不过那是他没有当总统的时候。一旦成了总统，就哪里也不敢去了。"他朝我解释说。

接着他又说："对于一个商人来讲，如果要躲过灾难，就是永远盼着每一个人都幸运，不要看到别人的灾难而发笑。"

马苏德进城不久，扎希尔又开始营业了。军阀们曾经组织过一些谈判，那会儿人们还都盼着和平，新政府总要装出点排场迎接各地的军阀，办公室稍微装修一下，铺上几块地毯，就算是好客之道了。扎希尔和马苏德的人关系还不错，他们也很照顾他。那时候，除了政府还有一点消费能力，已经不能指望其他人买地毯了。人们只要有点儿钱，都会去购买粮食储存起来，以应付未来的不确定。

那已经是喀布尔平静的尾声。不久，希克马蒂亚尔把大炮架上了山。人们盼望着和平谈判能够有点儿进展，大部分人还在幻想着不会打起来。

但人们的幻想成了空，开炮了。炮弹最初主要落在城市的南区，那儿距离炮位比较近。喀布尔出现了特殊的景色：在南部已经进入了战争状态，炮弹硝烟中飞舞着人类的尸体残块，可是北部城区仍然保持着和平。

每一天，大街上都会有从南部逃过来的人，诉说着希克马蒂亚尔和哈扎拉人的暴行，北部人用同情的目光望着他们，尽量帮助，却不知道什么时候灾难会来到北部。

从 1992 年到 1995 年，喀布尔的炮击在时断时续中持续着，最初在南部，到后来终于转移到了北部。

"至少，喀布尔没有被希克马蒂亚尔占领，他可以打炮，但是军队的素质太差啦，打不进城里来。"扎希尔说。

马苏德的北方联盟也曾经打过几个胜仗，首先将哈扎拉人击溃了，之后，希克马蒂亚尔的势头也过去了。不过，他还会卷土重来，因为巴基斯坦一侧的难民太多了，随便抓一批人就可以送上战场，他们的武器也是用之不竭的。

"'圣战者'曾经是我们的希望，可是来了没几天，我们就知道自己错了。'圣战者'其实是一群混蛋，他们不是好人，而是魔鬼送来的一群杂种。早知如此，我们为什么要推翻国王？就算推翻了国王，我们为什么要打死达乌德？我们又为什么要赶走苏联人？当我们丧失了一切机会之后，他们给我们送来了'圣战者'，作为对我们的惩罚。"

整个阿富汗的混乱持续了数年时间，人们在战争中祈求着和平，但是，没有一个军阀能够获得最后的胜利。不仅希克马蒂亚尔不行，就连北方军阀的马苏德也不行。到了后来，人们甚至已经不再指望到底由谁进行统治了，他们唯一希望的，只是有人能够力挽狂澜，结束战争。这段时期成了阿富汗人地狱一般的经历，也只有理解了这些，才能理解为什么后来塔利班崛起时，竟然有这么多人选择了欢迎他们的到来。

从改革到地狱，只用 20 年

关于塔利班，中国人知道的已经很多了，人们对于塔利班的所作所为也耳熟能详，他们为了消灭伊斯兰教之前的古迹，炸毁了阿富汗最著名的古迹巴米扬大佛。他们实行比"圣战者"更加严苛的教法统治，不仅将所有的女人都赶回了家，男人也必须服从他们的教法。他们甚至在大庭广众之下去查看男性的腋毛，发现不刮腋毛的都要关进监狱。从此，阿富汗数代人努力的世俗化政策全都烟消云散了。

从信仰上说，这是一群来自中世纪的现代人，他们试图将一个已经步入现代门槛的社会完全变回一个古代的教条世界。人们很难想象，在 20 年前阿富汗还是一个温和的世俗化国家，国王考虑的问题是如何发展经济和科技，让阿富汗人生活更好，但 20 年后，这个国家却倒退到了中世纪，连女人出门的权利都剥夺了。

但是,对于阿富汗人来说,塔利班的出现又是前面所有事件的合理结果。国王曾经想要改革,但国王被赶走了。总统也想要世俗化,但总统死了。接下来的苏联人拿走了自由,却保留了世俗化和经济,随后的"圣战者"军阀将一切都拿走了,留给阿富汗的只有朝不保夕、随时会死亡的战乱局面。

这时的阿富汗人除了想要和平、想要活命之外,已经什么都不考虑了。军阀们甚至连活命都满足不了他们,因为没有一个军阀有实力控制全国,建立和平和秩序。到这时,谁有能力保持和平,不管他是独裁者还是极权主义者,阿富汗人都愿意接受了。

但是谁能给他们和平呢?美国人在推翻苏联傀儡之后就离开了,不再理睬这个偏远的国度,其余国家各打算盘,支持一派打击另一派,他们要的是混乱而不是和平。最后剩下的选择,就是这个突然之间崛起的塔利班。

1995年,名不见经传的塔利班突然崛起。他们用沙特的瓦哈比主义作思想武装,带着巴基斯坦偷偷塞给的武器,将阿富汗人最痛恨的希克马蒂亚尔击败了。之后又赶走了西部赫拉特的另一个军阀伊斯梅尔汗,最后打败了位于喀布尔的马苏德。当他们进城时,与其说是阿富汗人民欢迎他们,不如说是阿富汗人民累了,不想再打仗了。

地毯商扎希尔回忆起塔利班入城时的场景,仿佛在谈论昨天发生的事情一样。塔利班围城持续了一年多,与希克马蒂亚尔一样,他们占据了高处的山地,向城市里打炮。塔利班的进攻比希克马蒂亚尔密集得多,每天晚上都会听到多次爆炸声。第二天醒来,总会得到一些消息,人们口口相传哪里又发生了爆炸,哪座房子又倒了霉。

喀布尔北部的街区分成了两种,一种是穷人的土房子,另一种是富人的水泥房。塔利班很少打穷人街区,那里没什么价值,而对于富人街区,由于炮弹不大,即便击中了某座房子,也不见得会导致人员伤亡。

但死亡的消息仍然不断传来,今天一两个,明天三四个,让人们猜测下一夜炮弹又要打到哪儿，死亡的人中会不会有朋友，甚至本人？

扎希尔的地毯放在地下室中，是个比较安全的所在，他每天都会小心翼翼地打开地下室，一一检查货物。他心里却暗自着急，到底什么时候才能重新开张。

接着，马苏德在塔利班的压迫下，选择了撤离。他撤走的那一天，有许多人跟着北方联盟走了，特别是那些年轻人。但扎希尔仍然没有走。于是，他见证了塔利班入城。

实际上，他根本说不清楚塔利班是如何进城的，那是一阵混乱和一阵枪响，人们纷纷回到家中，关上大门。接着，广播和收音机里传来了用普什图语一遍一遍的宣传声，人们听到这个声音，知道电台已经被占领了。塔利班说，他们已经控制了喀布尔，任何信奉安拉的穆斯林都不用担忧，他们来只是为了恢复安拉的教法统治。

接着，开始宣布各种各样的禁令：从此以后不得饮酒，不得抽大麻，不得有任何娱乐活动；女性不得在没有男士陪伴的情况下出门，出门必须把自己包裹起来；不得偷盗，不得抢劫，不得强奸和通奸，不得杀人；等等。

最先倒霉的是酒馆、曾经接待过外国人的旅馆、街头的录像带租赁点、书店，当然也包括鸡街里的纪念品商店。这些地方都被强行关闭，或者经过严格检查后，只准保留与伊斯兰教有关的书籍。我住的旅馆位于老区，当年也遭到了塔利班的骚扰，被迫关闭。

塔利班进入学校、医院和商店，将所有的女人都赶回家，女子学校彻底关闭。他们在大街上设卡，看到不符合穿着规定的女人，就由士兵护送回家，再把女人的父母、丈夫、兄弟威胁一通。开始时还是礼貌的，后来则用鞭子抽打那些不按照规矩穿着的妇女。

短短的一两天之内，喀布尔大街上的女性就彻底消失了。在国王时代，她们可以穿着裙子如同西方妇女一样在街上自由漫步；在总统时代，这种自由仍然保留着；到了苏联占领时代，虽然政府仍然鼓励女人们上街，但女人的穿着开始保守，这主要是担心反对苏联占领的一部分保守派们会威胁她们。这时却是妇女工作的黄金时代，由于大量的男人都上了战场，妇女们越来越起到了"半边天"的作用，在学校、医院和商业机构中的占比越来越高。马苏德所代表的"圣战者"时代，阿富汗的妇女们开始受到管制，许多与人打交道的岗位不得雇用女性，而妇女们出门已经必须戴头巾。但是，"圣战者"们忙着打仗，这些规矩还时有松动。而塔利班一来，在一两天内就把阿富汗带回了中世纪。

除了妇女，就连男人们也受到管制。男人不得穿西式衣服，必须戴帽子，留大胡子。阿富汗的男人们都已经习惯了不留胡子，或者只在上唇留个小胡子。塔利班来后，如果没有胡子的男人第一次被抓到，会被警告，如果第二次还是没有蓄须，就会被鞭打。足够时间后，如果男人还没有胡子，就会被抓起来关进监狱。许多人上了街，就莫名其妙地消失了，以后再也没有了消息。他们可能早已经葬身在监狱旁的乱葬岗之中。

入城后，塔利班还开始没收各种卫星接收装置，以及其他能够看得见的娱乐设施。

当一切清理完毕，塔利班宣布人们可以恢复到正常生活了。他们要求商人们都恢复营业，卖肉卖菜卖衣服的都出来，地毯商也可以经营，只是不能把带有人像或者纪念前政权的地毯拿出来。到这时，扎希尔才确定塔利班也是需要地毯的。

即便恢复了部分商业活动，在塔利班治下喀布尔一直是一个僵死的城市，没有旅馆，没有任何娱乐活动，没有外来人口，而本地人由于粮食歉收，变得越来越贫困。

在回首阿富汗从改革到塔利班的这20年时，人们才会发现前后的差别到底有多么巨大。曾经人们以为阿富汗已经进入了一个经济、政治和社会的全盘改革之中，在英明的国王和首相的带领下，他们取得了不错的成就。这些成就看上去没有理由会失败，改革开放措施只要再持续几十年，就能够稳固。

但很快，一切都变了，变得陌生和不可想象。变化始于蛛丝马迹之中，首先是巴基斯坦的敌视，之后是世界对于阿富汗的冷漠，不肯伸出援助之手主持公道，接着，阿富汗被迫向东方阵营寻求帮助。之后的人们不管多少次努力想把阿富汗拉出这条宿命的轨道，却都无法做到，只能看着阿富汗首先成了美苏争霸的一个棋子，然后丧失了政治自由，由于政治自由的丧失，经济繁荣也逐渐成了过去。最后在美国、伊朗、巴基斯坦、沙特阿拉伯轮流支持的保守势力控制下，连社会世俗化的成果也消失了。

此时的人们已经不在乎什么改革，只希望能够和平、活下去，由此导致了塔利班这样的极端保守派上台。

从改革到地狱只用了20年，这样的故事不仅仅发生在阿富汗。许多国家都有过相似的遭遇，它们曾经充满了希望，到最后，收获的却是战乱和失意。就在阿富汗的旁边，是另一个曾经生机勃勃的改革国家伊朗，但最终，所有的改革成果也同样消失，伊朗变成了一个神权国家。伊拉克曾经称得上是一个中等发达国家，但在两场战争之后，人们已经开始饿肚子。

太多的国家都曾经有过良好的发展期，但它们都无法通过那道最终成功的窄门，反而被打回到了动荡的地狱。

本书所描写的，就是这些处于西方以外的被遗弃的世界。

发展的窄门和错失的机会

对于中国人而言，我们刚刚经过了激动人心的40年，在改革开放的40年里，我们很少遇到劲敌，但我们也经受了多次封锁与制裁的考验。世界虽然带有偏见，但整体上我们在相对和平的环境中得以发展，并取得了今天的成就。

也正因为这样，中国人很少考虑过这样的问题：事实上，世界上大部分非西方国家都曾经试图通过改革与开放，来完成和中国同样的惊人一跃，从一个传统的不发达社会向现代化转型。这些国家所要完成的，也是经济、政治、社会和国际承认四个方面的改革，但它们大都没有取得成功。对于世界上大多数国家来说，发展不是必然，只是一道窄门。

中国虽然已经成了世界第二大经济体，但是否已经到达了彼岸，依然是不确定的。随着国际环境的复杂化，我们除了学习日本、韩国等国（它们已经跻身发达国家行列）的成功经验之外，更需要吸取那些发展中国家的教训，看它们为什么会失败，哪一些是必然因素，哪一些又是可选择的因素。了解了它们，会给中国未来的发展提供足够的借鉴。

以阿富汗为例，当阿富汗决定放弃中立政策的那一天，就注定成了两大势力博弈的牺牲品。虽然它受到了邻国的压力，但在巨大的压力之下，只有看清外交转向的危险性，才是它避免后来不幸的唯一一次机会。转折点的机会稍纵即逝，也表明了这道窄门对于普通国家来说是多么艰难。

大部分国家无法完成现代化，其背后的原因又是什么呢？在这里，人们往往分成两种意见，一种意见相信所谓的阴谋论，认为世界是一个钩心斗角的世界，是发达国家刻意压制新兴国家，不让他们成长，只有这样才能不断地从发展中国家吸血，保证发达国家的人民过得更加舒适；另一种意见则相信世界是善意的，一个国家发展不好，更多的原因在于内部出了问题，只要内部问题解决了，就会自然发展起来。

但是，这两种意见都有片面之处。世界既不是完全的钩心斗角，也绝非一味地善意。事实上，世界是一种自私与善意的综合体，它已经形成了一些向善的原则，比如民主、自由等，但在国与国的交往中，却又带着强烈的博弈色彩。一个国家要想生存，必须学会尽量采纳那些向善的原则，同时又避开国际上那些钩心斗角的暗箭。

阿富汗改革时期采纳了这些向善的原则，却忽略了两强争霸所带来的压迫性力量，导致它错误地投靠了一方。但也有的国家并没有外部的刻意压迫，却内部出了问题。

如果我们更加放宽视角，又会发现这些发展中国家的命运都是历史的产物。

中国是一个不断向前看的国家，我们往往总是试图向欧美等发达国家看齐。但当我们盯着那些成功的西方国家时，却很少意识到，除了少量的成功国家，还有许多待发展国家，它们占了世界的大多数。这些国家大都处于我们现在谈论的"一带一路"的覆盖区域上，包括东南亚、南亚、中东、中亚、非洲、东欧等地。另外，本书并没有涉及的南美也可以包括在内。

这些国家共有的特点是：它们的政治大都不如西方国家稳定，而这种不稳定又是世界格局重塑的结果。事实上，许多国家的政治、种族或者边界在最近一两百年内都被重新洗牌过，脱离了原来的边界。而这种洗牌，又是西方大博弈和殖民地时代所带来的后果。虽然殖民时期早已结束，但至今，大多数国家仍然在承受着殖民时代的负面影响。

比如阿富汗，它曾经是大博弈的界墙，却因为英国人的侵略而丢掉了西南部的普什图人地区，从而与另一个新兴国家巴基斯坦陷入了僵局。阿富汗至今的冲突，根源却出现在百年前。

阿富汗的邻国巴基斯坦、乌兹别克斯坦都是新兴国家，也曾经受控于英国和苏联，同样留下了无数解不开的难题。

甚至有的国家之前都是不存在的，在非洲，许多国家的边界都是殖民者设定的。比如，马里共和国的南北差异非常大，南部是信奉原始非洲宗教的定居人口，北部则是穆斯林游牧区，法国将南北两部都变成殖民地后，为了便于统治，将两个地区强行拉在了一起。这样的国家独立后整合难度极大，至今仍然没有解决好。

与马里类似的国家在非洲还有很多，比如苏丹由于南北差异过大，已经分裂成了两个国家，而乍得、尼日利亚、刚果（金）还在忍受着整合的痛苦。

一个国家如何取得发展？

答案不外乎是这样的：首先，这个国家内部要整合成一个整体，做到和平不打仗，并保证人员、资金和物资这三个要素的自由流通，由此民间经济就会自然发展起来；其次，这个国家还要做到长期的和平与稳定，也就是说，国家的政治架构必须合理，能够长期存在，而不是到了一定的时点就进入了崩溃循环。

能够做到这两点的国家，都会出现一个极其繁荣的阶段。

在历史上，中国的社会制度曾经长期领先于世界，每一次王朝进入和平时期，它的稳定期都可以保持两三百年时光。在这两三百年里，人们享受着和平的好处和巨大的市场，创造了一个又一个的盛世。然而，每一个封建王朝政权都是有生命周期的，到了王朝末期，社会制度已经无法进行维稳，于是地狱的闸门打开，进入了另一次混乱阶段，经济出现了彻底的崩溃和重建。

直到近代，欧洲人和美国人发明的制度才有可能维持更久的稳定性，或许可以超越中国古代王朝的纪录。但在未来到底会怎样，仍然不敢过于乐观。

作为西方之外的待发展国家却在解决稳定问题时，就出现了极大的困难。这些困难又可以分为如下几类。

第一类，有的国家在历史上已经解决了地域和民族整合的难题，在近代化过程中，这种整体性也没有被外来冲击击破，这些国家一旦进入现代化节奏，就会因为整合成本低，取得迅速的发展。

这一类最典型的例子是日本，作为岛国的日本在中世纪就解决了民族整合问题，由于在岛屿上，与其他国家的边界相对固定，其主体部分没有变迁，加上历史上产生了民族认同感，一旦获得了和平的环境，人们就可以迅速地向经济议题靠拢，从而带来飞速的发展。

除了日本，中国、泰国等东亚国家，土耳其、伊朗等中东国家也都有类似的优势。

第二类，有的国家在历史上是碎片化的，却由于殖民时间长，建立了较为成功的政治制度，在殖民者撤离后，能够维持住原有政治体系的稳定性，它们虽然发展得更慢一些，却并没有停下发展的脚步。

这类国家中，印度、巴西等大国都是典型。特别是印度，在英国人之前，印度在历史上大部分时间里都只是个地理名词，代表了无数的小国家。在英国人的整合下，印度脱离了一盘散沙的状态，采取了共和制和单一国家制。它的整合成本要远高于日本这样的民族国家，但由于政治制度的稳定性，印度正在向民族国家过渡，虽然发展速度慢一些，却保持了更长远的稳定，有着乐观的未来。

第三类国家，由于无法解决整合问题，就无法建立能够保持稳定的政治制度，甚至连民族认同感都没有建立，这些国家在可预期的未来都可能发生动荡。要想解决这些国家的问题，必须在稳定的空当里尽快地发展经济，让人们习惯于在一个国家之下生存。但问题是，这样的国家也往往是穷国，没有能力主导经济的发展，在国际贸易中又是极其弱势的原材料生产国和制成品进口国，忍受着进出口的剪刀差，缺乏资金的他们更加难以进入下一个稳定态。

从2011年到2019年近10年的时间里，为了考察"一带一路"地区的政治、经济和社会，我几乎跑遍了"一带一路"所涵盖的地区，去了解这些地方为什么有的发展起来了，有的没有发展？那些成功的经验在哪里，失败的教训又何在？在这些教训中，有哪些是可以避免的，有哪些又是历史发展的必然？

在这些考察中，我在那些战乱地区经历过疑似的绑架、抢劫，面对过恐怖分子、难民，受过伤、挨过饿，详细地追问当地人们的生活、所思所想，并与他们分享过路上的苦乐，只为了还原一个世界的真实图景，去弄明白，我们的世界到底是什么样子的，它的教训何在，又将往何处去。

在考察中，我故意略去了人们耳熟能详的西方世界，而是更关注于被人们忽视的大多数发展中国家，那些被西方影响，努力追赶，却又充满了苦难的地方。

我希望自己带着平常心，又带着人类普遍存在的同情之心，为中国的读者提供一个丰富的图景，讲述这些地区的人类命运，以及探讨他们的成败得失，从而为我们的改革开放提供一份有价值的参考，也请读者意识到中国改革的不易，在未来少走弯路，尽快达到更加和平与繁荣的社会。

第一章

并不友好的世界秩序

全球化与自由贸易

在东非国家肯尼亚的海岸上，有一座著名的城市叫蒙巴萨（Mombasa），凡是到过这里的人首先都会对它国际化都市的风范有着深刻的印象。虽然它位于非洲，人种也以黑人为主，但这里的建筑却是五花八门，在城市周边有许多低矮的非洲式平房，再往里的新城区，现代式样的低矮楼房之间夹杂着古老的欧式建筑和教堂。而在老城区里，以阿拉伯式的雕花建筑为主，点缀着印度式样的神庙。由于中国帮助肯尼亚新修了一条铁路连接国家最大的两个城市——首都内罗毕和海港蒙巴萨，蒙巴萨就有了一个中国式的现代化火车站。

这座城市之所以充满了世界色彩，和它悠久的历史有关。这里曾经是阿拉伯人控制的一个重要海港，在明代时，郑和的舰队也曾经到达过这里，于是，在中国史籍中留下了"慢八撒"的名字。

但对游客最有吸引力的，还是在海边的一座葡萄牙风格的堡垒，人们称之为耶稣堡（Fort Jesus）。这座堡垒建设在城市南部的一块靠海的岩石之上，从下面望去雄伟壮观，透露出这是一个易守难攻的所在。修建城堡的岩石采用的是当地的珊瑚礁，即便到了现在，仍然可以看到岩石上的珊瑚花纹。整个城堡染成了一种明黄色，看上去充满异域风采。人们来到这里，无不被其美丽的景色所吸引。

这座城堡是公元16世纪末由葡萄牙人修建的，修建它的目的，是"促进世界贸易"。它是葡萄牙人跨越欧洲、非洲、亚洲的贸易大帝国的一部分，可谓东非地区的"定海神针"。

但除了贸易之外，这座城堡还有另一个特征：在城堡的地上，放着许多巨大的铁炮，它们是数百年来陆续铸造的，宣示着它的实际作用——暴力。

事实上，在大航海时代遗留的任何一座"促进贸易"的城堡上，唯一离不开的就是大炮。这表明，所谓的贸易必然是与暴力联系在一起的。

在波斯湾入口的霍尔木兹岛（Hormuz），葡萄牙人建造的城堡中至今可以看到两种东西：地下的教堂和地上的大炮，分别代表了精神和武力。在印度的果阿（Goa），有着葡萄牙人建设的数个城堡建筑，至今遗留下的除了坚固的堡垒之外，就是堡垒之上放置的多门铁炮。印度的金奈（Chennai）曾经是英国人在印度建立的三大殖民中心之一，英国人称之为马德拉斯（Madras），至今英国的堡垒依然耸立着，被印度人变成了军营和博物馆。在博物馆外同样展示着数门大炮，而在馆内则陈列着大量的武器，表明当初英国人对印度的控制是多么牢固。在东非、西非还有许多其他国家的堡垒，至今也依然被铁将军们把守着，展示着当年的实际状况。

按照史书的说法，欧洲代表着自由贸易的精神，它们试图在全世界展开贸易，却在每一个地方都遭到了当地人的抵制。于是，为了贯彻贸易精神，必须动用武力，才能打开当地的市场。在这里，当不同的人类接触时，"暴力"这个词总是和自由相伴的，被认为是保证自由最可靠的手段。

从经济学上来看，自由贸易的确是对整个人类有利的事情。如果没有自由贸易，中国人至今可能依然生活在长袍、大褂、遛鸟的时代，没有手机、汽车、电脑、空调，也没有更加舒适的生活。从理论上说，自由贸易可以让每一个人以最小的代价获得他最需要的东西，也可以刺激那些发明家和企业家创造和生产更多、更好、更有用的商品。

可是从历史上看，当欧洲人来到了欧洲之外的其他地区，想要进行贸易时，几乎无一例外地受到了抵制，不管是中国人、印度人、日本人，还是非洲人，都对欧式的贸易感到不适，想出种种方法来限制它。那么，为什么自由贸易如此重要，却又如此难以开展呢？

这就要说到经济学之外的另一个层面：政治。

任何一个国家或者地区的经济都不单纯是经济事务，而是和政治紧紧绑在一起的。自由贸易侵犯的，是参与贸易的各个政治方的利益。

以中国的明清为例。明朝中前期，中央政府只允许郑和这样的官方商队进行海外贸易，而民间的一切对外贸易和交往都是禁止的；中国清朝只允许海外商人和官方指定的垄断机构（广州的十三行）进行贸易，不许与这些垄断商行之外的人民做买卖。

外国人的贸易船队来到中国后，却试图打破这种格局，绕开原有的机构，与原本没有权力参与贸易的民众进行买卖，这就打破了原有的政治格局，势必引起政治层面的调整，而这恰恰是皇帝所要避免的。

在非洲海岸上，自由贸易也会让当地几乎所有各方受到损害：对于国王与贵族来说，自由贸易打破了统治阶层的垄断权；对于普通生产者来说，西方带来了更好的布匹，让自己的加工品没有了销路。

此外，贸易本身所带来的商品，还会引起当地社会剧烈的调整。比如，葡萄牙人、英国人都热衷于把各种武器倾倒到非洲的海港，再从海港转运到内地，卖给那些军事化的国家。于是这些原本弱小的军事化国家突然间崛起了，他们取代了原来的贸易大国，四处打仗，四处抓人，制造奴隶，卖给欧洲人。正是这些武器的存在，让一些非洲人变成了奴隶贩子，原来的社会也就走向了解体。

西方人还运进了大批的贝壳，因为在西非的许多地方，贝壳是作为当地货币而存在的，随着欧洲人将海浪一般的贝壳送往那里，非洲突然出现了超级通货膨胀，直接让当地的金融市场崩溃了。

运往中国的鸦片、运往美洲的奴隶、运往非洲的破铜烂铁和贝壳货币，如同一个个超级 bug（漏洞），让当地的经济和社会结构无法做出有效调整，从而引发了社会的崩溃。

在这样的冲击之下，并非每一个社会都可以做出快速的调整。我们在经济上假设自由贸易给所有人都带去好处，这个假设的前提是：所有的人和社会都能够快速、无痛苦地对贸易结果做出调整——织布匠的布卖不出去了，于是他在第二天就顺利地变成了铁匠；贝币太多了，人们第二天就都使用金银当货币了；皇帝和国王也会在第二天放弃垄断贸易，开始学会用关税作为自己的收入；种小麦的人第二天就能学会饲养奶牛。但事实上，这样的无痛苦转变是不存在的，成年人很难通过学习，在冲击之下转向新的方向，他们只会感觉到痛苦和无助。

现代人可以指责这些地区的人们不懂得调整，指责他们看不到自由贸易的好处，这不利的一切似乎都是经济落后的一方故意设置的障碍，只要让先进者掌握了主导权，自由贸易就会从天而降了。

很不幸，这个看法依然是错误的。

事实上，当时西方的贸易也并非自由的。比如，荷兰和英国是最提倡贸易机会均等的国家，但这所谓均等，只是在他们为了冲破葡萄牙和西班牙垄断时才提起的。一旦它们获得了优势，立刻转向了垄断收益。

英国、荷兰等国家分别建立了垄断性的东印度公司和非洲公司，并获得了各自国家的特许状，这就是进行垄断贸易，为的是排斥其他的人加入到印度和非洲贸易之中。

这些垄断性的贸易公司甚至配发了枪炮，建立了军队，任何在他们面前提倡自由贸易、想打破他们贸易垄断的人，都有可能被当作海盗直接绞死。只有到了19世纪中期，英国解散东印度公司之后，自由贸易才有了更多的市场。但即便如此，与自由贸易相对立的重商主义依然是困扰着世界贸易的重要思想。

当然，我们不能过多指责当时的人们。自由贸易作为一种理想是逐渐建立的，到现在为止，才慢慢地被神圣化。但在历史当中，即便是大航海和全球贸易时代，也充斥着特许、垄断和暴力，这是世界更加真实的一面。

总之，当世界在地理大发现之后，进入全球贸易时代，这个时代并非像某些人说的那么坏，但也不像另一些人说的那样好。它正在孕育着自由贸易的精神，却又总是退回到暴力中寻找力量。自由的理想是塑造现代世界的力量，却又对当时的人们进行毫不体恤的摧残。

除了西欧的发起方是主动选择，而世界其他地方都只是被动地卷入到全球化浪潮之中。

可是，如果仅仅看到了其余地方是被动卷入，而先进的一方也并非完全正义，就认为被动卷入的人是可怜的，值得同情，那就忽略了一个客观的规律：当两个文明碰撞之时，不管是被动卷入，还是主动卷入，落后的一方是没有选择权的。

如果他们不想改变，即便再令人同情，也必然为更先进的文明所取代。即便他们想改变，在更多的时候也很难找到足够的方法跟上世界的步伐。这并不是一种道义问题，而是现实世界的客观性。

当面对先进文明的冲击时，一部分国家选择了顽强抵制，但这些国家大都已经沉睡在历史书籍中，在现实中却灭亡了；而另一部分国家选择了学习和改变，本书所叙述的就是这些国家在艰难的历史夹缝中试图把握未来的过程。

从蚕食到大博弈下的世界

对于中国人来说，一个人们时常会想到、却很少有人会问的问题是：为什么在西方地理大发现后 350 年间，中国就像没有受到西方影响一样依然在原有轨道上慢速爬行？可为什么到了 1840 年，中国又突然沦陷了？

在 15 世纪晚期，葡萄牙人就发现了好望角，1498 年瓦斯科·达伽马（Vasco da Gama）就到达了印度。在 16 世纪早期，他们就已经到达了中国海岸地区，最早到达的是 1513 年的探险家阿尔瓦雷斯。此时还是明朝中期的武宗正德八年。

而西方靠枪炮打开中国国门已经是将近350年后的1840年。如果350这个数字还令人缺乏印象，我们可以做一个这样的对比：如果把时间平移，350年意味着在清朝建立不久发生了一件足以影响世界的大事，但直到今天我们才刚刚遭受到那件大事的冲击。在如此漫长的时间之内，中国是有足够的时间对地理大发现带来的冲击做出反应的，但不幸的是中国社会没有做任何的防范和学习，直到遭遇到1840年的休克。

不仅仅是中国没有做出防范，事实上，世界上其他的文明也都没有足够的警惕，更谈不上学习，直到被一种先进的文明所吞噬。

反过来另一个问题是：为什么在地理大发现之后的300多年里，欧洲人并没有入侵中国，反而是等到了1840年的清朝后期才发动了战争呢？而既然欧洲商品已经来到了中国，中国在300多年里为什么没有受到严重的冲击，能保持在原来的轨道上呢？

其实，在世界上其他地方，也有着同样的问题。

比如在非洲，虽然欧洲人在15世纪中期（发现好望角之前）就已经到达了西非海岸，但直到19世纪晚期，才完全将非洲变成殖民地，中间的时长超过了400年。事实上，在19世纪之前的大部分时间里，非洲一直是由黑人建立的独立国家控制的，只是在沿海的港口地区，欧洲人建立了一批堡垒，在这里占据了很小范围的局部优势。也就是说，不光是中国，即便在世界范围内（除了美洲之外），欧洲人的侵略性在很长时间里都是有限的，他们只占据了一些保证贸易畅通的战略要地，而对于更多的地方，是和当地统治者合作，甚至表面上服从于当地统治者的。只有理解了这一点，才能理解为什么中国在300多年内一直保持着独立性，而人们生活中也很少考虑欧洲人的影响。

欧洲人之所以这样选择，主要还是因为人太少，不足以控制广大的内陆地区，而如果要开展贸易，只要占据一些海港就足够了。

在欧洲人的全球帝国中，最早建立的是葡萄牙帝国和西班牙帝国，由于美洲（除巴西外主要由西班牙控制）不在本书的讨论范围内，这里只说主体部分在亚洲和非洲的葡萄牙帝国。

从公元15世纪开始，欧洲穷国葡萄牙由于在欧洲内部无法获得足够的资源，开始向海洋寻找机会。最先开创葡萄牙局面的是著名的恩里克王子（Prince Henry the Navigator），在他的领导和鼓舞下，葡萄牙人对非洲海岸探索，希望寻找到一条绕过非洲通往印度的海洋之路。

如果从渊源上看，葡萄牙人的野心又是受到了阿拉伯人的鼓舞。事实上，在葡萄牙人之前，阿拉伯人（特别是位于北非的半阿拉伯人，即柏柏尔人）就和撒哈拉以南的黑非洲维持着贸易关系，从非洲转口了大量的黄金，以供应中东和欧洲。而在欧洲人到来之前，非洲的东部和西部都已经有了较为发达的文明，其文明程度不亚于当时的东南亚地区。正是因为阿拉伯人从非洲带来的黄金，以及从印度带来的香料，让恩里克王子决定到海洋上试一下运气。

作为国王的儿子，恩里克的带头作用激发了葡萄牙人。他们从欧洲出发，先是摸索清楚了西非的海岸地区。在西非的内陆，有着一个富有黄金的马里帝国，这个帝国过于强大，葡萄牙人只能在海岸上打转，无法深入内陆。接着葡萄牙人继续向南，越过了几内亚湾，再发现了刚果沿岸，最终于1488年发现了非洲最南端的好望角。9年后，葡萄牙船队在瓦斯科·达伽马的带领下前往印度，绕过好望角后，一路上经过了莫桑比克、肯尼亚的蒙巴萨和马林迪（Malindi），于第二年到达了印度西南海岸的卡利卡特（Calicut）。

在第一次到达印度之后，葡萄牙的全球帝国进入了快节奏。1500年，葡萄牙人在前往非洲南端的途中，为了寻找合适的海流，跨越了南大西洋发现了巴西。之后他们发现了非洲东南部的马达加斯加岛，考察了红海以及非洲东南部的黄金贸易港索法拉（Sofala）。

也是从这一次开始，葡萄牙人更加诉诸暴力，他们依靠武力入侵了印度西南海岸的科钦（Cochin）。在另一次发生在1502年的航行中，则在非洲海岛桑给巴尔以南的基尔瓦港（Kilwa）建立了据点。

1505 年，葡萄牙舰队在弗朗西斯科·德·阿尔梅达（Francisco de Almeida）率领下在基尔瓦修建堡垒，并洗劫了蒙巴萨。阿尔梅达来到印度后，先后将位于印度西南沿海的安贾迪普岛（Anjadip）、坎纳诺尔（Kannur）、科钦进行了堡垒化。

此外，葡萄牙为了控制红海和阿拉伯海，还抢占了位于阿拉伯半岛以南、非洲之角以东的索科特拉岛（Socotra）。

1510 年，葡萄牙占领印度西南部的果阿，将这里变成了葡萄牙永久性的殖民地，果阿在未来也超越了之前抢占的科钦等地，成了葡萄牙印度的中心。直到 20 世纪印度独立之后，印度政府才强迫葡萄牙人将果阿还给印度。

在控制印度海岸的同时，葡萄牙人继续向东扩张。1511 年，葡萄牙攻克东南亚咽喉马六甲（Melaka），让这里变成它控制东南亚的中心，并辐射缅甸、暹罗（泰国）和苏门答腊岛（现属于印度尼西亚）。1513 年，葡萄牙第一次到达了中国海岸。1515 年，葡萄牙人攻克了位于现在伊朗的霍尔木兹岛，控制了波斯湾。

就这样，在短短 16 年间，按照现代历史学家的说法，葡萄牙人已经建立了一个庞大的海上帝国。可这只是历史学家的说法，如果一个人穿越到古代，去问一下生活在中国、印度和非洲的人们，他们如何看待葡萄牙人建立的海洋帝国，他们一定一脸茫然地望着提问者，不知道该怎么回答。事实上，葡萄牙人所占领的地方实在太有限，根本没有吸引当时人的目光。不管是果阿、蒙巴萨，还是马六甲，都处于原来的各大帝国的三不管地带，它们本来就是一些小型的独立城镇，只是有时号称国家而已。西方人到来前，它们本身也总是打来打去，不断更换主子，葡萄牙人的到来，只不过是这些没有太大价值的地方又一次换了主子，没有什么大惊小怪的。

以果阿和科钦为例，在印度的古代史上，这片次大陆本来就是分裂大于统一，自从中国的东晋之后，随着印度的笈多帝国（Gupta Dynasty，约 320—540 年）崩溃，印度大陆一直是分裂状态，由许多小国组成。直到葡萄牙人到来之后，印度北部才出现了莫卧儿帝国（Mughal Empire，1526—1857年），除此之外再也没有出现过巨大的统一帝国。而印度南部的海岸地区更是分布着一个个独立王国，几乎从来没有并入过印度北部的帝国政权。

葡萄牙人到达时，印度是分裂的，北部处于德里苏丹国（Delhi Sultanates，1206—1526年）统治之下，但不管是德里苏丹国，还是继承者莫卧儿帝国，都对南方海岸上的这两座小城毫无兴趣，它们是否被葡萄牙人占领，只有在很久之后才会传到北方统治者的耳中，就算他们听到了，也绝不会关心这些小城市的归属。

一句话，葡萄牙人视若珍宝的占领地，对于亚非地区的古老帝国来说，都是弃若敝屣的边角地。当时的亚非帝国们看重的是陆地而不是海洋。

马六甲原本奉中国为宗主国，当葡萄牙人占据了马六甲之后，马六甲王想到的是派使者去往北京告状。恰好此时葡萄牙人也派了使者前往明朝，明朝就将这些使者抓起来折磨致死，算是给马六甲报仇。但葡萄牙人依然占据了马六甲，明朝也绝不可能出兵帮助这个蕞尔小国。

葡萄牙人在后来与亚非帝国打交道时，也深知哪里是亚洲帝国的薄弱点，他们除了占据几处海港之外，对于内陆的大帝国一直是敬而远之，尽量避免发生冲突。明朝将葡萄牙派来的大使关进监狱，葡萄牙人也只能忍气吞声。

在印度，他们也在和莫卧儿人搞好关系，对东南亚的泰国、缅甸，他们也低三下四，甚至不惜当雇佣兵，帮助泰国和缅甸的国王打仗。不是说他们对内陆没有野心，而是没有实力与亚洲的大国作战，只求占据一些大国看不上的边角之地用来做买卖。

甚至在非洲，葡萄牙人也不去与西非的大国发生冲突。在葡萄牙人向全球扩张时，西非的大国包括马里（Mali）、桑海（Songhai）、卡诺（Cano）、博尔诺（Borno）、贝宁（Benin）、刚果（Congo）等，葡萄牙人通过与这些大国的周旋，获得了一些沿海的地方，建立了堡垒。但由于这些大国不重视海洋，只重视内陆，葡萄牙人因此绝不染指内陆，只是在海岸上做贸易。只有在靠南的刚果地区，随着刚果王国内部的崩塌，使得葡萄牙人在刚果卷入得更加深入，但基本上依然是以海港城市罗安达（Luanda，现安哥拉首都）为依托，对刚果进行间接控制。

葡萄牙人虽然无力对内陆大国进行征服，但他们又对当地政权形成了缓慢而逐渐的破坏，将原来的政权基础慢慢侵蚀掉了。其所运用的手段主要是贸易和耐心（时间）。

对于贸易，葡萄牙在不同的地方采取了不同的策略，在马六甲、果阿等商品源头，葡萄牙的殖民站主要控制当地的贸易垄断权，当地商人不得将商品卖给别人，只准卖给葡萄牙政府指定的代表，这就给了他们消灭竞争对手的机会。甚至在中国的澳门，葡萄牙人在中国政府的眼皮之下，也逐渐将东南亚商人赶走或者控制住，成了当地的老大。明代后期，中国政府虽然名义上对澳门有管辖权，明朝政府也对各国商人一视同仁，但他们对于葡萄牙商人欺压东南亚商人，也只能睁一只眼闭一只眼，最后成为默许。

在索科特拉、霍尔木兹岛、蒙巴萨等商品转运中心和补给地，葡萄牙则采取了垄断道路的做法，只给葡萄牙或者同盟船只进行补给，对于其他国家的船只（特别是更早就有贸易的阿拉伯、波斯和土耳其船只）进行驱赶，乃至炮轰，将运输权和道路权垄断在手中。

而非洲，则成了葡萄牙一个重要的商品交换地，葡萄牙对非洲地区采取了"用便宜货换取贵重物品"的方式，将非洲对葡萄牙的价值最大化了。葡萄牙对非洲出售的产品大都是不值钱的布匹、贝壳、铁条和铜条，以及破旧不堪的武器，而购买的却是值钱的黄金和奴隶。

在刚果和西非地区，由于这些地区曾经使用贝币，长期以来，西非人获得贝币的途径很有限，大都集中在罗安达附近，以及从遥远的印度转运过来。由于运输能力有限，供应不足，在非洲社会内部流通的贝币数量一直是相对固定的，恰好可以作为一种货币使用。但葡萄牙人到来后，却在印度南部（包括马尔代夫）和巴西发现了大量的与非洲贝币同种的贝壳，于是他们将整船的贝币倾倒在了非洲海岸，一本万利地换取非洲的黄金，给非洲留下了巨大的通胀泡沫。非洲人用作货币的物品除了贝币之外还包括布匹、铜条和铁条，而这些物品对于葡萄牙人来说都是用之不绝的。

此外，葡萄牙人向非洲国家出售的武器也有了大用场。许多国家依靠着葡萄牙武器突然崛起，将原来的大国打败，将它们的人民抓起来，当作奴隶贩卖给葡萄牙人。于是葡萄牙的武器就制造了大量的奴隶，又被他们买回来高价卖到美洲。随着依靠奴隶买卖发家的非洲新政权的确立，葡萄牙人也就参与了非洲的政治变迁，变得越来越重要了。非洲则从原来的传统经济体系中被强行拉入了"用黄金和奴隶换取战争"的游戏之中。

在这个过程中，葡萄牙人很少使用武力，所有的暴力都是交给当地人去做的，甚至连抓获奴隶都是当地政权干的，葡萄牙人只负责"和平地"买卖而已。

因为与葡萄牙的贸易能够让一部分当地势力获益，使得各个地区的人们都没有动力去联合起来反对葡萄牙人，反而选择了与葡萄牙配合，将西方的优势尽量放大。只有在巴西和拉丁美洲，由于美洲的印第安人社会更加落后，葡萄牙和西班牙才在较短的时间内建立起了殖民地政权，但这个地区不在本书的叙述之内。

也正因为葡萄牙人在其他地方都是与当地统治者配合的，击败葡萄牙的并非是当地势力，而是位于西欧的其他竞争对手。

由于葡萄牙国内人口太少，在一个多世纪后，随着西欧其他国家的崛起，葡萄牙就很难维持它的海外据点了。除了在拉丁美洲依然由葡萄牙和西班牙统治之外，其余的世界都被新兴的海外帝国荷兰、英国和法国所占据。在亚洲，葡萄牙到最后只剩下了位于中国的澳门和印度的果阿两个贸易站，在非洲，葡萄牙在南部非洲的东西两侧剩下了莫桑比克和安哥拉两片控制地，以及几个类似于飞地的岛屿和海边小块土地，如塞舌尔、科摩罗、圣多美、佛得角和几内亚比绍。在亚洲，西班牙保留了菲律宾作为它的殖民地，直到19

世纪末被美国人抢走。

荷兰人占据了南非和印度尼西亚，而英国和法国除了瓜分北美之外，还在非洲、印度、东南亚的大陆部分（中南半岛）形成了直接竞争。

在印度，英国人最终打败了法国人，获得了印度海岸的控制权。在东南亚和非洲，法国和英国平分秋色。

也是从这些新兴帝国开始，欧洲人对外扩张的策略有了改变。在美洲以外的世界，葡萄牙只是占据了一些战略据点。新兴三国最初也是占据了一些点，但随着西方对世界的介入越来越深，他们对于非洲和亚洲的控制，慢慢地有了由点到面的趋势。

葡萄牙是个贸易帝国，主要负责将各地的特产贩运到别处，赚取买卖的差价。他们从东南亚（香料）、印度（香料和贝币）、非洲（黄金和奴隶）购买资源，从西欧和印度（布匹）购买工业品，在两者之间进行交换，但这种行为最终造就的，却是荷兰、英国和法国等制造业国家的崛起。特别是荷兰与英国兴起之后，他们取代了葡萄牙占领了全球，把之前的贸易精神换成了工业精神。

英国在印度、东南亚、非洲等地（也包括北美）绝非只购买资源这么简单，他们还要在当地完成制造。在非洲就意味着亲自参与种植或者参与采矿，而在印度则发展出了一定的工业。法国在非洲以吸纳矿业资源为主，但在东南亚发展了大片的种植园。而荷兰在南非以采矿为主，在印度尼西亚则种植橡胶，开采石油。

这种从纯商业向工业的转变，意味着西欧国家必须对海外地区有着更强力的控制才能做到。如果只是做生意，只需要一个堡垒化的小港口就足够了。但如果要发展加工制造业或者种植业，则必须在内陆地区拥有大片的土地和资源。于是，世界到了英、法、荷的扩张时期，就有了新的精神。葡萄牙提倡的奴隶贸易被放弃了，到了19世纪，英国人不仅解放了自己辖区的所有奴隶，还强迫其他国家放弃奴隶贸易，这一部分是因为国际人权思想的发展，另一部分也是因为英国人不需要贩卖劳动力到其他地方，他们需要劳动力留在本地帮助他们建设种植园和开采矿藏。

17—19世纪，世界的竞争格局也发生了多次变化，从英法在非洲、南亚、东南亚、北美的争霸，到英俄在中亚的争锋，最后则变成了列强对于非洲的瓜分。

在印度，英国人和法国人最先相遇，最初它们也采取了类似于葡萄牙的做法，选择了几个海岸地区占领。英国人在印度的殖民中心主要有三个，分别是位于西部海岸上的孟买（Bombay，现称 Mumbai），位于东部海岸上的马德拉斯（现印度城市金奈），以及位于东北部海岸上的加尔各答（Calcutta，现称 Kolkata）。其中马德拉斯是从当地的土邦邦主手中买来的贸易站，随后被英国人堡垒化；加尔各答是恒河口沼泽地中的一个小岛，环境非常恶劣，英国人本来想占据更靠北、环境更好的胡各利，却因为打不过当时的印度莫卧儿王朝，只好偷偷地藏在了这个肮脏的小岛上；孟买则是葡萄牙首先占据的，1661年，葡萄牙公主凯瑟琳嫁给了英国国王查理二世，将孟买当作嫁妆带给了英国。

英国获得了三个据点时，法国人则占据了印度东海岸上两个重要地点，一个是距离加尔各答不远处，位置更好的金德讷格尔（Chandannagar），而在马德拉斯以南，则是另一座海岸城市本地治里（Pondicherry）。

由于印度邦国林立，法国和英国在印度各自扶持自己的势力范围，不断地排挤着对方。到了18世纪中期，双方从冷战变成了热战，在战争英雄克莱武（Robert Clive）的率领下，最终英国打败了法国，将它排挤出了印度。这次战争使得印度正式成了英国的势力范围。

但所谓势力范围，只是在西欧国家内部的共识，而在印度，除了三个狭小的区域之外，大部分地区并不认为它们是属于英国的。也就是说，欧洲人在地图上已经瓜分了天下，但是世界上其他地区的人并没有被告知，更无法认同。英国人又花费了一个世纪的时间，才将印度本土那些仇恨英国的势力

——剪除。

在南方反英最坚决的是迈索尔（Mysore）的王公提布苏丹（Tipu Suttan），在西北方的旁遮普地区，则是锡克教的王国，而在北方，在葡萄牙人和英国人轮替时，曾经有一个巨大的莫卧儿帝国，这个帝国由成吉思汗（母系）和帖木儿（父系）的双重后裔巴布尔（Zahir-din Muhammad Babur）建立。巴布尔曾经是中亚地区费尔干纳（Fergana）谷地的小王公，他年轻时丢失了自己的传统属地，成了一个流浪军阀，向南方逃窜，不想却阴差阳错攻克了位于中亚和印度之间的阿富汗，再从阿富汗出发占据了印度北部、中部的广大地区，建立了一个庞大的帝国。

莫卧儿王朝建立于1526年，在数代君主统治下进入了鼎盛，建造了胡马雍陵、泰姬陵、红堡等一系列辉煌的建筑。但到了18世纪初，在最后一个伟大的莫卧儿皇帝奥朗则布（Aurangzeb）死后，他的后代逐渐控制不了帝国的疆土，于是北印度和中印度分裂成了许多小国，虽然他们名义上尊莫卧儿为宗主，但实际上已经独立了。

正是这样的分裂形势帮助了英国人，使得他们能够逐渐蚕食，让各个小邦慢慢脱离莫卧儿，选择英国为保护人。

到了1857年，印度北方发生了反英大起义，这次起义的结果是英国人废黜了最后一个莫卧儿皇帝。之前这位皇帝已经没有任何实权，只是名义上的君主，到这时，连名义也没有了。也是在这一年，印度正式变成了英国的殖民地，维多利亚女王自称印度女皇。英国人终于对印度完成了由点到面控制的转换。

虽然印度变成了英国的殖民地，但印度的疆土依然是复杂的。直到第二次世界大战后印度独立，这片巨大的土地依然不是单一制的，它的2/3的领土属于英国直辖，剩下1/3属于林立的小国，这些小国尊英国人为宗主，但对内却有着统治权，更像是一种保护国制度，而不完全是殖民地。

英国人和法国人对于东南亚的殖民也是在19世纪才完成。而更典型的则是非洲的状况。

虽然非洲从公元16世纪就沦为欧洲和美洲的奴隶输出地，但在葡萄牙的政策下，非洲的内陆国家大都是政治独立的，它们在贸易上受制于欧洲人，但依然是独立国家。欧洲的势力只停留在距离海岸线数公里的地方，只有欧洲人建立堡垒的区域才是安全的，其余地区依然是黑人统治区。

直到19世纪后半期，随着欧洲国家的普遍崛起，世界已经不再是英国、法国和荷兰的天下，新生的德国、意大利、比利时也加入了殖民世界的潮流，出于内部竞争的关系，欧洲对于非洲的瓜分才开始加速。

在非洲的竞争依然是以英国和法国为主，两国都想打通非洲大陆的主轴，其中英国人构建了所谓"2C"计划，准备从南方的开普敦（Cape Town）直到北方的开罗（Cairo），建立一系列连通的殖民地（纵穿），而法国人则希望建立"2S"的链条（横穿），从西部的塞内加尔（Senegal）直到东部的索马里（Somalia）。由于纵穿和横穿非洲的两条线必然交叉，只有一个国家能够占领这个交叉点，而另一个国家由于缺失了交叉点，必然不能让自己的殖民地连通。英国和法国的交叉点恰好位于苏丹境内，于是双方发生了争执，这一次，依然是英国获胜。

不过，英国虽然占据了苏丹，但它的"2C"战略在南方却受制于另一个新兴国家：德国。德国在瓜分非洲时抢占了靠近东非的大湖区的坦噶尼喀（Tanganyika，现坦桑尼亚的大陆部分）、布隆迪和卢旺达，从而将英国殖民地的南北两部分截断了。直到第一次世界大战战败后，德国才不得不把坦噶尼喀让给了英国，布隆迪和卢旺达让给了比利时，到这时英国人才真的打通了"2C"。

在非洲的所有殖民地中，受到剥削最残酷的是比利时的殖民地比属刚果。比利时的国王利奥波德二世（Leopold Ⅱ）如同一个老屠夫一般统治着这片领土，他没有想着做任何建设，而是对这里进行了敲骨吸髓的压榨。这和英国人试图建设殖民地，法国人试图将殖民地变成帝国一部分的努力截然不同。

在亚洲，还有一块奇怪的殖民地：菲律宾。它原来被西班牙占据，但在19世纪末的战争中，西班牙把菲律宾连同美洲的古巴和波多黎各输给了美国，于是美国这个新生的国家也拥有了几块殖民地。如今，波多黎各还在争取成为美国的一部分，而古巴和菲律宾早已经独立，但它们由于受到过美国的保护，都深深地受到了这个超级大国的影响。

当世界掀起殖民地狂潮时，距离葡萄牙发现新航道已经过去了300多年，这时也是中国遭受鸦片战争，被迫开启国门之时。在这300多年里，世界其他国家不仅没有适应地理大发现的潮流，反而忽略了它，导致当殖民地时期到来时，世界上大部分国家才如梦初醒，开始争取独立、发展经济，试图赶上西方国家，但这并不容易。

侥幸的夹缝中国家

对于落后的传统国家来说，虽然与世界交通意味着能够获得更高的物质条件，但是，文明和贸易的冲击又是残酷的。这种冲击对社会结构的影响深入到方方面面，让人无所适从。

从另一个方面来看，虽然每一个国家和国民都会感到不适应，但由于对手方已经进化出了更高级的政治、科技和经济形态，如果一个社会一直无法适应，就意味着在世界文明中被淘汰出局。

如何不被淘汰，又不被支配，通过自我的调整跟上世界的步伐，是后进文明必须做到的一步。只有这样，才能获得继续发展的机会。但在实际中，能够做到的国家少之又少。

在20世纪之前，在不吝使用武力的欧洲强国的主导下，弱国的选择比现在更少。如果想要成为转型成功的国家之一，这些国家必须足够幸运地分布在几大强权的夹缝里，也就是两个或者数个强权势力范围的边界上，让它们无法独自并吞。另一个可能性则是处于更加遥远的边缘之地，让强权们产生不了足够的兴趣去占领。只有这两种国家才有条件以自生自灭的方式去进行自我变革，但到底能否改革成功，还是个未知数。

在 20 世纪之前，处于世界的边缘地带又奋起直追，获得成功的国家只有一个，就是日本。而幸运地处于强权夹缝之中的国家有泰国、阿富汗、伊朗、埃塞俄比亚等国，但真正做到和平演化的，只有泰国。

那么日本和泰国又是如何做到的呢？

首先看日本的情况。

和中国、东南亚国家相比，日本的地理位置决定了它的幸运，它处于海岛之上，又位于世界边缘的北部地区，即便是善于探索北极地带的俄国人也很难发现它，这导致日本在很长时间里都处于被忽略的状态。

日本的物资是如此缺乏，在西方人到来之前，甚至连中国都对日本提不起兴趣来。在明代的中前期，皇帝禁止对外贸易，只准海外各国以进贡的名义向中国输入一定的外来物品。商人们必须等待海外使团的出现，再和使团同行，伪装成是来进贡的，才能进行有限的商品交换。明朝政府给每个国家规定了使团成员的人数，而事实上，一个使团中除了一两个使者之外，剩下的几十个到数百个名额，都被卖给了商人。这些商人们带来了大量的货物，到达中国后，选出一部分大商人跟随使者去往北京，他们的货物被作为贡品送给皇帝，而皇帝会给他们几倍价值的赏赐。使团中剩下的商人则必须在边境地区等待使团回来，但他们的货物被允许在边境市场中卖掉。

由于皇帝赏赐的数额总是高于使团进贡的价值，明朝的进出口一直是亏本的，一个使团到来，意味着皇帝必须付出更多。为了防止使团来得太频繁，明朝政府按照属国的等级，规定他们只能几年来一次。

而由于日本国内物资太贫乏，除了一些木材、毛皮外拿不出更好的东西，皇帝也看不上他们的进贡，所以规定他们只能十年来一次，也就是处于进贡国的最末级别。日本对于中国的物资却极其看重，既然无法通过正常贸易获得，就只能走海盗一条路了。这也从侧面反映出即便对于古代中国，日本也显得价值不大。

葡萄牙人到来后，曾经开辟了日本市场，但后来由于欧洲人传播基督教造成的社会失序，日本也和中国一样采取了闭关锁国的政策，1639—1641年间出台了一系列的规定，将欧洲人赶走，只留下了长崎一个港口保留了有限的日中和日荷贸易。

对于日本的做法，欧洲人并没有太多的反应，毕竟它过于偏远了。直到1853年，美国的船只才再次打开了日本的国门。

但仅仅是地处偏远，依然无法保证日本的转型，这个国家更幸运之处在于，当西方势力进入时，日本的政治结构是有利于他们学习西方的。

在这个时段，日本国内的政治是一种奇特的封建制度，很类似于中国的春秋时期，其政治势力一共分成了四部分，首先是高高在上却没有实权的天皇，其次是拥有着巨大权力的幕府将军德川氏，幕府将军甚至经常被外界当成是日本国王。幕府将军不敢废除天皇，只能将天皇虚化，自己掌握了实权，以"挟天子以令诸侯"的形式统治着国家。

但是，天皇和幕府将军依然无法完全主导日本政治，当时的日本还存在许多实力派的诸侯，被称为大名。这些大名虽然必须尊崇天皇，又必须服从于幕府将军，但它们在管辖自己的土地时却是基本上独立的，并且，总有一些大名在试图摆脱甚至推翻幕府将军的统治。

这些诸侯（大名）又养了许多武士集团，这些武士集团处于统治阶层的最底层，却是最善于学习的纵横之徒。他们大部分时候依附于自己的主人（大名），但有时又怀着为天皇服务、解放天皇的更高理想。

对于外国人，这四大势力采取的态度也是不一样的。天皇由于是傀儡，他的意见并不重要，而最重要的意见来自于幕府将军和大名。

幕府将军代表着一个保守集团，在17世纪推行海禁政策的就是德川幕府。1853年美国人强迫幕府开国，幕府被迫服从。但在日本人看来，幕府依然是闭关锁国的保守势力。

而大名，特别是西南地区的四个大名，萨摩、长洲、土佐、肥前（号称"萨长土肥"），他们最初的动机只是反对幕府，但由于他们最靠近海外，对于西方的力量有了较深的了解。特别是作为领头人的萨摩，曾经与英国人发生了一次小型的战争（萨英战争，1863年），虽然战败，却让这个大名从此认准了学习西方的西化之路。

"萨长土肥"下属的武士阶层中，也出现了一批有理想的志士，在他们的帮助下，大名发动的对德川氏幕府的战争就负有了多重使命：第一，讨伐幕府；第二，还政天皇；第三，学习西方。

在战争中，大名和武士打败了幕府将军，将权力还给了天皇。由于幕府代表着保守势力，大名和武士更加接近西方，这就意味着日本比起其他国家来，更加义无反顾地走向了学习西方的道路。

但事情还不算完。形势发展到这一步，日本很有可能出现军阀割据的局面，之前的幕府将军是靠暴力才压制住这些诸侯（大名）的，现在幕府倒台了，天皇权力不够，各个大名之间的冲突就会立刻爆发，将日本撕裂。

但历史的巧合却是惊人的。就在人们以为大名获胜了时，大名这个阶层却突然间退出了历史舞台。这源于原本是各个大名下属的武士阶层。为了倒幕，大名们组织了联合武装，这些武装是由武士领导的。当倒幕完成后，武士们因为掌握了军队，反而与天皇联合起来，逼迫着刚刚打赢了战争的大名们把权力奉还给了天皇，也就是说，诸侯（大名）们被自己曾经的手下（武士）逼迫着放弃权力，从此只能当富家翁，却不再有割据之权了。

这样的做法，使得日本突然间从封建制变成了中央集权制，幕府将军没有了，割据的诸侯（大名）也没有了，权力都归于天皇，而天皇的权力又是由原来的武士阶层掌握的。这个武士阶层对于西方势力不仅不排斥，反而是最善于学习的。正因为他们之前不掌握权力，所以为了稳固权力，没有任何包袱和成见，愿意学习任何先进的东西。在这个武士集团的领导下，日本建立了议会，引入了工业，从政治、经济、教育、军事等多方面向西方迅速靠拢。

从上面的分析也可以看出，日本之所以能够在东方开启了最早和最彻底的西化，并转型到了世界主流文化、政治、经济的体系之中，除了它地理太偏、受到西方干扰较少之外，还得益于一个善于学习西方的阶层恰好推翻了原来的保守势力掌了权，让他们可以没有历史包袱地打满舵。而这一点却是世界其他国家，比如中国、印度等都不具备的。

除了日本之外，世界上还有一个国家在不放弃自己文化的同时，较为成功地进行了转型，它没有被殖民地化，也没有出现政治中断，没有革命，没有大规模暴力，而是在国王的领导下完成了转型，这个国家就是泰国。

在中南半岛的历史上，泰国和缅甸是一对冤家。其实泰人和缅人在半岛地区都属于新兴民族，在他们之前，现在的越南中部和南部、柬埔寨、泰国、缅甸区域内居住的是占婆人（越南中南部）、高棉人（越南南部、柬埔寨、泰国东部）、孟人（泰国西部、缅甸东部）和骠人（缅甸西部）。从9世纪开始，发源于中国境内的缅人才逐渐南下进入了缅甸，在蒲甘（Pagan）地区建立了王国。而习惯于以南诏为祖先的泰人则在更晚才从中国境内进入泰国，他们首先在泰国北部的清盛（Chiang Saem，又称景线）建立政权，并逐渐向南，分别在清迈（Chiangmai）、素可泰（Sukhothai）、阿瑜陀耶（Ayutthaya，大城）建都，最后才到了更加靠南的曼谷。

泰人和缅人的出现，将原来的民族空间压缩了。加上越南北方的京族人（越人）向南侵袭，导致占婆人逐渐消失。而高棉人的地盘也在越人和泰人的双重夹击下缩小，形成了现代的柬埔寨。如果不是西方人的到来，柬埔寨很可能会因为逐渐被越人和泰人瓜分而消失。孟人的区域也变得微不足道，变成了缅甸东部的一个小邦，而骠人在缅人的压迫下已经消失了。

西方人到来之前，东南亚半岛地区事实上形成了越南、泰国和缅甸三个霸主。其中越南与中国关系更密切，暂且不提，在西部则是泰国和缅甸争霸。而在双方的争斗中，缅甸显得更加强大，更富有侵略性，屡屡打败泰国，并摧毁了泰国的两个都城素可泰和阿瑜陀耶。如果没有外来干扰，泰国依然是处于下风的国家。

但西方人的到来突然间改变了泰国的命运,这里我们也可以做一个对比,看当初曾经强大的缅甸如何变成了殖民地,而相对弱小的泰国却躲过了劫数。

在缅甸曾经的首都仰光(Yangoon)的中心区域有一座公园,纪念的是一位缅甸抗英的将领摩诃班都拉(Maha Bandula),公园中还竖立着高大的独立纪念碑。这位将领至今依然被缅甸人当作缅人历史上最伟大的军事指挥官之一,堪比古罗马的敌人——迦太基的汉尼拔。1824年,当英国人进攻仰光时,班都拉从缅甸西部的阿拉干(Arakan,与现在的孟加拉国接壤)出发,率领6万名士兵和数百门火炮,翻越了2000多米高的阿拉干山脉,进入缅甸中部的伊洛瓦底江三角洲,以迅雷不及掩耳的速度出现在仰光的英国人面前。

从军事战略上说,班都拉已经做到了极致,堪称伟大,但是在与英国人作战的过程中,班都拉却被英国人的炮弹打死。在他死后,英国人占领了仰光,割据了缅甸的南部,让缅甸进入了殖民化的过程之中,并在半个世纪后彻底沦为英国人的殖民地。

缅甸之所以成为殖民地,竟然与它在历史上过于强大有关。事实上,缅甸在东南亚一直是一个类似于中国的中央帝国。它的中部是伊洛瓦底江河谷低地,是缅人的核心区域,四周则是高地,居住着大量的少数民族。缅人帝国在东南亚也非常强大,即便是唯一能算成对手的泰国也屡屡败在它的脚下。

缅甸帝国属于内陆型政权,在经济上以农业为主,并建立了一整套的农业制度,虽然它也拥有着丰富的海岸线,但对于海洋,缅甸的统治者畏惧多于喜爱。国王们总是选择将自己的首都定在远离海洋的内陆。

而更让缅甸骄傲的是,就算西方人已经到来了,缅甸却依然处于历史发展的最高峰时期。缅甸历史上有三大帝国,其中蒲甘王朝出现较早,对应于中国的宋元时期。而第二帝国东吁王朝出现时已经是西方人到来之后。1569年,威尼斯人卡萨·弗雷德里克访问了当时的缅甸首都勃固之后,就赞扬当时执政的,也是缅甸最伟大的国王之一莽应龙(Bayinnaung),认为他的财富和势力远超威尼斯的老对手奥斯曼土耳其帝国。缅甸的第三帝国（贡榜王朝）更是在18世纪才出现，建立于1752年。贡榜王朝建立后，立刻将邻居泰国当作最大对手，出兵发动战争，并最终毁灭了泰国首都阿瑜陀耶（大城），逼迫泰人迁都更加靠南的曼谷。

在一系列的武功之下，缅甸的民族主义已经膨胀到了极致。在这时出现的西方人并不被他们放在眼里，也正因为这样，东南亚最强大的缅甸反而成了最保守、最封闭的国家。

不幸的是，历史发展到了19世纪，即便是世界上最强大的传统国家也是无法与近代化的西方国家相对抗的，这导致缅甸虽然拼尽全力、以硬碰硬，最终依然无法逃脱殖民地的命运。

在东南亚，英国和法国分别占据了大片的土地。英国以印度为依托，向东扩张。从陆地上来看，印度的东面就是缅甸，从海洋看，印度的东面，隔着孟加拉湾相望的就是现在的马来半岛。更靠南的岛屿部分，已经被荷兰人占据了，因此英国人顺理成章地占领了半岛地区的马来亚（马来西亚的半岛部分），以及大陆部分的缅甸。

与英国人从印度向东蔓延不同，法国人则直接从海洋上过来，占据了现代的越南、柬埔寨和老挝，并由越南经过河口向中国境内的云南地区渗透。在中法战争之后，法国人已经锁定了越南殖民地。法国人占据的这片地方被称为印度支那（Indochina），即印度（Indo）和中国（China）的中间地带。

在法属的印度支那和英属的马来亚和缅甸之间，形成了一片特殊的区域：泰国。或者说，这里形成了一道夹缝。事实上，泰国的军事实力比起越南和缅甸更加弱小，英国人和法国人要想拿下泰国，都并非难事。但麻烦在于，英国人和法国人谁也不想让对方得到泰国。可是如果自己先动手进入泰国，又怕泰国与对手结盟，反而把这里推给了对手。

这种局面还出现在中亚的阿富汗和波斯，阿富汗和波斯所处的是英国的印度和俄国的中亚之间，形成了一道夹缝，特别是阿富汗，更是直接将两大势力分开。英俄双方都不知道如何处理这个国家，最后商量共同维持阿富汗的独立，用它来作为两大帝国的势力分界线。

泰国在东南亚也成了英国和法国势力的分界线。此时的泰国刚刚从被缅甸灭国的惨痛中恢复，并没有太强的自尊，不以学习西方为耻。国王也善于发现夹缝中的机会，于是，这种特殊的地位，反而让这个并不算强大的国家寻找到了生存空间。

泰国的幸存主要得益于两位国王的政策。随着被缅甸击败并迁都曼谷，曼谷王朝的开国国王拉玛一世（Rama Ⅰ）和后来的两位国王也采取了闭关锁国的态度，拒绝西方影响。但是到了拉玛四世（Rama Ⅳ，本名蒙固）时代，却出现了急剧的政策转向。

在他的兄弟拉玛三世（Rama Ⅲ）统治时期，蒙固作为王子游历了全国，他对于西方知识的兴趣广泛，不仅学习拉丁文和英语，还学习地理、物理、化学、数学、科技和天文学。在他的游历中，也对从王公贵族到底层人民都有着深刻的接触。在这个过程中，他摒弃了传统的闭关政治，开始站在一个更加全面的视角考虑问题，认识到泰国的出路在于改革和学习。

1851年，拉玛三世去世，蒙固继承了王位，是为拉玛四世，随即开始了他的改革历程。在这之前，英国人已经强迫泰国签订了一个有限贸易的条约，英国人却并不满意，认为还不够。不想拉玛四世上台后，爽快地表示同意按照英国人的意思修订条约。

他授予了英国人领事裁判权，也就是将涉外司法转移给英国人审理，同时将所有港口对英国人开放，允许英国人长期在曼谷定居、在泰国自由旅行，并限定了税收的额度，他还准许外国人自由传教，甚至允诺在政治上平等地对待所有宗教。

这份条约以及与其他国家签订的类似条约，宣告了一个新泰国的到来，几乎消灭了西方入侵的所有借口：既然在和平状态下，要求都得到了满足，又何必要打仗。泰国这种开放和与世无争的态度，使得英国和法国都不再把它当作目标。

但如果仅仅解决了对外关系，还是无法完全避免泰国本身的落后。于是，除了对外关系之外，拉玛四世还着手处理泰国本身的社会变革问题。他要从自我革命入手，改变国家制度。

他首先废除了王室的许多礼仪特权，不再要求觐见者匍匐在他的面前，他出现的场合也不再要求人们回避。接着，他效仿法国人开始发行铸币，并大力发展交通、革新军队，减轻了拖累民间的繁重徭役，限制买卖奴隶。

在他的影响下，西方关于平等、自由的观念逐渐传入了泰国并深入民心，为未来进一步的改革创造了条件。

1868年，拉玛四世去世，改革的重任交给了他的儿子拉玛五世（本名朱拉隆功）。拉玛五世作为王子时，父亲就给他找了一名英国女士担任教师，这段故事后来成了中国影星周润发主演的电影《安娜与国王》中的情节。父亲的刻意培养，让朱拉隆功成长为一个信奉立宪、民主、自由的人。

和父亲时代相比，拉玛五世时代的世界格局更加错综复杂，虽然泰国依然保持独立，但周围国家都已经变成了殖民地，这导致拉玛五世的政策更加务实。泰国本身也是一个小型的帝国，在西方到来之前，也有一些周边的属国，比如老挝、柬埔寨等，拉玛五世为了保持泰国本土的完整，将属国的宗主权转给了法国，又将南部几个马来人为主的省份让给了英属马来亚。通过这种方式，泰国才维持住了独立性。

既然维持住了独立，接下去就是彻底地学习西方。他本人就热衷于到海外考察，不仅去过新加坡、印尼和印度，还去过欧洲的几乎所有主要国家考察。

拉玛五世把自己的子女直接送往国外接受教育，熟悉西方制度和科学技术。从此之后，泰国王室的子女到海外接受教育就成了传统。在王室的带领下，泰国迅速掀起了留学的狂潮，这间接地解决了社会思潮的转向问题。

拉玛五世还废除了奴隶制，废除了沉重的徭役制度，使得泰国的经济结构发生了巨大的改变，将人们的热情激发出来，形成了资本主义力量。在政治上，虽然他没有完全建立起立宪制度来，却通过加强司法、建立顾问机关等方式弱化了专制色彩。到"二战"之后，顺着这个趋势，泰国终于建立起了责任内阁制。

1910 年，当拉玛五世去世时，泰国已经出现了翻天覆地的变化。在东南亚，当周围的国家都变成了殖民地，甚至连中国都在沉沦的时候，只有泰国凭借着一己之力获得了西方国家的尊重。两位国王改革的回报也是巨大的，直到今天，泰国依然是由他们的后代统治。对社会来说，巨大的政治连续性让泰国人没有经历过大规模的战乱，也不需要进行社会重建，这种连续性对于泰国人性格的形成有着巨大的影响，让他们变得和平、与世无争，同时又自信地游走在大国之间。

夹缝也可以是困境

世界边缘和夹缝中的国家，比起其他国家更容易获得发展的自主权，但是，并非所有的夹缝中国家都是一帆风顺的。除了泰国这样成功的例子之外，其余的国家，诸如埃塞俄比亚、阿富汗和波斯（伊朗），都失败了。

泰国之所以成功，得益于两位国王的政策：第一，保持中立，不参与欧洲巨头的大博弈；第二，大开国门，不纠结于一时的司法、经贸得失，而是迅速建立起与西方沟通的管道；第三，赶快学习西方，在西方势力、政治思潮和科技力量压垮原来的社会结构之前，主动改革社会、政治和经济，完成转型。

这三个条件缺一不可。如果没有第一个条件，那么这个国家必然卷入列强的争斗之中，最后被磨碎；如果没有第二个条件，那么国家迟早还会和列强起冲突，并最终激起强烈的民族主义情绪，重新回到闭关锁国；如果没有第三个条件，那么国家就无所谓转型，这样的例子是下面就要讨论的埃塞俄比亚。

一提起非洲的荣耀，人们首先想到的是埃及古老的文明，但事实上，更有资格代表非洲文明独立不屈精神的，是位于东部非洲之角上的高原国家埃塞俄比亚。之所以这样说，是因为埃及文明虽然古老，但第一它不是黑人建立的，第二埃及文明自从末代女王克里奥帕特拉（Cleopatra，艳后）之后，实际上已经灭亡了。末代女王之后埃及三次更换自己的信仰，先是屈从于罗马的多神教，之后改信基督，最后被穆斯林征服。而在历史上，非洲唯一从古代流传至今，一直保持独立达2000年的国家，也是世界上现存的最古老的基督教国家，就是埃塞俄比亚。

在中世纪，当时西欧社会还非常弱小，不断地受到穆斯林和北方蛮族冲击时，它们幻想着会有一个救世主来救他们，这个救世主不是耶稣基督，而是一个叫约翰长老（Prester John）的东方国王，或者可以称为约翰王。而这个约翰王虽然没有人能说得清在哪里，但从现代研究看，当时的人们之所以发明这个观念，显然是受到了埃塞俄比亚的影响。

事实上，当时的埃塞俄比亚的确是东方仅有的全国都信奉基督教的国家。

埃塞俄比亚的基督教与西方的基督教有所区别，是从埃及传过去的一个分支，被称为科普特派（Copts）。现在的埃及也依然残存着一部分科普特教徒，他们与普通基督徒的区别在于他们的教义认为基督只有神性而没有人性，所以称为一性论者。而普通基督教认为耶稣同时具有人性与神性。埃及的科普特人有自己的教宗，说着古老的埃及语（现在叫科普特语），也就是被象形文字记录的语言。在大部分埃及人已经改说阿拉伯语的今天，这少量残存的科普特语就成了人们解开象形文字的金钥匙。

埃及的科普特基督教在公元4世纪传到了位于现代苏丹和埃塞俄比亚的南方诸国，到最后在埃塞俄比亚存活了下来。

事实上，埃塞俄比亚的历史还远早于基督教的传入。在埃塞俄比亚的阿克苏姆（Aksum），至今依然耸立着许多巨型的方尖碑，这些方尖碑是存在于基督教传入之前的，即便放在其他的任何大洲，这些纪念碑也显得异常壮观。这说明在基督教传入之前，埃塞俄比亚的古文明已经很发达了。

基督教传入这里后，之所以能够流传 2000 年，得益于几个方面。首先是埃塞俄比亚人的虔诚。他们不仅相信《圣经》上所说的一切，还认定自己就是《圣经》中所罗门王（Solomon）与南方地区的示巴女王（Queen of Sheba）的后代。所罗门王是位于以色列的犹太人的国王，示巴女王是某个南方王国的女王，曾经去耶路撒冷见过所罗门。埃塞俄比亚人就对号入座，认为这个南方王国就是阿克苏姆，甚至在一片巨大的遗址中发现了一个类似于石头座位的遗迹，认定那就是示巴女王的宝座。

其次，埃塞俄比亚的地理位置非常优越，它距离海岸不算遥远，阿克苏姆更是红海贸易的一个受益者，但它又处于高原之上，高原上资源贫瘠，足以让入侵者们望而却步，或者认为不值得使用武力夺取。

由于缺乏竞争者，埃塞俄比亚人也在继续创造着一个又一个的奇迹。阿克苏姆王朝之后取而代之的是札格维王朝（Zagwe Dynasty），这个王朝把首都定在了阿克苏姆以南数百公里的拉利贝拉（Lalibela），在那儿挖了一系列的岩石教堂。这些教堂不是在山体上，而是深入平地之中。如果在远处看，那只是一片平地，走近了，才会看到人们已经把脚下的岩石凿开，变成了十字架形状的教堂。

札格维王朝后期，一位自称所罗门王后裔的人篡夺了王位，建立了所罗门王朝（Solomonic Dynasty）。所罗门王朝的寿命极其漫长，从 1270 年一直持续到 1974 年才告结束。也就是说，当它建立的时候，还是中国的南宋末期，到灭亡时，中国已经跨越了元、明、清和民国，进入人民共和国时代。

到了西方瓜分非洲时，埃塞俄比亚又幸运地避免了被占领，这其中除了地理位置偏僻之外，它还恰好处于多国势力范围的交叉点上。它距离法国"2S"的东端点索马里不远，与英国殖民地苏丹接壤，同时还有一部分索马里是被意大利占领的。这种处于强权夹缝之中的局面，让各大强权都不想动它。

到最后，由于意大利统一时间很晚，在世界上没有抢到多少殖民地，在全世界已经瓜分完毕时，匆匆忙忙将埃塞俄比亚定为自己的入侵目标。1895

年和1935年，意大利两次入侵埃塞俄比亚，都被这个非洲国家击败，灰头土脸地撤离。

击败意大利，也让埃塞俄比亚成了非洲国家的榜样，几乎所有的非洲国家争取独立的斗争都受到过埃塞俄比亚的鼓舞。它的末代皇帝海尔·塞拉西（Haile Selassie）作为非洲领袖，也将非洲联盟的总部争取在了自己的首都亚的斯亚贝巴（Addis Ababa）。

但不幸的是，正是因为埃塞俄比亚的历史过于辉煌，虽然它拥有着无比的地理优越性，并处于帝国的夹缝之中，甚至受到了英、法等帝国的尊重，成了这个大洲理所当然的领袖，这点甚至比日本和泰国的处境都好，但它缺乏的是改革的动力。

直到20世纪70年代皇帝被推翻时，这个国家依然是一个一人独裁的国家，没有任何现代化的政治机构，也不存在官僚之外的经济体系。如果说，中国的闭关锁国持续到了1840年就不得不被打破，人们从此慢慢放弃了幻想，开始试图融入世界规则，但埃塞俄比亚却是始终生活在幻想之中，认为自己就是规则制定者。就这样，条件最好的国家反而成了行动最慢的国家，并为此付出了沉重的代价。

埃塞俄比亚是不愿意转变的代表。而另两个夹缝之国阿富汗和波斯却是帝国博弈的受害者。它们试图保持中立，却始终无法找到中立的点在哪里，即便小心翼翼，到最后还是被几个帝国庞大的身躯挤碎了。

数千年历史中，伊朗（在1935年之前称波斯）和阿富汗一直是作为文明的连通器和分界线著称的。从欧洲经过君士坦丁堡（现在的土耳其伊斯坦布尔）前往亚洲，离开土耳其的小亚细亚之后，必须首先经过伊朗，再过阿富汗或者中亚前往中国的新疆地区，最后到达东方，这条线后来被称为"丝绸之路"。另外，丝绸之路还有一条南线，可以从伊朗经过沙漠地带，或者经过阿富汗翻越兴都库什山口进入印度。

不管是前往欧洲、中国、印度，还是翻越高加索山前往北方的俄罗斯草原，甚至乘船经过波斯湾前往印度、非洲和东南亚，伊朗可谓四通八达之地，因此可以称为"世界的十字路口"。

而从伊朗出发向东，首先碰到的是阿富汗，阿富汗境内的兴都库什山是隔开南亚和中亚的巨型屏障，也正因为这座山，阿富汗可以称为"世界之墙"。从中亚翻越兴都库什山，再经过一个叫开伯尔山口的著名通道，就可以前往印度了。

在古代史上，伊朗和阿富汗都因为控制了交通要道而有过数次繁荣，伊朗在希腊时代就曾经出现过强大的阿契美尼德王朝（Achaemenid），著名的国王大流士（Darius the Great）和薛西斯（Xerxes）曾经挥兵西进，进攻过古希腊，而由于古希腊被认为是西方文明的正源，伊朗也就莫名其妙背上了"西方之敌"的黑锅，这一背就是2000多年。

阿契美尼德王朝灭亡于著名的亚历山大大帝。之后，伊朗国内还出现了游牧性质的帕提亚帝国（Parthian Empire，中国人称其为安息帝国），这个帝国继续和西方（罗马人）作对，罗马共和国晚期著名的前三头之一克拉苏（Marcus Licinius Crassus）就是死在了与帕提亚帝国的战争中。帕提亚帝国衰落后，伊朗再次出现了萨珊帝国（Sassanid Empire），被认为是波斯本土文化的高峰。

阿拉伯帝国崛起后，波斯的萨珊帝国被征服，但由于阿拉伯人最初的文化程度不高，而波斯却是一个极度发达的文明，因此，阿拉伯文明甚至可以称为嫁接在波斯文明之上的寄生文明。到了阿拉伯阿拔斯王朝（Abbasid Dynasty）时期，波斯对阿拉伯帝国的影响已经变得举足轻重了。

伊朗还给伊斯兰教贡献了两个不可磨灭的遗产：什叶派（Shia，或者Shi'ites）和苏菲派（Sufism），这两个派别（特别是前者）与传统的逊尼派产生了竞争。

随着阿拉伯帝国的衰落，波斯境内不断地被各种"藩镇"所占领，这些藩镇表面上服从于阿拉伯哈里发的中央政府，但实际上却成了当地的土皇帝，享有行政和征税权，又把位置传给子孙后代。这些"藩镇"建立了一系列的王朝。

最初是一位将军建立的塔希尔王朝（Tahirids），随后是萨法尔王朝（Saffarids）、布维希王朝（Buwayhids）和萨曼王朝（Samanids）。

之后，伊朗被外来的（从中亚地区）突厥种塞尔柱人占据，建立了塞尔柱王朝（Seljuq Empire）。也正是在这时，伊朗再次与西方对抗，西欧组织了十字军与塞尔柱人对抗。

13世纪的蒙古人入侵时代，伊朗又成了蒙古人在西亚的中心，在蒙古四大汗国中，忽必烈的弟弟旭烈兀建立的伊尔汗国（波斯汗国）就在现在伊朗城市赞詹（Zanjan）的旁边设立了都城。蒙古人都城的遗址上，至今仍然保持着蒙古大汗完者都（Oljeitu）巨大的墓葬。这座坟墓位于山间的一块平原上，旁边就是蒙古人都城的废墟。这位大汗已经有了一个伊斯兰的名字，叫穆罕默德（Muhammad Khodabandeh），表明伊朗的宗教征服了蒙古人。

蒙古人衰落后，伊朗再次变成了军阀割据，这时，中亚突厥人帖木儿大帝横扫伊朗，将之纳入了帖木儿帝国的疆土。但帖木儿帝国存在不长，就分崩离析了。一支叫土库曼的突厥人在伊朗境内建立了两个国家，分别叫黑羊王朝（Black Sheep Dynasty，或 Kara Koyunlu Dynastry）和白羊王朝（White Sheep Dynasty，或 Ak Koyunlu Dynasty）。

白羊王朝后，一个叫萨菲王朝（Safavid Dynasty）的帝国出现了。它不仅将什叶派信仰树立为全国的信仰，还塑造了现代伊朗的边界。萨菲王朝崩溃后，一位叫纳迪尔沙（Nader Shah）的军阀在伊朗西部建立了一个以他的名字命名的王朝。但他随后在与中亚的战争中被杀。之后是短暂的桑德王朝（Zand Dynasty）和更加长久的卡扎尔王朝（Qajar Dynasty，1779年建立）。这就已经进入了近代，伊朗开始遭遇俄国人和英国人的包夹了。

与伊朗相同，作为"世界之墙"，阿富汗虽然地方贫瘠，却也有着辉煌的历史。大约在中国的东汉时期，阿富汗和印度北部出现了一个超级大国贵霜帝国。西汉时期，从中国甘肃境内出发的大月氏人经过漫长的旅途，逃往了阿富汗北部地区（兴都库什山的北麓），之后大月氏人衰落，给了它们的附属民族贵霜人机会，贵霜人从阿富汗北部出发进入了现代的巴基斯坦和印度北部地区，建立了一个从中亚直到印度的大帝国。贵霜帝国控制了丝绸之路最核心的地区，也就是东向、西向、北向、南向四条道路的交叉点，当时这个交叉点位于从阿富汗北部的巴尔赫（Balkh，也叫巴里黑）到位于土库曼斯坦的木鹿（Merv，旧称梅尔夫，现在叫马雷）之间。

到了近代，阿富汗又出现了另一个超大帝国：莫卧儿帝国。虽然莫卧儿帝国的主体在印度，但事实上，它的开创者巴布尔首先占据的是阿富汗，然后才进入印度的。巴布尔本人就埋葬在阿富汗首都喀布尔，经过了如此多的战乱，他的陵墓至今依然存在，各路军阀都对他表达了足够的敬意。

莫卧儿帝国衰落后，波斯的萨菲王朝短暂入侵了阿富汗，萨菲王朝崩溃后，阿富汗西部纳入了纳迪尔沙帝国。纳迪尔沙死后，他的将领、普什图族人阿合麦德（Ahmad Shah Durrani）建立了杜兰尼王朝（Durani Dynasty，也称 Sadozais Dynasty），阿富汗也正式进入了近代由普什图人统治的时代。杜兰尼王朝及其后续巴拉克宰王朝（Barakzai Dynasty）直到1973年，才被共和制政府推翻。

在普什图人统治时期，阿富汗和波斯一样遭遇了英国和俄国的大博弈，于是，"世界的十字路口"和"世界之墙"都不得不在现代世界中寻找自己的定位了。

首先卷入的是波斯，波斯早期和西方大国打交道的经历可谓血泪斑斑，也体现了一个传统国家在和现代国家打交道时多么不受重视，常被当作棋子使用。

1800年，俄国人占据了高加索以南的格鲁吉亚，这里曾经是波斯的属地。波斯受到俄国的入侵，这件事立刻激起了英国人的兴趣，他们表示要帮助波斯对抗俄国。英国人和波斯为此还签了一个协议。

等签完了协议,波斯人才发现上当了,因为这个协议不是针对波斯的敌人俄国,而是针对英国的敌人阿富汗的。协议中要求,如果英国人和阿富汗发生冲突,波斯必须出兵帮助英国,可是如果俄国侵略了波斯,英国却没有出兵义务,只需要给点钱和物资就行了。波斯之所以签订了这个囫囵吞枣的协议,完全是由于刚刚加入国际秩序,对国际规则不了解。它天真地以为一旦和英国人合作,就可以共同对付它最大的敌人俄国。作为新入门者,它并不知道,一项条约不具有条款之外的扩展性,既然条款中没有针对俄国的武力条款,英国人就不会出兵帮助波斯打击俄国,所谓物资和资金,也大都可以应付了事。

而更凑巧的是,此刻偏偏就发生了俄国人入侵波斯的事情。1804年,俄国从高加索方向入侵波斯,第一次俄波战争爆发。天真的波斯人立刻向英国求助。

他们不知道的是,由于处于欧洲大革命和拿破仑战争时期,英国人为了对付拿破仑,已经和俄国结盟了。

波斯人发现和英国人的条约对自己毫无帮助,只好转向与法国的拿破仑寻求联合。刚刚获得了奥斯特里兹会战胜利的拿破仑正准备与俄国人大干一场,立刻回应了波斯的要求。1807年,波斯和法国又签订了一个针对俄国和英国的条约。内容包括:法国承诺向波斯提供武器,并帮助波斯训练军队,法国还承认格鲁吉亚是波斯领土,而波斯则负责与俄国作战,并与英国断交。

这一次,波斯人以为找到了对抗俄国的同盟者,没有想到只两个月后,拿破仑觉得还不到进攻俄国的时机,又突然与俄国结盟了。结盟后的法国和俄国决定共同对付英国。自然,亚洲的波斯不在法国的核心利益中,立刻被牺牲掉,任其自生自灭。为了对付英国,法国还支持俄国进攻波斯,好顺势进攻印度,所以波斯的形势更糟糕了。

法国人之后,感到孤立的英国人再次回来了,它又开始支持波斯对付俄国。1809年,英国与波斯恢复条约关系,共同对付法国和俄国,英国承诺提供武器和资金。波斯在英国的支持下，与俄国对抗的调门越来越高，双方的冲突也愈演愈烈。

四方的合纵连横发展到这一步，已经不亚于苏秦张仪的善变，但这还不是全部。三年后的 1812 年，法国的拿破仑突然间入侵了俄国，英国立刻再次与俄国结盟。沉浸在反俄情绪里的波斯遭受当头一棒。当英国人撤掉了他们的军事支持，波斯立刻惨败，不得不与俄国签订了屈辱的条约。这就是著名的《古列斯坦条约》（Treaty of Gulistan），标志着第一次俄波战争的结束。俄国获得了高加索以南的大量领土，奠定了现代高加索三小国（格鲁吉亚、亚美尼亚和阿塞拜疆）的基础。更让人感到屈辱的事情是：俄国还享有里海的军事行动权，虽然波斯也挨着里海，却不能在里海拥有海军。

英国此时作为调解人，也在波斯获得了许多特权。在这场外交游戏中，波斯以惨败告终。

与英国人的结盟让波斯继续付出代价，1826 年，波斯为了夺回失去的领土，与俄国军事冲突再起，英国拒绝提供帮助导致波斯再次战败，更多的领土被强占。

当我们看到这些国家选边之难时，也应该看到处于夹缝之中的它们受到保护的一面。如果不是处于世界十字路口和世界之墙的位置上，伊朗和阿富汗根本没有办法在 19 世纪险恶的外交环境中保持独立。

但由于俄国人和英国人谁也不想让对方占了便宜，到最后，波斯和阿富汗虽然被迫将边缘地区割让，但主体部分却依然保持了独立性。如果没有英国，他们会和中亚一样被整合进巨大的俄罗斯帝国；如果没有俄国，他们就会如同印度一样，成为大英帝国的延伸。

双方斗争的结果在阿富汗得到更多的体现。19 世纪末，英国人和俄国人认识到他们都无法越过"世界之墙"侵入到对方控制的领地，于是决定将阿富汗变成永久的边界。甚至为了让两大帝国不相接壤，他们还强塞给了阿富汗一块领土。这块领土叫瓦罕走廊（Wakhan Corridor），位于瓦罕谷地。这是一片高山区域，中间流淌着瓦罕河，由此形成了一个山谷。山谷从中国新疆一直延伸到巴达克山，将巴基斯坦和塔吉克斯坦隔开。由于这个走廊的存在，英国和俄国就不直接接壤了，避免了进一步的冲突。

但是，阿富汗的损失依然是巨大的，在西北边境，历史上曾经属于阿富汗的木鹿绿洲，以及周边大块土地，都划给了俄国，如今的木鹿绿洲在土库曼斯坦境内，曾经是丝绸之路上最繁华的城市之一。而在和英属印度接壤地区，阿富汗丢失了大片的普什图人聚居地，并由于英国占据了大片的沙漠，让阿富汗失去了通往海洋的通道，变成了永久性的内陆国家。

正是这一点，让阿富汗到了20世纪，在美苏争霸的背景下再也无法保持中立，最后依然在选边的游戏中坠入了陷阱。与此同时，它的老邻居，十字路口上的伊朗，也在20世纪的选边游戏中选错了方向，急剧保守化，丧失了现代化的最佳机会。

第二章

殖民地的后遗症

殖民地独立的两种观点

关于殖民地的独立问题，往往有两种不同的看法。第一种认为是殖民地人民反殖民反侵略的斗争，逼迫着西方殖民者放弃了殖民地，而对于殖民地人民来说，独立永远是比不独立更好的选择。但是另一种观点则认为，殖民地的独立，更多的是宗主国的自我选择，也是世界人权思想发展的结果，而在某些时候，独立可能带来一定的发展困难，而与宗主国保持着紧密的联系，才是一个殖民地的最优解。

这两种看法各有道理，第二种虽然对于殖民地与宗主国的关系认知更加深刻，却有美化宗主国的嫌疑。独立可能带来阵痛，却是今后发展的基础。

事实上，没有一个国家的独立是来自于宗主国的恩赐。如果允许宗主国去选择，它们宁肯选择永远不要变化，一直维持着殖民化的体系。

可是宗主国在很多时候是没有选择的，以英国在印度的统治为例，当印度完全变成了英国的殖民地之后，英国的统治者立刻兴奋地在自己的头衔上加上了"印度女皇"或者"印度皇帝"的称号，就连这个时期的英国钱币上，也会铸上"IND：IMP："的缩写，代表印度皇帝或女皇（拉丁文 Indiae Imperator 或 Indiae Imperatrix）。在欧洲，"国王"和"皇帝"是两个不同的称号，国王可以有很多，但只有少数的具有帝国性质的国家才能称皇帝。在罗马帝国灭亡后，欧洲能够称皇帝的君主只有神圣罗马帝国、沙皇俄国、拿破仑帝国、德意志帝国、奥匈帝国等极少数。英国虽然一直是西欧强国，却由于民族单一，只能称国王。有了印度之后，英国的国王（女王）才不甘寂寞地摇身一变成了皇帝（女皇），这对于有搜集头衔癖好的历代国王来说是多么来之不易，也多么不想放弃。

虽然英国人也在印度设立了议会等代议制机构，并试图培养一些印度本土精英，但这和彻底独立是不同的，英国希望印度是在英帝国体内的"自治"，也就是说，还是以英国国王为国家元首。

逼迫英国承认印度独立这个现实的，不是英国人的好心，而是形势。事实上，在第二次世界大战前，英国人依然有足够的实力控制印度，但战争中英国突然发现，在亚洲地区，印度的本土实力已经脱离了英国的控制。在战争中，英国被德国拖在了欧洲自顾不暇，它在东南亚地区被日本人击溃了，之所以保住了印度，不是靠英国人自己，而是靠以印度本土人为核心的军队。甚至两次世界大战中英国人都必须把印度本土的军队派到海外去帮助他们打仗。

到这时，已经不是印度依靠英国，而是英国依靠印度了。正是这种依赖关系的反转，让英国人意识到他们的殖民统治就要结束了。

更麻烦的是，在第二次世界大战中，许多印度的老兵都受到了战争的磨炼，回归到战后生活，这些老兵立刻成了印度本土军队的中坚，他们是反抗英国殖民统治的中流砥柱。在以前，由于英国人控制了最好的军队和武器，还不怕印度人反抗，但这时，印度本土军队的装备和实力都得到了极大的加强，军人们都带着极深的民族主义情绪，让英国在印度的统治出现了失控的可能。

只有到了这种地步，英国人才审时度势地允许印度人独立。但即便这样，他们在离开前又拆分了印度，将之变成了印度和巴基斯坦两个政治实体。当两国分别独立后，巴基斯坦又分裂成了东巴基斯坦（现孟加拉国）和西巴基斯坦（现巴基斯坦），形成了南亚的乱局。

第二次世界大战后，世界的殖民者都还在做着殖民地的美梦，几乎没有国家选择主动放弃，而是认为战争结束后，他们依然可以回归到以前的殖民统治和生活之中。这一点在法属殖民地的越南也可以清晰地看到。

"二战"之前，除了泰国之外的几乎所有的东南亚国家都是殖民地，印度尼西亚是荷兰的殖民地，马来西亚（包括现在的新加坡）、缅甸和印度（包括孟加拉国）是英国的殖民地，越南、老挝和柬埔寨组成的印度支那是法国的殖民地，而菲律宾则是美国的受保护国。

除了美国之外，其余国家都不想主动结束殖民统治。"二战"中成长起来的各国当地势力到了"二战"之后，大都成了独立运动的中坚力量。

在越南则是另一种情况，越南的胡志明借助日本和法国斗争造成的真空，成长为当地的主要民族势力。当日本人战败后，胡志明进入了北越地区，占领了河内，宣布独立。

但是，真的能够独立吗？战胜国的各个大国却有着另外的安排。最初主张结束殖民秩序的是美国总统罗斯福，但此时罗斯福已经去世，继任者杜鲁门没有将前任的民族自决观念继承下来，而是顺从了英国和法国对于殖民地的处理理念。

作为战胜国，英国和法国也是世界上拥有殖民地最多的两个国家，他们都不打算放弃。于是，在他们的主导下，寻求的是将世界秩序恢复到"二战"之前。这件事落在越南头上，就意味着日本必须把越南还给法国，让越南再次变成法国的"面包"。至于占据河内宣布独立的胡志明，却连谈判的资格都没有，也无从掌握自己的命运。

但是，"二战"期间法国当了好几年的战败国，变成战胜国才不过只有几个月时间，老法国的军队都已经被击垮了，根本无力控制巨大的殖民地。越南对于法国本土来说是远在天边，它们更是派不出军队来接管。

为了帮助法国尽快从日本手中接管越南，战胜者们再次决定，首先由英国和中国国民政府以北纬16度线为界，分别接受日本的投降，英国占领以西贡为中心的南部，而国民政府占领以河内为中心的北部。直到法国有力量派出军队了，两国再把越南还给它。

就算法国如此孱弱，英国也没有考虑让越南独立这个选项。这说明"二战"刚刚结束时，没有一个殖民主义国家愿意主动撤出，甚至还要帮其他殖民主义国家一把，形成合力对抗民族自决的潮流。

中国此时还处于国民政府统治之下，派出的接管部队是云南卢汉率领的三个军（60军、62军和93军）。虽然中国军队最终必须把北越移交给法国，但由于中国近代的惨痛经历，对于殖民主义没有好感，在接管过程中事实上纵容了北越的发展，使得他在中国军队的羽翼下不仅没有丧失地盘，反而更加巩固了。与此同时，法国首先利用发钞权继续控制越南的经济，之后组织了军队前往北越。

1946年4月，国民政府军队将防区移交给法国。但随后，法国却发现无法控制北越，双方发生了冲突。即便这时，法国人还是不准备撤退。直到1949年新中国成立之后，胡志明得到了更多的帮助，并在1954年的奠边府取得了决定性的胜利，法国才不得不接受殖民主义已经告终的现实。

但即便这样，法国依然不准备将一个完整的越南移交给胡志明，而是在日内瓦谈判中制造了以北纬17度线划分的两个越南。之所以这样做，除了"冷战"和防止共产主义的因素之外，一个很重要的原因是法国在越南南部的西贡地区的殖民统治根深蒂固，即便退出了北越，依然可以在南部保留影响力。

直到越南已经进入了内战的节奏，法国人才不得不将南越的乱局留给了美国人，自己完全撤出了。

从法国撤出越南的过程来看，法国人从来没有打算主动放弃殖民地，而它的伙伴英国也怀着兔死狐悲的心态一直支持着它，试图保留战后的殖民体系。

但是，殖民体系已经不可维持了。其原因在于，第一，罗斯福倡导的民族自决和联合国已经深入人心；第二，随着"二战"的进行，殖民地人民的武装已经足够抵御原来的殖民主义者了。

与法国类似的还有荷兰控制的印度尼西亚，这里几乎是在"二战"一结束就爆发了独立革命,并逼迫着荷兰承认了它的自治。但最初印尼还留在荷兰组织的荷印联邦之中,当羽翼丰满之后完全脱离荷印体系,变成了独立国家。

在殖民体系中,较特殊的是菲律宾。菲律宾曾经是西班牙的殖民地,在19世纪的美西战争中和古巴一起输给了美国。美国是一个没有殖民地经验的新兴国家,对这两块殖民地采取了扶持方式,直到对方的政治精英们成长起来,才不得不让它们独立。

虽然菲律宾在独立后依然受到美国的影响,但可以说,美国为适应世界战略需要而倡导的民族自决旗号,让这个国家幸运地没有受到太多的颠簸,就获得了独立权。

除了少数的例外,世界殖民地的独立可以分成三种模式,第一种是英国模式,第二种是法国模式,而第三种则是以比利时等国家为代表的暴力模式。那么,这三种模式又是怎样运行的呢?

英国模式:从代议制到独立国家

英国人对待殖民地的和平处理方式是,即便有许多细节可以争论,但整体上,英国的殖民地(美国除外)大都能够在不进行战争的情况下,和平地脱离不列颠的母体。

英国之所以能做到这样,和英国独特的政治制度有关。自从计算机普及之后,人们对于模块化的设计思维已经非常熟悉,在这种模式下,计算机是可扩展的,如果一个硬盘不够用,只要再买一个硬盘插入主板上相应的接口之中,就可以使用它了。在可扩展的模式中,每一个单元都是相对独立的,但又通过总线和中央处理器相联系,构成了一个系统。这个系统可以只携带一个模块,也可以携带数十个上百个模块。

英国在它的政治发展过程中,所形成的代议制在不知不觉间就构成了这样一个可扩展的模块化系统。每当它征服一个新的殖民地，除了由英国国王任命总督之外，还会在这个殖民地设立一定的代议制机构，也就是议会或者以其他名称命名的议事机构。这个议会负责该地区的日常事务。最初时，议会的成员大都是从英国本土派去的，但随着时间推移，越来越多的当地人加入了议会，这样就实现了一定的权力本地化。

这些学会了治理的本地人由于受惠于英国体系，他们也大都认同英国的政治模式，于是，大英帝国就变成了一个可扩展的系统，每一个殖民地对它来说都是一个相对独立的模块，多一个或者少一个，都不会影响整体的运行，但由于它的可扩展性，又可以随时应付新得到的殖民地。

当然，英国人之所以建立这样的模式，只是和它国内的政治制度相适应，并不是毫无私心的。这表现在，在新的殖民地中，担任总督和文职官员的大都是从英国本土派去的，而所谓的议事机构也充斥着英国佬，很少有当地人。在这种模式下，当地人的呼声往往是被漠视的。

只有等本地人的势力足够强大，英国人必须做出一定的让步时，才会允许那些恭顺的精英分子加入到英国人的俱乐部之中。由于被接纳的本地精英凤毛麟角，政治依然是被英国人把持的。

直到第二次世界大战后，英国人在这些统治机构中的实力才真正被削减，让英国感到再也无力控制了。

在英国的殖民地中，最重要的、被认为是皇冠上明珠的，是印度。除了印度之外，在东南亚还有马来西亚和缅甸。在中东地区，通过第一次世界大战，英国人也从土耳其手中获得了一些土地，被他们分成了外约旦（现约旦）、巴勒斯坦（现以色列和巴勒斯坦）、伊拉克等几部分，并把埃及变成了被保护国。在非洲，英国人更是拥有着大量的殖民地。

英国人对印度的态度转变始于1857年的印度反英大起义。在这之前，印度被置于一种特殊的安排之下，英国人并不通过政府直接控制印度，而是把印度交给了一个公司来管理，这个公司就是著名的东印度公司。

这种管理模式实际上是更古老的不自由贸易的产物。在地理大发现之后不久，西欧各个国家纷纷建立公司去开发新发现的地区，但是，当时的人们并没有自由贸易的理念。他们首先想到的是去找国王签发特许状，要求国王授予他们在某一片区域内垄断贸易的权力。

比如，在被称为东印度（即印度和东南亚地区，与哥伦布发现的西印度美洲相对应）的地区，不管是英国、法国，还是荷兰，每一个国家的元首都认为自己有权签发特许状，只准持有特许状的一家公司承接东印度与本国的贸易。这样就出现了英属东印度公司、荷属东印度公司和法属东印度公司。从理论上讲，一个国家只有一个持有特许状的公司可以在这个地区做生意，其余的本国人如果要做，就会被英国政府通缉。这绝对不是自由贸易。

甚至不同国家的特许公司还会打仗。比如，英属东印度公司与法属东印度公司之间就由于到底谁来控制印度而发生了数次战争，最终英国人将法国人打跑了，从而垄断了印度的贸易。而荷属东印度公司则选择了印度尼西亚作为排他性经营区域，从而避开了与英国人的正面冲突。

所以，英国控制印度的方法绝不是什么自由贸易，而是排他性的、垄断性的、特许性的。这也成了后来各个国家抢占殖民地的方法。它们之所以需要殖民地，是因为一旦建立了殖民地，与这里的贸易就被它们一家垄断了。殖民地被禁止与其他国家自由贸易，殖民地的货源被垄断，也只能购买宗主国的产品。正是这种强买强卖，让殖民地只能低价出口农业品和矿业品，高价进口工业品，直到独立之后，这种经济上的依赖性依然是这些地区的"阿喀琉斯之踵"，无法获得健康发展。

英国的东印度公司对印度的控制是一种怪胎式的，它名义上只是一个公司，但为了能更多榨取经济资源，也为了让本地人服从英国的行业规则，这个公司一定要建立一套治理体系，于是，在公司之下，又设立了一系列的行政职务，甚至建立了从属于公司的军队。一个公司就这样变成了一个强制性的政府。这个公司加政府，可以强迫印度人种罂粟等邪恶的作物，也可以强行收购印度人的任何产品,还可以惩罚那些遵循自由市场规则、私下里与印度人做生意的英国人和别国人。

这种模式下,东印度公司已经变成了一个印度人无法忍受的庞大的官僚机构,还由于缺乏外部监督,变得极其腐败和蛮横。这一切导致了1857年印度反英起义。

英国人将印度起义镇压下去之后,也在反思这种公司模式已经不适合治理如此庞大的疆域,于是决定把印度收归国王(女王),由国王派一个总督(兼任副王)来管理。也正是从这时开始,英国人在印度建立了代议制机构,并注重吸收一定的印度本土精英,寄希望在未来扩大印度本土参与的同时,让印度继续保留在大英帝国的体系之下。

在这样的背景下,印度从1858年到1947年的历史可以视为一部宪法史,在1858年维多利亚女王成为印度女皇时,就作出承诺,要让她的印度臣民享受与英国臣民同样的自由,这个承诺虽然欠缺真诚,但又在很大程度上缓解了英印矛盾。

接下来的近百年时光,英国人在公利和私利的矛盾中挣扎,他们一方面试图在印度建立起一套代议制度,这套代议制度能够最大程度地吸引印度人的参与;另一方面由于放不下殖民者的架子,他们又总是想在框架内为自己保留一定的特权。

印英当局在制定法律的过程中,为了自身利益会尽量多地限制印度人的权力,与此同时,他们又不得不把更多的权力,如议会选举权等放给印度人。印度人一方面享受着增加的权力,另一方面又看到英国人在背后动手脚,更变得义愤填膺。到最后,这两个民族没有走向融合,反而越来越分裂。

但是,英国人对印度宪治的建立又的确起着重要的作用。

印度人独立前后主导政治的政党叫国民大会党(The Indian National Congress,简称国大党),这个党派是在英国人的主导下建立起来的,还得到了印英政府最高层的帮助。第一届国大党全国代表大会之所以在孟买举行,就是因为当时在孟买的印度总督为国大党提供了帮助。此后，每年一届的国大党大会成了印度政治中越来越重要的事件。

在这种缓慢的变革过程中，英国人留给印度两个最重要的遗产，一个是国家治理方面的教育，另一个则是一个统一的国家观念。在历史上，印度总是分裂成许多国家，在人们的观念中，也并没有一个完整政治实体的概念。但是，英国人却把印度变成了一个政治实体，在英国人眼里，印度就是一个印度。

随着时间的迁移，英国势力撤出了国大党，国大党内部也出现了分裂：一部分人希望暴力革命，用激烈的方式赶走英国人；另一部分人希望采取温和的方式，与英国人合作，逐渐获得英国人的承认。

在最初，温和派占了上风。但是1915年，莫汉达斯·甘地（Mohandas Karamchand Gandhi）从南非回国，逐渐获取了国大党的控制权，于是印度进入了下一个阶段：以和平手段坚决要求从英国独立，也就是"非暴力不合作"。

也正因为是和英国人作斗争，非暴力才成为可能。英国人虽然对印度舍不得放手，但这是一个总是在计算成本的国家。一旦统治印度的成本大于收益，它最终就会选择放弃。"二战"之后，随着统治成本的增加，英国终于让印度独立了。

英国在印度确定的模式很快就成了一种模板，被运用到了全球的其他殖民地。

与印度比邻的缅甸也曾经是英国的殖民地。但比起印度来，英国人涉足缅甸时间更短，甚至没有来得及建立一套成熟的代议制系统。与印度不同，缅甸在历史上是统一时间大于分裂时间，有着很强的民族情绪，使得英国的统治更加薄弱。

缅甸在1752年建立了一个辉煌的王朝——贡榜王朝。贡榜王朝南征北战，是东南亚的霸主。贡榜王朝是一个中世纪的军事帝国，类似于中国的清朝，对于西方近乎无知，使得缅甸虽然于19世纪后半叶被英国变成了殖民地，却保留了更多中世纪的政治残余。

"二战"时期，日本占据了缅甸，日本人把这里作为跳板进入中国的云南地区，而中国、英国和印度的军队在这里与日军厮杀。

为了扶持缅甸对抗英美的政治势力，日本开始寻找在缅甸的代理人。在战争前，缅甸的本民族统治精英本来就不发达，这些人在战争中还大都去了国外，战后被排除出了缅甸政治。而日本人扶持起来的多是年轻人，并被送到日本进行过学习。这些人文化素质和自由理念并不强，又因为军事化训练带上了军人的特征，这导致缅甸独立后更容易向计划体系靠拢。

在日本扶持的人当中，最著名的是昂山（Aung San）将军。

在和昂山将军代表的本土势力打交道时，英国人也准备采取让缅甸分步独立的做法，但这个做法比邻国印度做得更加快速和粗糙，使得缅甸的政治体系更加脆弱。而更不幸的是，在缅甸独立已经成为定局时，最有威望的昂山将军却被刺杀身亡，英国人只好把权力交给了昂山的继任者吴努（U Nu）。由于吴努的威望和控制力不够，使得缅甸的未来并非一片坦途。

在一个国家建立时，最需要的是一个有足够威望，同时又有足够前瞻性的领导人，只有这样的人才能稳住国家刚刚独立后错综复杂的局面。在印度，独立后的首任总理尼赫鲁恰好是这样的人，而缅甸本来有一个不错的选择昂山将军，却阴差阳错地不得不让一个不具备这样素质的人担任了首届领袖，这也决定了缅甸和印度不同的发展前景。

在更加东方的马来西亚，虽然独立晚了10年（1957年），却由于当地人参与政治更加彻底，反而后来居上，获得了足够的后发优势。

在"二战"之前，马来西亚地区虽然在英国人手中，但又是各个分散的，这片地区原本不是一个国家，只是英国人从荷兰人和泰国人手中攫取的一片片单独的领土。早在1824年，英国与荷兰的条约将印尼海岛交给了荷兰，而将以马六甲为核心的半岛地区给了英国。之后，英国又从暹罗（泰国）南部获得了一部分土地，加上在加里曼丹岛上以文莱为中心的地区，构成了英属马来西亚的领土。

英国人在这些土地上组成了马来联邦和马来属邦（各个属邦有自己的统治者，号称苏丹）。"二战"时期，日本也在马来地区培养了不少反英势力，加上"二战"之后的东西方对峙，马来亚共产党开始领导反对英国的斗争。作为对策，英国人考虑将这片土地整合起来，构成一个整体。他们将马来联邦和马来属邦的各个州和苏丹国联合起来，组成了马来亚联邦（后来称马来亚联合邦）。正是由于每一个邦都充分地参与了宪法的制定和权力的争吵，反而让马来西亚成了英国在亚洲的属地中发展最快的大型前殖民地国家。

除了在亚洲，英国最主要的殖民地大都分布在非洲地区。随着英国逐渐放弃亚洲（特别是印度）殖民地，它对于非洲殖民地的政策也出现了调整。

在亚洲的缅甸，由于条件不够成熟，出现了独立之后的颠簸。而在非洲，随着当地人迫不及待地想独立，根本没有考虑政治条件是否成熟，是否有足够多的行政官僚来接管政府等问题，更是造成了问题丛生的局面。

非洲的教育也比印度落后得多，许多国家连识字的人都凑不够，又如何谈有效政府？在非洲，由于政府比较原始，宗主国建立的代议制机构里充斥着英国人，当地人几乎没有渠道参加进去。只是到了后来不得不放手，才匆匆忙忙地在这些机构中引入了当地人。

英国在非洲的势力范围分成了如下几类：

第一类是西部非洲的零散殖民地，包括加纳、尼日利亚、冈比亚、塞拉利昂等国。在这类地区中，有的地区（比如加纳）被认为经济条件最好，最具有独立条件，也最早进入英国人的独立规划。

第二类是英国的受保护国埃及，以及英国和埃及的双重受保护国苏丹。这两个国家不算完全的殖民地，早就存在着当地人组成的政府，只是这个政府必须受英国人节制。他们拥有很强的独立倾向，英国人在埃及有着重要的利益——苏伊士运河，很难下决心放手。不过，埃及人帮助英国人作了了断：1952年，对英国人软弱的埃及国王被推翻了，发动政变的是埃及的英雄纳赛尔（Gamal Abdel Nasser）。纳赛尔推翻了埃及的国王统治，建立了表面上共和制、但实际上是强人独裁的新政权。在一次次争执之后，埃及人强行收回了苏伊士运河，结束了英国的特权。

埃及独立后，纳赛尔认为要将英国人排除出苏丹，唯一的办法是宣布苏丹从埃及独立，结束托管。于是，苏丹也于1956年获得了独立的地位。

苏丹是英国人拼凑的国家，北方信奉伊斯兰教，属于阿拉伯文化圈，南方则属于黑非洲文化，相对落后，独立后长期受到北方的压制。在西部，还有达尔富尔（Darfur）区域。这里曾经是独立的达尔富尔苏丹国所在地，被英国人征服后，并入了首都位于喀土穆的苏丹国家，但达尔富尔的独立倾向一直保留了下来，形成了达尔富尔问题。

第三类是英属东非，这包括了英国殖民地肯尼亚、乌干达，第一次世界大战后从德国手中得到的坦噶尼喀，以及位于印度洋中的被保护国桑给巴尔，再加上更靠南的尼亚萨兰（Nyasaland，现在的马拉维）、北罗德西亚（Northern Rhodesia，现在的赞比亚）。

这些地区的政治发展更加落后，但资源更加丰富，英国人同样舍不得放手。以肯尼亚为例，这里已经有了许多定居的英国人口，他们占领了大片的土地，开始了农耕生活。如果从经济角度看，肯尼亚农场对于英国的重要性要远高于加纳。从黑人教育角度看，它的起步又很晚，黑人中缺乏与上层沟通的政治人士，政治上表现得较不成熟。这两点决定了英国人并不想从这里撤出。

可是，随着加纳的独立，肯尼亚的黑人也开始骚动，让英国人不得不迫于压力，作出一些允许独立的承诺。

南部还有几个小国，被称为"女王毯子上的跳蚤"，这几个小国嵌在南非的中间和周围，分别是贝专纳兰（Bechuanaland Protectorate，现在的博茨瓦纳）、巴苏陀兰（Basutoland，现在的莱索托）和斯威士兰，由于地域面积太小，英国人对它们并不太在意。

英国殖民地（被保护国）中最复杂的是第四类，有两个地区虽然是英国的被保护国，却是由当地白人统治的，它们是南非和南罗德西亚（Southern Rhodesia，现在的津巴布韦）。

南非的白人是布尔人（荷兰人的后裔），早就建立了独立的共和国。到了20世纪初，英国人依靠武力成了布尔人的主子，布尔人又是当地黑人的主子。

南罗德西亚的白人是英国人的后裔。这里与相邻的北罗德西亚和尼亚萨兰不同，那两个地方白人还没有建立起相对稳固的社会结构，独立后就是黑人的天下。但南罗德西亚的白人由于来得早，已经渗透进了社会的方方面面，即便英国人撤出，这里的白人也可以迅速接手政权，形成一个类似于南非的种族隔离国家，由白人进行统治，控制经济命脉，但社会主要构成却是黑人。

南非除了本土之外，还有一块殖民地叫纳米比亚。这里原本是德国的殖民地，第一次世界大战后，由于德国战败，纳米比亚也由英国人交给了南非。一旦英国人撤出南非，纳米比亚必然成为南非独立控制的附属区域。

在英国人的四类领地中，他们原本只打算将第一类领地放弃，但当第一类放弃之后，第二、三、四类也全都跑出了笼子，再也收不住了。

最早独立的是被认为经济条件不错，已经准备好的加纳，这里曾经出产大量黄金，又引进了可可作为支柱产业。1947年，在英国人的支持下，黄金海岸的本土精英们组织了一个政党：黄金海岸统一大会党（United Gold Coast Convention，UGCC）。按照英国人的计划，这个党应当与英国人合作，慢慢地接管政权完成独立，但之后依然作为一个顺从的伙伴留在英联邦的母体之内。

但这个计划却被一个叫恩克鲁玛（Francis Nwia Kwame Nkrumah）的人搅了局。这位斗士被当作温和派错误地引入了统一大会党，之后却发现他是个彻头彻尾的激进派，要求脱离英国母体完全独立。在他领导的斗争之下，英国人最终让步，但准备时间依然持续了10年，首先让恩克鲁玛担任殖民地的总理，直到1957年，加纳才正式独立。

第二个独立的是尼日利亚。

尼日利亚是非洲人口第一大国，也是一个民族构成非常复杂的国家，在欧洲人到来之前，这个地区有着无数的小国，到了英国人手中才被捏合在一起。这里从传统上可以分为三大民族区域。

第一个区域是北部内陆，属于伊斯兰区域，占据了全国领土的一多半，人口也在一半左右，他们主要分成了两个族群：豪萨族（Hausa）和富拉尼族（Fulani）。两大族群内部存在斗争，但在对付非穆斯林地区时却团结一致。这一部分与外界接触较少，宗教信仰又不相容，文盲程度很高，也更加排外。

而在尼日利亚的西南部，是另一个拥有独立传统的区域。这里居住着约鲁巴人（Yoruba）。由于开化较早，城市发展有基础，首都拉各斯（Lagos，后来首都迁到了阿布贾）就在这个区。

第三个区域是东南部。这里居住着一个拥有商人传统的民族伊博人（Igbo）。伊博人没有形成更大的政治实体，却由于四处流浪，足迹遍布尼日利亚几大地区，控制了各地的商业。他们和欧洲人接触后，也迅速接纳了欧洲文明。更重要的是，这里是尼日尔河入海的三角洲所在地，在三角洲发现了丰富的石油资源，伊博族地区也一跃成为尼日利亚最重要的经济区。

之前，由于北方的经济和教育比较落后，虽然这里人口很多，却缺乏懂政治的精英。但在设计独立后的政治制度时，英国人不得不考虑人口因素，这就让北方地区在新国家中获得了最大的政治比重，甚至超过了南方两区的总和。这种政治局势就给后来的不稳定留下了口子：北方的穆斯林酋长只要掌握了本区的选票，就能左右南方两区的政治。

为了防止一方独大，英国人还设立了半自治体制，三部分都是半自治的政治实体，在此基础上组成联邦。这种结构或许可以防止一方独大，却增加了国家层面的政治离心力。

一个国家的宪法架构需要经过长时间的实践，才能最终稳定。但英国人却没有足够的时间让尼日利亚去磨合了。1960年，在加纳独立三年后，尼日利亚也独立了。

英国人最难以抉择的是第三类殖民地，以肯尼亚为代表。这些地方的白人已经融入了当地的经济生活，如果要把政权交给黑人，势必意味着白人们要放弃大量的财产和土地。

英国人希望，即便这些地区要独立，也是一种围绕着白人的独立。独立后，在当地落地生根的白人仍然可以控制土地和政治资源。在达到这个效果之前，英国人是不想放手的。

在东非，对英国人最重要的殖民地有六个：肯尼亚、乌干达、坦噶尼喀、南罗德西亚、北罗德西亚和尼亚萨兰。而在六个殖民地中，又有两个白人最密集的核心，分别是北方的肯尼亚和南方的南罗德西亚。

在肯尼亚，英国白人已经控制了最好的土地，将原住民的基库尤人（Kikuyu）赶走，这些白人身家性命已经押在庄园上，他们是反对脱离母国的死硬派。在南罗德西亚，同样存在这样的一个白人阶层，不愿放弃利益给黑人。

按照英国人的打算，想在这六个地区打造两个联邦国家。首先围绕着肯尼亚，与乌干达、坦噶尼喀打造一个联邦，由白人作为政治主体，在印度人（东非有很多印度人）的帮助下执政，同时，又照顾一定的黑人利益，形成一个国家。再围绕着南罗德西亚，将北罗德西亚和尼亚萨兰合并，形成另一个国家。

这种模式让英国人的损失最小，又满足了殖民地的独立要求，可能是调整最小的方案，也是最能保护各方利益的方案。但事与愿违的是，英国人建立这两个联邦都不顺利，反而促成了两地的独立意识。

首先表现出暴力独立诉求的，是英国人在东非最大的据点肯尼亚，这里的白人最多，占据的土地也最多，引起的民族冲突也最剧烈，发生了肯尼亚历史上最血腥的自发性叛乱——茅茅叛乱（Mau Mau Uprising）。

茅茅叛乱事实上是当地被剥夺了土地的基库尤人自发组织的、以杀害英国白人为目的的运动，这次运动给英国人在非洲的统治留下了一缕血腥的记忆。最终死亡的白人平民只有三十几个，而英国人杀害的黑人却高达一万多。就在肯尼亚危机暂时镇压下去时，尼亚萨兰突然间也闹了起来。

英国人经过了肯尼亚和尼亚萨兰的两场抗议运动，已经心灰意冷。他们匆匆地决定让这些殖民地尽快独立。

从1961年到1968年，英国的非洲殖民地纷纷独立，不仅西非和东非的各个国家，就连南部的几个跳蚤小国也都被授予了独立地位。

1961年，英国人控制的南非也脱离了英联邦，独立了。只是，这时的南非是一个布尔人（白人）控制的国家。为了防止占大多数的黑人来抢夺白人的利益，这里实行严格的种族隔离，直到30年后才得以取消。

法国模式：左右为难的帝国器官

与英国对殖民地扶持代议制机构不同，法国推行的是中央政府直接管理。英国的每一块殖民地都可以独自行使一个政府的功能，具有一定的自治权。法国的殖民地却只是法兰西帝国里的一个不能独立运行的零件，或者说，法国的每一个殖民地都只是法兰西的一个器官，这个器官离开了帝国母体就无法生存。这是法国殖民地的一个特征。

为了保证这个器官无法独立生存，法国对殖民地做了多方面的防范。首先是金融上，殖民地的发钞权必须控制在以法国本土为大本营的银行手中。就像在越南那样，虽然日本战败后，法国的军队暂时无法到达越南，但由于法国的银行控制了发钞权，使得越南的金融体系依然在法国的掌握之下。其次，每一个殖民地都只为帝国生产某种单一的原料，甚至连将原料进行就地加工都不允许，只能送到母国去加工完毕，再运回殖民地。这种单一模式，使得法国的殖民地都不具有独立成长的条件。

这种对殖民地的控制方法，即便到了独立之后依然有效，在西非，许多国家脱离法国已经几十年了，却由于生产的单一化，缺乏工业，仍然不得不服从于这个体系，继续忍受着法国强加的高价。

法国殖民地的另一个特征是，由于法国并不想放手，为了获得独立，它们付出的代价要比英国殖民地更高昂。

法国在世界上的殖民地主要有三类：

第一类是法国重点经营的两个地区：亚洲（东南亚）的印度支那（越南、柬埔寨和老挝）、非洲（北非）的阿尔及利亚。印度支那是法国世界帝国在亚洲的延伸，也是前哨，法国已经表示绝不肯轻易放弃。阿尔及利亚由于靠近法国，居住了大量的法国人，一直被认为是法国的本土。阿尔及利亚在独立之前，人口在 800 万左右，其中法国人占 115 万。如果要将这里放弃，意味着这 100 多万法国人都要回到法国本土。但这些人在法国本土已经毫无财产，不可能回去了。

第二类是法国在西非、赤道非洲的两个殖民地联合体：法属西非（French West Africa）和法属赤道非洲（French Equatorial Africa）。其中，法属西非包括了八块殖民地：塞内加尔、马里、布基纳法索、贝宁、尼日尔、科特迪瓦、毛里塔尼亚和几内亚。法属赤道非洲则包括了加蓬、乍得、中非共和国和刚果（布），以及从德国人手中获得的两块托管地——多哥和喀麦隆。

这些殖民地都是受法国中央政府的直接统治，它们在法国议会有少量的代表（不影响大局），少数精英分子甚至能在法国国内担任部长职务。

第三类是其他零星殖民地和被保护国。法国最重要的被保护国是北非的摩洛哥和突尼斯。这两个国家有自己的统治者，比殖民地高一个等级，法国虽然不愿意，但这两个国家却是可以放弃的。除了这两个之外，法国还有许多零星的殖民地，比如，东非的法属索马里（吉布提），以及印度洋上的大岛马达加斯加，还有若干小岛，比如，留尼旺岛（La Réunion）。这些零星的殖民地也不被认为是法国的核心利益，可以放弃。但在一些小岛上，由于缺乏人口和独立意识，至今依然掌握在法国手中，比如，留尼旺岛。

讨论法国殖民地独立的问题，主要针对的是前两类，而其中又以印度支那和阿尔及利亚的斗争最为惨烈。

"二战"之后，作为曾经的战败者的法国由于急需民族情绪的鼓舞，因此，任何放弃殖民地的想法都被认为是投降派的，正是这种心态下，法国人在英国人的支持下重回了印度支那。而阿尔及利亚更是法国的重要部分，甚至已经被当作法国本土的一部分了。

2013年，我曾经在老挝遇到过一位法国青年尼克（Nikko），他的祖父母就是阿尔及利亚的法国移民。由于老挝也曾经是法国的殖民地，我们自然谈到了殖民地问题，由此引出了对法国的"二战"英雄、法国总统戴高乐（Charles André Joseph Marie de Gaulle）的评论。尼克义愤填膺地告诉我，虽然世界把戴高乐当成英雄，但阿尔及利亚的移民后代永远不会原谅他，因为正是在他执政时，将阿尔及利亚放弃的。

他回忆起祖父母说过无数次的故事："在阿尔及利亚局势最紧张时，戴高乐跑到了阿尔及利亚，安慰那些移民说，法兰西永远不会抛弃自己的儿女。大家都相信了他。但是，他离开一个星期后，消息传来，法兰西已经准备放弃阿尔及利亚。这表明那100多万法国移民已经失去了家园。"

严格来说，为了将阿尔及利亚变成本土，法国人拿出了巨大的诚意，让渡了不小的权力。按照位于巴黎的中央议会（国民会议）的规定，阿尔及利亚可以在议会中占据27个席位，其中大约一半给阿尔及利亚的法国人，另一半给土著穆斯林。在阿尔及利亚的地方议会中，一共120个席位将在穆斯林与法国人之间平分。

但这样的诚意又远远达不到阿尔及利亚穆斯林的期望。法国议会总席位是577席，即便将27席全部都分给阿尔及利亚的穆斯林，也只是杯水车薪，无法撼动法国人的整体优势，更何况是对半分。

更不合理的是经济和社会上的情况，法国人几乎控制了阿尔及利亚的全部经济命脉，给穆斯林留下了大量的贫困人口。阿尔及利亚的地理条件并不优厚，本来就养活不了太多人口，法国人拿走过多，穆斯林自然会变得更加贫困。

面对法国人的同化，穆斯林以起义来反击。领导穆斯林起义的，是后来成为第一任总统的艾哈迈德·本·贝拉（Ahmed Ben Bella）。1947年，本·贝拉成立了一个武装斗争组织，并在两年后开始实施恐怖行动。他被捕后，被判处了8年徒刑。

在这之后，法国人似乎控制了阿尔及利亚的局势。但不幸的是，在印度支那，法国却进入了崩溃状态。随着北越胡志明的部队不断地与法国人发生冲突，最后发生了令法国人闻风丧胆的奠边府之战，北越军队全歼了法国驻扎奠边府的主力部队。

奠边府之战后，法国决定从印度支那撤出。而这个决定再次影响了阿尔及利亚的局势。本·贝拉从监狱里逃了出来，且变得更加激进。从1954年开始，他领导的民阵组织开始了大规模的破坏，法国派出了大量的军队对民阵组织实行报复。到了高峰时期，法国有50多万军队停留在阿尔及利亚，相当于两个土著白人就要受到一个军人的保护。这种过度的武力使用，给法国带来了巨大的财政和军事负担。

1958年，法国军队在阿尔及利亚已经取得了重大进展，但法国政府却倒台了。新的中央政府迟迟组建不起来，没有人愿意接手。民阵组织也在这时故意制造对军人的处决事件，这件事扩展开来，又让阿尔及利亚的法国总督也倒了台。从中央政府到阿尔及利亚地方政府都无所作为，让法国人意识到共和国已经接近失败了。正是在这样的背景下，他们选择了"二战"时期的领导人戴高乐出来收拾残局。

人们选择戴高乐，是希望他表现得足够强硬，打胜对本·贝拉的战争。戴高乐最初也希望这样做，但他是个务实的人，当他明白已经没有希望打胜时，骤然间转向，法国人开始逐渐退出阿尔及利亚。

1962年，阿尔及利亚在经过了8年战争和牺牲50万条人命的代价之后，终于赢得了独立。

尼克的祖父母曾经在阿尔及利亚奋斗了大半生，但阿尔及利亚一独立，狂热的穆斯林开始了疯狂的报复和驱赶，法国移民们只好将所有的一切都扔下，跑回了法国。回到法国后，作为外来户的他们一贫如洗，甚至连容身的住处都没有。他们不仅没有受到同胞的欢迎，反而被本地人欺负、嫌弃。他们只能从头开始打拼，对于这些殖民地回来的人来说，重新生活的难度之大可想而知。

殖民地政策在创立时给当地人带来了不平等和压迫，在结束时，又给白人移民带来了灭顶之灾。

随着两个最主要的殖民地丢失，法国在北非的两个被保护国摩洛哥和突尼斯也在1956年双双独立。

而在西非和中非地区，法国还有12个殖民地，这些地区也在寻求脱离法国的统治。但是，与英国比较成熟的殖民地不同，也和印度支那、阿尔及利亚这样更加富裕的地方不同，这12个殖民地都非常贫穷，缺乏成为一个国家的资质。这给了法国和戴高乐以很大的信心，决定想方设法让殖民地留在法国的母体之内。

"二战"之后的法兰西第四共和国期间，法国组成了一个以英联邦为模板的体系：法兰西联盟（French Union），这个体系以法国本土为核心组成了一个联盟议会，其他殖民地和海外领地可以派出少量代表参加议会，却必须接受法国的全盘领导。

戴高乐上台后，试图改进这个体系，创建了另一个叫法兰西共同体（French Community）的组织来取代法兰西联盟。从联盟变成共同体，其核心是在保留法国本土与殖民地纽带的前提下，给予殖民地更多的自治权。在起草宪法时，甚至邀请了一部分听话的非洲人士来起草。

根据新宪法规定，法国在非洲的两大殖民邦联：法属西非和法属赤道非洲都不再存在，取而代之的是12个小的政治实体，这12个政治实体直接受共同体领导，没有中间层。

共同体有一个总统，由法国总统担任，并负责处理司法、金融等事务，同时建立一个共同体会议机构，充当共同体立法的角色，只是在现实中这个机构从来没有起过作用。

戴高乐对法兰西共同体信心十足。西非和赤道非洲的每一个小殖民地人口都只有几百万，每个殖民地只生产一两种初级产品，缺乏工业条件，离开法国几乎不可能生存。法国还培养了一批亲法的政治家，这些政治家甚至被邀请去制定宪法。他们一旦回到家乡掌了权，必然对法国忠心耿耿，帮助维持新的政治架构。

但戴高乐的政治安排却在一个"调皮孩子"手中毁掉了，这个人就是后来的几内亚总统艾哈迈德·塞古·杜尔（Ahmed Sekou Toure）。

塞古·杜尔是一名坚定的非洲本位主义者。戴高乐为了表现出各个殖民地是自愿加入的，在共同体宪法的条款中规定，每个殖民地都可以举行全民公决，选择是否批准共同体宪法，如果批准，就加入法兰西共同体，如果不批准，这块殖民地就将独立出去。

为了避免大家选择独立，法国在投票前加了许多威胁：如果选择留在共同体，就可以继续享受法国的补贴与帮助；一旦选择独立，法国将立刻撤走一切人员和资本，不再对独立国家提供任何帮助。

绝大部分殖民地明白，一旦法国人撤离，当地连会写字的人都找不齐，更何谈组织政府。他们都乖乖地投票留在共同体。只有一个例外，就是塞古·杜尔领导的几内亚。

几内亚投票前，戴高乐亲自跑了一趟，做最后的努力让他们留下。但他看见的却是对法国深深的敌意，知道大势已去。公决中95%的人投票赞成独立。

但戴高乐至少是说到做到：几内亚独立的当天，法国人全部撤离，将所有能移动的有价值的物品全部带走，无法移动的就砸掉。法国人一离开，几内亚的政治、经济、金融完全瘫痪。独立让几内亚付出了倒退数十年的巨大代价。

法国人之所以这样做，是想杀鸡儆猴，避免其他殖民地选择独立。事实证明，在短期内，这种威胁的确有用。在法兰西联盟变成法兰西共同体的过程中，除了几内亚，还有第一次世界大战后从德国手中接手的多哥和喀麦隆，这两个地方由于和法国渊源不深，也选择了独立，其他11个都留在了共同体之内。

但从长期来看，几内亚的独立又的确瓦解了法兰西共同体。虽然法国人都撤离了，但几内亚并没有屈服。塞古·杜尔成了非洲人的英雄，成了不向强权低头的典范。非洲人向他欢呼的同时，苏联也对它青睐有加。苏联插手几内亚后，美国人立刻不甘示弱地跟进了。塞古·杜尔拿着苏联和美国的钱，将国内的反对派一一镇压，开始了他长达26年的执政生涯，直到死亡。

他的境遇似乎给非洲的政治家指明了另一条出路，于是，法兰西共同体很快就解体了。在成立两年后，11个殖民地先后宣布独立。戴高乐试图挽救法兰西帝国，却加速了它的解体。

最暴力的独立史

除了茅茅叛乱这种低烈度的冲突，英国殖民地的独立大都以和平方式完成。法国的暴力主要出现在印度支那和阿尔及利亚这两片它们最不想放弃的殖民地上，其余的地方双方依然能够保持克制和非暴力。

但并非所有的宗主国都乐于和平地放弃以前的特权，它们会想出各种办法保留自己的存在感，并挑拨新独立的国家内部出现分裂，好让原来的白人殖民者更长时间地留在那里。这些殖民地在独立后，往往成了独立后遗症的第一批受害者，立刻陷入泥淖之中。

在所有独立的国家中，最不幸的是比利时的殖民地刚果。之所以不幸，一是因为刚果社会本身的不成熟,二是他们不幸遇到了最贪婪的殖民者。

1961年1月17日晚上9点41分,一个小型的行刑队带着三个囚犯来到了刚果(金)城市伊丽莎白维尔(Elizabethville)附近一个与世隔绝的丛林地带,三名囚犯都已经被打得伤痕累累,血迹斑斑。跟着行刑队一起的是几个浑身酒气的黑人,以及几个白面孔,他们是一个比利时的警察署长带着三个军警。

这些人将三名囚犯领到了已经挖好的墓坑边,依次进行枪决。三人死后,尸体先是被埋葬,后又被挖出来碎尸抛撒,从此人们再也找不到尸体的痕迹。

在死去的三人中,最著名的一位叫卢蒙巴(Patrice Lumumba),他是刚果共和国(the Republic of Congo)的首任总理,也是领导这个国家取得独立的人。在半年前,他才刚兴高采烈地宣称,刚果这个巨大的国家终于摆脱了欧洲的那个蕞尔小国比利时,但半年后,在比利时人的推动下,刚果已经分裂成了三块,卢蒙巴也死于非命。

在世界所有殖民体系中,美洲的西班牙早期殖民充满了血腥,但到了19世纪,虽然世界殖民主义加速了,但残酷性却相对降低,殖民者发现与其杀人,不如采取容纳的政策,让本土人和外来人形成共存关系。但是,有一个国家的殖民地却是例外,在那里,这种宽容性荡然无存,这就是比利时的殖民地。

比利时的殖民地主要分布在非洲,它们在独立之前都遭遇了敲骨吸髓式的压榨,留下了严重的社会问题和结构失衡。比利时人不情愿地离开后,留下的仇恨立即毁掉了这几个国家。

比利时在非洲的势力范围包括一个巨大的殖民地(比属刚果)和两个被保护国(卢旺达和布隆迪)。两个被保护国是从德国手中继承来的,由于国土面积较小,并没有成为比利时关注的焦点,但比利时人仍然把仇恨注入到了两国的不同民族之中。

在两个被保护国执政的是一个叫图西族(Tutsi)的少数民族,而被统治的多数民族是胡图族（Hutus）。比如在卢旺达，胡图人大约是图西人的四到五倍。

非洲的种族界限大都是模糊不清的。也许在几百年前还是同一个部族，只是后来由于不同的社会地位或者生活环境，形成了较为（不是完全）封闭的通婚圈子，分化成了不同的种族。

以图西族和胡图族为例，他们从肤色到语言都没有太大差别。在非洲历史上，有一个超级种群班图人（Bantu），他们从中西部非洲出发，横扫了整个黑非洲，取代原来更加黝黑和瘦小的俾格米人（Pygmy Peoples）成了非洲的主流人群。图西族和胡图族其实都是班图人的后裔，从血缘上没有太大差别。

两个种族在婚姻上和社会地位上也并非是完全封闭的，在欧洲人去之前，两个民族来往密切，可能只是因为政治地位的不同，才称自己是图西人或者胡图人。

但从欧洲人进入卢旺达、布隆迪后，图西族和胡图族的对立突然加剧了。在19世纪的欧洲，流行着一股极其可怕的暗流，叫人种学。人种学家们走到哪儿都喜欢带上尺子，将当地的土著人测量一遍，就根据体貌粗糙地划分出人种了。至于这些体貌是不是遗传得来的，则很难证明。不仅是后来以"二战"时期大屠杀闻名的德国人这么干，就连英美等国也同样流行。在著名西域探险家奥雷尔·斯坦因（Marc Aurel Stein）的书里，人们会发现，他不管到了哪里，都喜欢在当地找一些人进行拍照，并测量身体基本数据，这就是这种思想的体现。

人种学发展到后来，就成了纳粹进行种族灭绝的重要依据。"二战"之后，人们决定将人种学冰封起来，避免再有人因它而兴风作浪。但在欧洲之外，人种学却阴魂不散，成了种族冲突的助推剂。

在卢旺达和布隆迪，德国人到来后，经过测量，认为图西人是高大瘦弱的，拥有更高的智商，胡图人较为矮胖，智力低下。自从欧洲人这么说了以后，当地人也逐渐将这种荒唐的理论接受了下来。

等德国人退出后，比利时人由于与这两个被保护国更加疏离，决定采用制造分裂的方法维持自己的影响力。在初期，他们依靠图西族人来统治。但在两国独立之前，情况发生了变化。在布隆迪，仍然维持着图西人的统治；在卢旺达，却由于采取了民主制，人口众多的胡图族人突然成了统治阶层。

由于胡图人的经济地位、教育背景都达不到执政的条件，偏重于靠煽动仇恨来维持统治。于是，当年美丽的千山之国（卢旺达）就成了整个非洲的屠宰场之一。

卢旺达和布隆迪是两个小国，比利时人并不十分上心。但对于面积巨大的比属刚果（是比利时本土面积的70倍），比利时人却倾注了无数的心血。统治刚果的第一任君主利奥波德二世杀害了数百万刚果人，虐待致残的更是不可计数，他还从刚果掠夺走了巨额的财富，换来的金钱都变成了利奥波德的私人财富，让他成了名副其实的大富豪，与之相比，比利时本土反而只是国王财富的添头。

利奥波德的统治在西方殖民圈里都引起了巨大的反感，著名小说家康拉德将这里描写成地狱，各个国家也纷纷指责他不能这么干。但这个老屠夫却得以善终。他死后，继承人终于将刚果从私人领地改为比利时政府管辖。但这时，刚果又发现了巨大的矿产资源，钴产量占全世界的一半，铜矿占1/10，加上丰富的橡胶资源、钻石资源，使得比利时继续从刚果抽走巨额财富。

在比利时抽走财富的同时，刚果却保持着贫穷。刚果人缺乏教育，加上逆来顺受的性格，都成了比利时人得以利用的工具。

就在独立之前两三年，比利时还从来没有让刚果独立的想法，他们仍然躺在这巨大的血腥财富之上做春秋大梦。但从英国和法国殖民地传来的独立声音却被刚果的土著听到了。刚果独立的吹号手，就是比利时人恨之入骨的卢蒙巴。

事后，人们总是指责卢蒙巴有性格缺陷，只能靠革命推翻旧政权，不能建设新政权。这或许是真的。但如果放在大背景中看，卢蒙巴只是比利时人统治的间接产物。

比利时从来没有想过要教给黑人怎样统治，他们的暴行又普遍激起了黑人的愤怒，在这样的背景下，不可能出现一个尼赫鲁式的调和者，反而只会出现激进的革命者。

在比属刚果，黑人只能读小学，没有机会上中学和大学，卢蒙巴的学历只有小学四年级，他做过店员、推销员，这样的职业经历对于国家治理毫无帮助，却让他产生了作为低等人的切肤之痛。

在刚果独立之前两年（1958年），卢蒙巴发起了刚果民族运动。抗议声此起彼伏，暴力冲突也时常出现。在卢蒙巴的带动下，刚果各地涌现出了许多政治团体，并逐渐在全国层面上联合起来，向着独立努力。

也许卢蒙巴和其他独立领导人都没有想到，比利时人是这么不堪一击。刚果的骚动传到比利时国内，引起了普遍的担忧，担心会发生法国在阿尔及利亚，或者英国在肯尼亚（茅茅运动）的遭遇。比利时人准备撤了。

于是，民族运动刚兴起了两年，比利时人就匆匆撤出了刚果。

1960年6月30日，刚果独立这一天，比利时国王博杜安（Baudouin）专门从比利时飞过来，要参加这个隆重的庆典。庆典在上午9点开始，在黑人歌手的助唱下，一片和谐声中，杀人者和被害者济济一堂。

11点是讲话时间，博杜安作为长者作了一篇冠冕堂皇的讲话，纪念了他的祖父、老暴君利奥波德，并赞扬了比利时在刚果的统治多么崇高。他也提出了一些有用的建议，比如，他提醒刚果独立后不要急于做社会改变，而是要保留原有秩序，直到对于政治有了足够了解，确信能做好的时候，再更改不迟。虽然带着私心，但这样的建议确是有道理的。

当轮到总理卢蒙巴讲话时，卢蒙巴却侃侃而谈，他首先感谢了刚果人民，他说刚果独立是民族运动抗争获得的，不是比利时人的恩赐。接着他开始历数刚果人民在殖民制度下遭受的种种不公平：强迫劳动、种族迫害、掠夺土地和资源，以及肉体摧残、消灭。

接着他转向了对未来的展望：独立已经将所有的伤害消除了。在民主的制度下，刚果人将拥有社会正义和公平的薪金，种族歧视不会再有，刚果人将成为非洲的骄傲和样板。

这篇讲话过后，卢蒙巴为自己树立了一个永恒的敌人：比利时人。

卢蒙巴说的是实话，却过于张扬了。在当时，刚果还有大量的比利时人存在，他们充斥在经济的各个方面，以及军队之中。比利时人已经认定卢蒙巴是必须除去的角色，他们能容忍其他刚果人，却不能容忍一个不感谢前主子的黑人。

与此同时，卢蒙巴本身性格和能力上的问题也突出表现了出来，使他成了独立刚果继续发展的障碍。由于比利时人留下了一团烂局，刚果独立之初，一年毕业的大学生不超过30人，完成初中教育的只有100多人。有文化的黑人人手不足，政权却操纵在各色比利时雇员手中。比利时人实际上是给了刚果二选一的选项：要么继续让比利时人控制政府的行政工作，从而继续把持刚果的资源，要么让这个国家毁灭。

对于刚果来说，较合理的选择无疑是暂时不要动作，继续保持现状，忍受一定的不公平，这样可以避免行政退化。与此同时，刚果应该大力发展教育，赶快培养本土的政府官员，以便在未来可以从比利时人手中接手权力。只有将时间拉长，才能解决比利时人留下的先天障碍。

但卢蒙巴的性格却决定了他不会作这样的选择，而他本人也是比利时无法容忍的。于是，从独立开始，本土黑人与比利时人的矛盾就爆发了。在卢蒙巴的火上浇油下，刚果几十年来对比利时人的愤怒突然间在整个国家燃烧起来，士兵们伙同普通民众一起，对比利时人实行凌辱、抢劫。比利时人在作威作福几十年后，终于尝到了羞辱的滋味。

但这种报仇的快感却是一把双刃剑。当社会乱套之后，卢蒙巴开始感受到国内外的双重压力。在国外，比利时人卷土重来，他们以卢蒙巴无力保护比利时人为借口，迅速出兵，占领了机场等战略要地。卢蒙巴不懂谈判和争取时间的重要性，立刻宣布断绝与比利时的外交关系，将比利时的出兵视为武装入侵。

但比利时人仍然有牌可打。在这些殖民者到来之前，刚果并不是一个国家，而是无数个部落。在传统上，刚果可以分为三个区域，分别是靠近大西洋的以首都利奥波德维尔（后来的金沙萨）为核心的西部区域、东南部的卡丹加（Katanga）区域、靠近卢旺达和乌干达的东北部地区。

卡丹加地区是刚果的矿产中心，也是比利时人最舍不得放弃的地区。为了继续保留利益，比利时人在这里扶持了一个叫冲伯（Moise Kapenda Tshombe）的军阀，并向这个区域派来了军事援助团，带来了财政援助。冲伯于是宣布建立卡丹加共和国，从刚果独立。

在中央政府控制区和卡丹加之间，还有一小块盛产钻石的地方叫南卡塞（South Kasai），也乘机宣布脱离刚果。卢蒙巴只能一面求助于联合国向比利时人施压，一面着手对付分裂主义者。

在联合国的施压下，比利时人决定撤出军队，采用更加隐蔽的手段暗地支持分裂势力。不管是卡丹加还是南卡塞，背后都有比利时人的影子。

就在这时，卢蒙巴犯了两个更大的错误：第一，他采取武力镇压南卡塞，造成了众多平民的死亡，给外界留下了暴君的口实；第二，当西方国家都无法提供帮助时，他决定向苏联求助，从而惹恼了美国人。

美国人乐于帮助非洲的独立国家，但刚果的局势过于复杂，已经超出了外界能够干预的程度。当卢蒙巴向苏联求救之后，美国却立刻将之纳入了"冷战"思维中进行考虑。于是，一场阳谋发生了。

这场阳谋的目标是除掉卢蒙巴，事后，人们发现比利时人深深地卷入了其中。参与者中还有美国的身影，其他国家甚至联合国也知道这件事必然发生，却都袖手旁观，等待着阳谋成为现实。大部分人之所以默许，是因为他们已经找不到解开刚果之结的办法，或者说，比利时人离开时设的局，已经决定了这个国家必然以流血为终点。

卢蒙巴任命的参谋长蒙博托（Mobutu Sese Seko）成了阳谋的主角。他在比利时和西方人的支持下，发动了政变，宣布暂时由军队托管政权。

11月27日，卢蒙巴躲在汽车里逃出首都，想前往东部的根据地，他立刻被发现和抓捕了。比利时人一直躲在幕后，蒙博托也不愿意脏了手。他们采取了一个最奸诈的计谋，将活着的卢蒙巴送给东南军阀——卡丹加的冲伯。他们知道只要到了冲伯手中，卢蒙巴就不可能活着。

卢蒙巴成了非洲独立史上第一个著名的殉道者。即便到了今天，人们仍然纪念着他。当然，人们仍然可能争论说，如果他更有技巧，不是一味蛮干，也许通过灵活的手段能够解开这个死结。但更可能的是，刚果在比利时人统治之后，就已经没有了避免暴力的可能性。

比利时的几个殖民地和被保护国后来的历史，也证明了卢蒙巴的无辜。

卢蒙巴死后，刚果在独裁者蒙博托的手中暂时捏在了一起。蒙博托成了西方世界的宠儿，他的政权是世界上最腐败的政权之一，比利时人已经淡出，但法国人却成了他的新靠山。直到20世纪90年代，另一场危机导致他的下台。但是，刚果（金）依然位于最贫穷的国家之列。

第三章

前宗主国：
剪不断，理还乱

融入国际秩序之难

卢蒙巴和刚果的历史告诉我们,一个传统国家要想现代化,首先必须与世界保持友好和开放。这意味着,不管这个国家曾经遭到过多少歧视和压榨,它都没有办法立刻进行报复,而是必须忍辱负重,首先融入新的国际体系,获得国际上的帮助,之后才能发展。

如果一味地因为以前的遭遇而对世界充满了仇视,甚至闭关锁国,那么不仅无法发展,反而会让国家倒退到地理大发现之前的地位中去。

国际关系上的成败,在于新兴国家能否保持与世界主要大国的友好,不偏向任何一方的同时,又获得足够的发展空间。在最极端的情况下,既便与大国发生冲突时,也应保证不断交、不切断经贸关系。

在发展中国家历史上,一旦独立,立刻与前宗主国甚至世界闹僵的例子并不在少数。这些国家要想在国际上占据空间,并不容易。

以伊朗为例,在第二次世界大战之后,伊朗最初选择了在苏联和英国之间不偏不倚的态度。但英国和苏联对伊朗却并不友好,苏联试图夺取伊朗西北地区的阿塞拜疆省(以著名的城市大不里士为中心),好与苏联控制的加盟共和国阿塞拜疆共和国合并。由于苏联过于强大,国际上其他大国都不愿意主持正义,眼睁睁看着伊朗的西北地区陷入了分裂之中。

此外,由于伊朗在"二战"中一度同情德国,英国和苏联双双出兵,占据了伊朗的部分领土,"二战"之后英国撤军了,苏联却并不准备撤走,试图长期占领并肢解伊朗的西北部。

幸运的是，这时的伊朗出现了一位奇迹般的首相卡旺（Ahmad Qavam），他主导了一场可以称为外交奇迹的行动，夺回了西北地区的主权。卡旺利用美国人对苏联形成牵制，再以其人之道还治其人之身，以欺骗的方式让苏联人撤军的同时一无所获。

卡旺首先让苏联人相信，伊朗是完全站在苏联阵营的，为了证明自己，甚至镇压了国内的反苏派。在苏联放松警惕后，卡旺又允许阿塞拜疆省获得更大的自治，进一步让苏联感到与其只要一个阿塞拜疆省，不如将整个伊朗控制住。

接着，卡旺私下里与苏联签订协议，保证苏联在阿塞拜疆省的经济利益（特别是石油），让对方以为已经没有必要再驻军。加上伊朗人在联合国的斡旋和国际社会的施压，苏联终于撤军了。

苏军撤走后，卡旺立刻以举行全国性大选为借口，派中央军队进入阿塞拜疆省维持选举秩序，从而在武力上控制了西北省份。当伊朗获得了全国控制权后，卡旺立刻辞职。由于他和苏联私下签订的条约都还没有提交给议会，因此不能算是合法条约，只能算是私下约定，既然他已经辞职，自然就作废了。就这样，卡旺以自己的政治生命为代价，保持了伊朗的领土完整。

在和苏联打交道时，伊朗取得了完胜。但是在和英国打交道时，伊朗却无法取得进展，因为英国人控制的是伊朗的石油资源。在和英国的斗争中，伊朗国内的政局越来越不稳定，最终导致了乱局。为了与英国对抗，伊朗不得不完全投靠了美国，从而造成了后来的伊斯兰革命。

事实上，英国虽然在帮助殖民地独立方面有不少经验，但是在国际关系上，英国却是一个比美国和苏联都难缠的对手，绝不肯轻易放弃自己的利益，哪怕它是建立在不平等之上的。

除了伊朗，"二战"之后的埃及也发现，同样是在与英国打交道的过程中，这个国家尝到了苦果，即便自己想要保持中立也很难做到。

埃及的现代历史可以追溯到一名叫穆罕默德·阿里（Muhammad Ali）的

阿尔巴尼亚人。1798年，埃及依然是奥斯曼土耳其人的领地，这时拿破仑入侵了埃及，土耳其苏丹[①]调兵遣将来对付这位未来的法国皇帝，穆罕默德·阿里作为低级军官，随着一支阿尔巴尼亚（当时也属于奥斯曼土耳其）的军队来到了埃及。几年后，这位军官成了阿尔巴尼亚驻埃及军队的指挥官。

由于奥斯曼帝国的控制力不断减弱，埃及虽然名义上属于奥斯曼，却又有很大的自治权。穆罕默德·阿里抓住机会攫取了埃及总督的职位，并把这个职位变成了世袭的，建立了阿里王朝，直到1952年，他的子孙还统治着埃及。

穆罕默德·阿里是个典型的西化派，利用西方的科学技术武装埃及，并大力发展世俗教育。在他的带领下，埃及成了整个阿拉伯世界最繁荣的地区。

但是，到了他的后代统治时，由于王室无法控制开支规模，埃及的债务翻了10倍，濒临破产。苏伊士运河本来可以给埃及带来一笔固定的收入，却无法弥补王室的浪费。到最后，埃及政府破产了，作为债主国的英国和法国乘机接管了埃及的财政。埃及丧失了自主权，变成了英国的被保护国。

直到1952年，埃及政府不断地与英国人作斗争，争取完全的独立。随着以色列的独立，以埃及为首的阿拉伯人在第一次中东战争中惨败，埃及的人民开始对王室不抱幻想。这一年，一群以纳赛尔为首的青年军官发动政变，推翻了王室，埃及变成了一个共和国。

随着共和国的建立，英国人除了依旧控制运河之外，撤走了其他地方的驻军，埃及赶走英国人的使命也基本完成。

但就在纳赛尔认为已经完成了革命目标时，他吃惊地发现，问题才刚刚开始。原因依然在于埃及的财政。在国王时代，王室的收入总是抵不上开支，这是王室的浪费使然。但是在共和国时代，钱依然不够用。这就要说到埃及

[①] 苏丹译自阿拉伯语sultan，意为"有权威的人"。作为统治者的称号，始于公元10世纪。奥斯曼帝国的君主自14世纪起称"苏丹"。

的收入。

在世界上，并非所有的国家都像中国、印度、美国和西欧这样有着完整的经济系统，许多国家由于自然禀赋的原因，往往偏向于某一两样的收入。比如，世界上大部分的石油国家（甚至包括俄罗斯这样的大国）中，其财政支柱都是石油，如果离开了石油，整个国家的财政就会崩溃。而埃及境内大部分是沙漠，只有尼罗河两侧宽数公里的土地以及尼罗河三角洲地区适合于种植，这样的经济体中，财政收入是十分有限的。

政府要想维持日常运转，必须依靠一项重要的收入：苏伊士运河的通行费。但不幸的是，由于历史的原因，这笔钱大部分都被英国人拿走了。由于苏伊士运河公司掌握在英国人手中，甚至埃及都无法知道运河一年的收入是多少，他们可以分得多少，这一切都不在国家的掌握之中。

一方面是纳赛尔雄心勃勃的发展意愿，他试图建立一系列宏伟的工程，让埃及重回受世界尊敬的古国行列，但另一方面却由于缺乏资金，让埃及的财政捉襟见肘，更无法实现纳赛尔的发展梦。

对于埃及来说，唯一的做法就是希望能够从运河收入中多分得一杯羹。但这种愿望却无法通过和平手段实现。英国人虽然放弃了世界殖民地，却没有放弃自己在世界上的股份，更没有放弃能够决定一些小国生死的金融系统。埃及想与英国谈判，却毫无头绪，如果不谈判，就无法改变现状。

在急于改变的心态下，纳赛尔走出了关键性的一步：他宣布将苏伊士运河国有化，占领了运河，驱逐了英国人。从此以后，苏伊士运河不需要向英国交一分钱。

纳赛尔没有想到的是，这样的做法虽然痛快，对埃及造成的麻烦却是更加巨大的。作为曾经的殖民大国，英国人的手中依然掌握着国际金融系统，可以随时将埃及封杀。由于英国人在商业上的地位，当英国封杀埃及之后，几乎没有西方国家会同埃及做生意，这等于是将埃及与西方的经贸关系断绝了。

作为备选项，埃及只好向以苏联为代表的东方阵营求助。这也决定了埃及更加被西方世界排斥。

纳赛尔企图用国有化运河来解决财政问题，但英国人显然也不想让他得逞。1956年10月29日，就在国有化三个月后，以色列就发动了针对埃及的运河战争（第二次中东战争）。这次战争的背后，站着的是在纳赛尔国有化政策上吃了亏的英国和法国。以色列之所以匆匆打这场仗，除了自身的原因之外，还有英国的支持和催促。

这一次战争导致埃及在军事上惨败，但由于英法等国的非正义性，使得美国和苏联等联合国主要国家，都反对以色列的入侵，最后以色列不得不撤出了已经控制的西奈半岛。但是，由于作战过程造成的损伤，苏伊士运河却被阻塞了，埃及花了半年的时间清理苏伊士运河，才恢复了苏伊士运河的通行。这次战争对于埃及财政的影响也可想而知了。

但这还不是结束，得罪了英国的埃及还付出了更惨重的代价。1967年10月，以色列再次发动了针对阿拉伯世界的六日战争（第三次中东战争），埃及依然在战争中惨败。这一次，苏伊士运河被封锁了8年，才在联合国的斡旋下重新开放。在8年中，埃及不仅无法从运河获得一分钱，还负担了大笔的军事开支。最后，为了恢复运河的畅通，埃及不得不与以色列签署了条约，允许以色列船只通过，从阿拉伯国家的领袖，变成了阿拉伯国家的第一号叛徒。

也正是通过这一次次的重型打击，埃及从100年前的第三世界排头兵，变成了一个没落的国家。在国内，人们的生活持续维持在温饱水平，且贫穷者越来越多，由此带来的影响是，国内的宗教保守势力大行其道，更阻挠了埃及的现代化。

为了镇压宗教势力，埃及不得不采取了准独裁的做法，而这更加激起了人们的反感。1980年之后，为了避免经济受到更大的打击，埃及一直采取靠近美国的做法，冀图在美国的帮助下，利用准独裁的方式维持统治。但由于独立之后的最佳时机被浪费了，现在的领导人都缺乏当年纳赛尔的威望去做根本性的改革。

面对前宗主国的欺骗

英国对埃及和伊朗以制裁和压制为主，在有的时候，他们还不得不采取欺骗的手段。由于英国自古以来就有四处许诺的传统，但他们对每一方的许诺往往又是互相矛盾的，到最后，便以牺牲弱者的做法，保住对强者的许诺。至于那些被牺牲的弱者只能自求多福。

同样属于阿拉伯世界的哈西姆家族（Banu Hashim）在第一次世界大战后就没少吃这方面的苦头。

在"一战"之前，整个中东地区（除了伊朗）依然属于奥斯曼土耳其的势力范围，当时也并没有按照现在的国界分成众多的国家，在土耳其的宗主权之下，在各个地区由一些部落制的家族统治。其中，最大的家族是位于汉志（Hejaz，沙特阿拉伯西部红海沿岸地带的统称）的哈西姆家族，它号称是继承自先知穆罕默德的家族，其次是位于利雅得地区的沙特家族（Banu Saud）。

第一次世界大战中，由于土耳其加入了同盟国（德国、奥匈）一派，与协约国（英国、法国、俄国）作战，成了英国的敌人。英国决定联合阿拉伯人，吸引他们抵抗土耳其。当时，影响力最大的哈西姆家族就成了被拉拢的对象。

当时，哈西姆家族的家长是侯赛因·本·阿里（Hussein bin Ali, Sharif of Mecca），他已经获得了奥斯曼帝国的任命，担任汉志总督。这位汉志总督并不感激奥斯曼苏丹，他已经意识到，阿拉伯人需要脱离土耳其人的统治，建立属于阿拉伯人的国家。

当英国人来联合侯赛因·本·阿里时，他乘机提出，只有英国人帮助阿拉伯人建国，双方才能联合。英国人答应了下来。根据双方的协议，战争结束后，英国人支持阿拉伯人脱离土耳其统治，建立一个统一的阿拉伯国家。这个阿拉伯国家包括阿拉伯半岛的一部分、伊拉克、叙利亚、巴勒斯坦等地，北到阿勒颇，南到波斯湾，东到伊朗边境，只有一些已经存在的小国，如科威特、也门、阿曼以及若干叙利亚城市可能不包括在内。

侯赛因·本·阿里是战略眼光一流的政治家，他从一开始就试图建立统一的政权。如果按照他的设想，能够把整个中东的阿拉伯人统一在一个政权之下，也许未来百年战乱的可能性就会降低。

除了他本人以外，他还有几个能干的儿子来帮助他实现梦想，这些儿子分别是阿里、阿卜杜拉和费萨尔，作为他得力的帮手。

但不幸的是，侯赛因·本·阿里的谈判对手却是英国人。他以为英国人会像阿拉伯人一样守信用，这个看法却落空了。对于伊斯兰世界来说，承诺是无比重要的，一旦承诺，就必须遵守。即便到了现在，阿拉伯人仍然遵循着与古代一样的原则：不管是做买卖还是谈政治，在谈判的过程中吵架是正常的，可一旦达成交易，做出了承诺，哪怕是口头承诺，就必须无条件履行，否则就会受到安拉的惩罚。但英国在政治实践中，却慢慢地形成了另一套规则：只要没有成为双方签字的正式条约，任何谈判时的谅解、个人的口头承诺等，都不承担强制履行的义务。

在将侯赛因·本·阿里争取到反抗奥斯曼人的行列后，英国政府却并没有将他的要求当回事儿。事实上，就在和哈西姆家族达成协议的同时，英国人还和他的盟友法国签订了《塞克斯—皮科协定》（*Sykes-Picot Agreement*），这个协议将如今的叙利亚和黎巴嫩地区许诺给了法国人。此外，英国人又将巴勒斯坦的定居权许诺给了犹太人。同时，英国人为了拉拢中东地区另一个家族沙特家族，也不会真心去帮助哈西姆家族建立统一的阿拉伯。

在这种情况下，英国人从一开始就知道自己的许诺是假的。他们给出了太多的自相矛盾的约定。

果然，当战争结束后，哈西姆家族还等待着英国人履约，却发现形势并没有按照他们期待的方向发展。奥斯曼帝国解体了，随着对它的切割，埃及完全摆脱了土耳其的宗主权，成了英国的属国。

沙特家族所控制的半岛内陆地区内志（Nejd，位于沙特阿拉伯中部）也继续走自己的道路，只是那时的沙特还没有现在这么大，不包括汉志地区，只有首都利雅得和半岛北部广大的沙漠地带。

第一次世界大战之前，法国在中东地区几乎没有什么影响力，但根据与英国的约定，得到了叙利亚。法国立刻也派出部队进入了叙利亚，从英国军队手中接过了控制权。在此基础上，法国再次将叙利亚拆开，分成了大黎巴嫩和叙利亚两部分。之后两地单独成立国家，就有了现在的黎巴嫩和叙利亚。

也正是因为这样的碎片化，叙利亚和黎巴嫩都留下了种族和信仰纷争的种子。在中东地区，原来的黎巴嫩（小黎巴嫩）比现在的面积更小，位于黎巴嫩山以西的沿海地区，是一个以基督教马龙派和伊斯兰教德鲁兹派为主的地区，马龙派属于东正教的一个分支，有自己独特的一性论的教义和独立选举的大主教，而德鲁兹派则属于伊斯兰什叶派的一个分支。这两派都不属于主流的信仰派别。在法国人到来之前，黎巴嫩经过数百年的宗教冲突，已经形成了共同的议会机构，学会了和平共处。但法国人为了加强对黎巴嫩的控制权，又把叙利亚许多信仰逊尼派和什叶派的地区划给了黎巴嫩，形成了大黎巴嫩。

法国人的做法把黎巴嫩变成了世界上宗教结构最复杂的国家。在一万平方公里的土地上，马龙派、基督教正教徒、德鲁兹派、逊尼派、什叶派，以及其他小教派林立，这些人本来并不属于一个国家，却被法国人强行捏合在了一起，这让黎巴嫩丧失了稳定的政治结构，直到现在依然冲突不断。

这次划界还为黎巴嫩和叙利亚之间留下了纷争的隐患，叙利亚一直对领土损失耿耿于怀，并以此为借口，在危机时干涉黎巴嫩政治。

除了黎巴嫩之外的其余叙利亚也被分成了三部分，法国人采取了分而治之的策略，直到法国人最后因为控制不住局势而撤出时，叙利亚三区才又合并为一个国家。但这个国家内部又有着逊尼派和什叶派（主要是其一个分支阿拉维派）的矛盾，今天叙利亚的乱局也同样可以追溯到这个时期。

在法国割据阿拉伯区域的北部时，哈西姆家族对英国人也失望了。他们决定撇开英国人单干，领头的是这个家族的费萨尔亲王（也是族长的一个儿子）。他组织了武装力量，乘着战争刚结束，法国人还没有派军队过来，就占领了叙利亚的西部地区，宣布建国，费萨尔自认叙利亚的国王，他的哥哥阿卜杜拉被宣布为伊拉克地区的国王。

但是，随着法国人根据英法约定占领叙利亚，费萨尔却在犹豫不决中放弃了反抗，撤出了叙利亚，所谓的叙利亚国王也不了了之。

英国人并没有打算完全放弃自己的盟友，决定给费萨尔以补偿，于是从剩余的阿拉伯地区分离出伊拉克作为一个国家，立费萨尔为伊拉克国王。1921 年，费萨尔亲王登上了伊拉克的王位。

而原本被宣布为伊拉克地区国王的阿卜杜拉是费萨尔的亲哥哥，英国人为了安慰他，也给了他一块土地：外约旦。所谓的外约旦，原本属于巴勒斯坦的一部分，由于犹太人纷纷迁往巴勒斯坦地区，英国人为了便于管理，将巴勒斯坦以约旦河为界划成两部分，约旦河以西地区为犹太人的移民区，而约旦河以东则单独成立国家，称为外约旦，也就是现在的约旦哈西姆王国。

此外，在汉志本土也成立了一个国家，由哈西姆家族的长子阿里继承。这样，在奥斯曼帝国解体后，原来的阿拉伯区域本来想建立一个国家，现在却变得四分五裂，除了法国占据的黎巴嫩和叙利亚之外，英国区域内又出现了英国人直接托管的巴勒斯坦，加上哈西姆家族的三个国家伊拉克、约旦和汉志，还有内志地区的国家沙特，以及海湾地区的其他小国。

面对英国人的欺骗，哈西姆家族选择了忍受，因为他们虽然失去了一个统一的国家，却得到了三块碎片。然而，这三块碎片却并不容易守住。

首先失去的是汉志。哈西姆家族扩张时，也恰好处于沙特家族的扩张期。由于石油还没有成为当地的经济支柱，在阿拉伯地区最重要的收入是朝觐收入，掌握在包括麦加和麦地那两个圣地的汉志王国手中。当时沙特家族已经统一了内地，年收入也只有 70 万美元左右，而比他面积小得多的汉志地区一年收入竟然达到了上百万美元。

于是，1924年，沙特与汉志之间爆发了战争，战争的结果是沙特将汉志吞并。侯赛因·本·阿里出逃，几年后，这个骄傲的人带着他建立统一阿拉伯国家的梦想死在了儿子阿卜杜拉的国土上。他的儿子阿里空有汉志国王的头衔，却没有一寸土地可以统治。于是哈西姆家族的国家就只剩下约旦和伊拉克两个了。

此时的哈西姆家族依然没有打算放弃阿拉伯世界统一的想法，虽然沙特占据了半岛大部，但在剩余的阿拉伯世界依然有可能组成大联合。首先，伊拉克和约旦掌握在同一个家族手中；其次，英国人统治的巴勒斯坦地位依然没有确定；最后，第二次世界大战中，由于法国的战败，他们已经管不了中东的叙利亚和黎巴嫩了，这就给了哈西姆家族重新合并这两个区域的可能性。

到了第二次世界大战后，事情本来对哈西姆家族有利。但就在这时，英国人再次搅局。首先是巴勒斯坦被分成了巴勒斯坦和以色列两个国家，如果哈西姆家族要实现统一，必须将以色列掐死在摇篮之中。

1948年，随着以色列的独立，第一次中东战争爆发。在战争中，被寄予厚望的埃及和叙利亚完败，而不起眼的约旦在同门兄弟伊拉克的支持下，却打得有声有色。其中很大的原因，就是因为它们有着切肤之痛。

随着阿拉伯联军的战败和巴勒斯坦的建国无望，哈西姆家族的统一大业更加远去了。但阿卜杜拉国王将约旦河西岸的巴勒斯坦领土并入了外约旦，建立了约旦哈西姆王国。并吞西岸地区让约旦的实力大增，之前，约旦只是个人口40万的小国，随着巴勒斯坦人口的加入，约旦已经将人口翻了三倍多。

此时，叙利亚也获得了独立。但和其他国家不同，法国人离开后，叙利亚的政治家一直缺乏独立领导一个国家的信心，趁这机会，约旦和伊拉克这两个哈西姆家族统治的国家更加积极地与叙利亚眉来眼去，策划各种合并方案。

叙利亚之所以愿意与约旦和伊拉克合并，除了叙利亚的政治家缺乏信心之外，还在于伊拉克的首位国王费萨尔曾经被选为叙利亚国王，只是因为法国人的到来，逼迫费萨尔吐出了叙利亚。独立后的叙利亚立刻想到了哈西姆家族的好处，许多人认为重归哈西姆家族的统治是一个不错的选择。

叙利亚的心猿意马让沙特和埃及感到惊慌，他们意识到，一个由伊拉克、约旦和叙利亚联合组成的哈西姆国家就要出现了。这个国家在中东地区显得过于强大，改变了政治平衡。沙特和埃及决定不惜一切代价破坏这次合并。

此时的埃及恰逢纳赛尔推翻国王统治之后，处于革命的狂热之中，除了阻止哈西姆家族的扩张之外，更希望由自己把叙利亚拐走，建立更广阔的统治权。

1958年，在约旦和伊拉克还在美梦中时，一件重大的事情震惊了他们：叙利亚和埃及宣布，两个国家将完成合并，成立阿拉伯联合共和国。这时他们才意识到，叙利亚已经逃脱了哈西姆家族的气场，他们失去了机会。

叙利亚和埃及的合并，也终于让两个哈西姆国家明白了时不我待的道理。到这时，唯一剩下的可能性，就是约旦和伊拉克赶快联合起来形成一个国家，至于其余的地区都已经不可得了。同样是1958年，在埃及和叙利亚合并不久，约旦和伊拉克也宣布建立统一的阿拉伯联邦。这个联邦规定，由伊拉克国王费萨尔二世担任国家元首，约旦国王侯赛因担任副国家元首，如果国家元首去世，则由副国家元首递补。这是一种轮流坐庄式的元首制，表明家族的两个兄弟支系之间没有隔阂，并希望在未来，等两国的政治结构更紧密合并后，最终形成统一的政治制度。

这次计划中的合并将使中东地区的实力再次出现改变。与英法等国分而治之的愿望不同，埃及和叙利亚组成的阿拉伯联合共和国，伊拉克与约旦组成的阿拉伯联邦，加上沙特，将形成三足鼎立之势，避免了更加碎片化的局面。这对于中东国家是有利的。

然而，突然间事情又起了变化。就在合并即将完成之时，一场政变却席卷了伊拉克。在这次政变中，预定的阿拉伯联邦元首、伊拉克国王费萨尔二世遇害，哈西姆家族的统治被推翻。上台的卡塞姆将军宣布实行共和国。

卡塞姆将军发动政变时，两国合并的文件已经签署。既然元首死亡，约旦国王侯赛因立即根据联合宪法，宣布继任阿拉伯联邦的元首。然而，这个无力的举动随即遭到反驳，卡塞姆将军宣布，伊拉克已经不再有王室，也不再有阿拉伯联邦，它退出了联盟。

伊拉克和约旦的合并，哈西姆家族的复兴，在瞬间崩塌。

阿拉伯联邦解体后，埃及和叙利亚的阿拉伯联合共和国也没有维持长久，由于联合过于仓促，对于政治制度的合并和政治席位的分配矛盾重重，联合共和国很快也解体了。

到这时，中东的碎片就再也无法收拾了。哈西姆家族建立统一国家的理想也没有成为现实，中东曾经较为简单的民族结构被几条不规则的边界划成了碎片，在这些碎片上建立了众多的小国。

直到今天，约旦的哈西姆家族依然是统治者。但在伊拉克，领袖已经换了好几茬，战争也持续了几十年。不仅是伊拉克，就连叙利亚、黎巴嫩也处于乱局之中，巴勒斯坦人还在用石头与以色列作战，沙特阿拉伯卷入了也门的纷争，中东的乱局可以说从英国人欺骗阿拉伯人、毁约的那一刻就已经注定了。

等待羽翼丰满

在许多新独立的国家中，由于历史原因，它们并没有权力去选择是否与宗主国保持友好关系。在法属西非和中非的殖民地中，取得独立的几内亚就是这样的国家。

西非独立之前，在法国总统戴高乐的规划里，并没有让非洲殖民地独立的意图，他只想建立一个法兰西共同体，让所有西非和中非的殖民地都加入这个共同体。而事实上控制这个共同体的，依然是位于欧洲的法国本部。

虽然并没有让殖民地独立的意图，但样子还是要做的，必须给殖民地表面上的选择权。戴高乐一方面承诺殖民地可以选择独立，但另一方面只给出两个极端的选项：如果留下，就可以获得法国的所有帮助，除了经济上，还会帮助训练成熟的政治家，帮助黑人学会管理政府；如果选择脱离，那么法国就立刻撤出，不再有任何补贴和帮助，不仅不帮助，法国还会下令所有的法国人员和资本在一夜之间全部撤离，让这个不听话的孩子自生自灭。

戴高乐的政治安排几乎得逞，但几内亚领导人塞古·杜尔顶住了法国的压力，投票宣布独立。于是戴高乐只好吞下了他自己设下的苦果。在几内亚之后，其余的殖民地在两年内也纷纷选择了独立，法国的殖民地终于垮掉了。

法国殖民体系虽然消失了，但作为首先吃螃蟹的人，塞古·杜尔和他的几内亚却成了宗主国的敌人。戴高乐说到做到，就在几内亚独立的当天，法国人全部撤离，将所有物品带走或者砸烂，导致几内亚全国的政治和经济完全瘫痪。那么，几内亚在未来是否能够承受这个损失呢？

事实证明，离开了宗主国的"善意"，一个殖民地的确会步履蹒跚。离开法国之后的几内亚发展就是这样的。

最初，塞古·杜尔采取了几乎所有发展中国家都会作的选择：既然法国拒绝提供一切帮助，彻底断绝了联系，那么就向当时的另一个阵营苏联所代表的东方阵营求助。苏联人响应了几内亚的呼吁，立刻派来了专家帮助这个新生的国家。由于当时反殖民地是一种潮流，塞古·杜尔也成了英雄。

然而，由于缺乏外部的监督，这个英雄立刻变成了国家发展的阻碍，他对国家进行了大规模的国有化，将一切资源掌握在手中。随后，他大搞个人崇拜，不仅成了一个全知全能的统治者，他的意志还成为法律。由于缺乏制约，塞古·杜尔统治的几内亚成了一个封闭的神权国家，几内亚也成了法属各个殖民地中最落后的一个。

到了后来，由于统治基础越来越薄弱，几内亚又和苏联闹僵了，导致塞古·杜尔变得疑神疑鬼，认为所有的国家都参与了推翻他的阴谋。

到1984年他去世的时候，几内亚已经从一个富含矿产资源、非洲少有的降雨充沛、土地肥沃的地方，变成了一个世界的死角，没有其他国家在意它，也没有人愿意帮助它。这里既缺乏知识分子，也缺乏企业家。一切都掌握在塞古·杜尔一个人的手中，在他的身边形成了一个腐败的利益阶层，除此之外，是遍地的穷人和无望的社会。

正是由于几内亚命运的对比，在非洲法国的殖民地中，大部分国家虽然选择了独立，却依然和法国保持着较强的纽带联系。最典型的国家莫过于塞内加尔和科特迪瓦。

这两个国家独立时的领导人，塞内加尔首任总统桑戈尔（Léopold Sédar Senghor），科特迪瓦首任总统乌弗埃-博瓦尼（Félix Houphouët-Boigny），在独立之前都曾经担任过法兰西共和国的部长。法国有邀请殖民地精英进入政治的传统，作为黑人的代表到巴黎任职，已经是莫大的荣耀。

两人在国家独立后，首先想到的都是和法国继续保持良好的关系，等待着新生的共和国羽翼丰满。然而，两人不同的统治风格又决定了两国不同的走向。

塞内加尔总统桑戈尔除了是一位总统，还是一位文学家、诗人、法兰西学院第一位黑人院士，出版有多部诗集，甚至受到过哲学家萨特的称赞。而科特迪瓦的乌弗埃-博瓦尼却出身于酋长家庭，很早就在科特迪瓦进行政治活动，参加了当地议会的选举。

两人虽然都赞成与法国保持密切的联系，但又有所区别。桑戈尔的站位首先是从法国本土立场上思考，认为殖民地与法国要成为一体，而不是分成不同的实体。乌弗埃-博瓦尼由于更早就参与了殖民地内部的政治运行，更赞同殖民地首先是独立的实体，然后在更大空间内与宗主国保持联盟关系。

桑戈尔和塞内加尔之所以想和法国更紧地绑定，还因为塞内加尔是法属西非的中心，首都达喀尔更是西非最繁华的大城市。法国要想控制西非，必须通过塞内加尔，这就让塞内加尔更容易从法国获得好处，甚至可以截留法国在西非其他地区获得的利益。而相比起来，科特迪瓦却没有政治优势，它有的是环境优势，这里靠近雨林地区，更适合咖啡、可可等经济类作物的种植，在西非是一个经济优越的所在。科特迪瓦也不想让法国人抽取经济利益去帮助塞内加尔，但离开了法国，就无法打开欧洲市场，所以也必须和法国搞好关系。

两个国家独立后的命运与两个总统的不同统治风格有莫大关系。首先，如果从国家治理角度来看，两个人都不是合格的总统。

塞内加尔更加贫穷，因此桑戈尔在经济上追求计划经济和政府干预。但塞内加尔的计划经济并没有走太远，原因是桑戈尔不是一个大权独揽的人；此外他还有另一条原则：独立后不要做出太多改变，继续依靠法国。

在其他国家，由于白人撤离，黑人之中一下找不到足够的行政人才，从而造成行政退化。桑戈尔对这种现象却很警惕，他宁肯重用合格的白人，也不愿意为了所谓"黑人的解放"而将职位授予那些没有能力的黑人。他虽然赞成计划经济，但人们提到将外国资本收归国有时，他立刻将这种想法否定了。外国资本在塞内加尔仍然大行其道，法国军队继续驻扎在塞内加尔，法国控制着塞内加尔的银行系统。

这样做的好处是，塞内加尔的行政退化更加缓慢，也没有出现巨大的混乱。但这样做也带来了无数的问题，最大的问题是塞内加尔的经济无法独立。

在法国时代，塞内加尔就以种植花生为主，独立之后，它没有发展出多样的工农业，仍然依靠出口花生赚取外汇。当法国取消了花生补贴，同时国内的旱灾影响了花生的产量时，塞内加尔的经济迅速下滑。

另外，由于过于依赖法国，造成了债务上瘾现象。独立后的20年间，对外债务增长了约20倍，出口一出问题，立刻陷入了偿债危机。随着经济的熄火，塞内加尔国内也变得更加不稳定。桑戈尔从一个和蔼的受人尊重的老诗人，不得不摇身一变，转换成镇压国内反抗的半独裁者。

就在人们以为塞内加尔正在慢慢地走向政治泥沼时，桑戈尔却做了几个令人震惊的举措。1976年，桑戈尔宣布进行政治改革，允许成立了三个政党，他自己领导一个中间政党，同时建立了一个左派政党和一个右派政党。到了1980年，桑戈尔突然宣布自己退休，不再担任国家领导人。

在独立后的国家，如何处理第一代领导人一直是重大问题，许多国家往往存在离不开第一代领导人的现象，由于他们过于有威望，国内人民只认他一个人，结果他一走，其他人没有足够的威望来让各种势力服从，国家就会就乱套。作为对策，第一代领导人只能长期执政，以保持稳定。可是，毕竟他们还是有死亡的那一天。

但塞内加尔却是少有的例外，桑戈尔的主动离职，让塞内加尔有了政治转向的可能性。

1981年1月1日，桑戈尔正式离职，接替他的是他的亲信迪乌夫（Abdou Diouf）。迪乌夫没有辜负桑戈尔，继续了前任开始的政治改革。在下一次选举中，他进一步取消了政党限制，让所有的政党都合法化了。

即便如此，人们对塞内加尔的政治仍然有疑虑，迪乌夫是桑戈尔指定的，担任总统的期限达20年之久。虽然塞内加尔表面上看起来开放了党禁，也有了选举，但如果没有完成一次政党轮替，就证明这样的政治还不是稳定的。

2000年，选举的常胜将军迪乌夫失败了。在这一年的大选中，他的竞争对手韦德（Abdoulaye Wade）在大选中击败了他。迪乌夫却宣布接受大选结果，平静地帮助对手完成了交接。2012年，韦德在一片争议声中寻求第三任期，但败于他的竞争对手萨尔（Macky Sall），他同样迅速地接受了选举结果，完成了交接。

在萨尔之前，塞内加尔总统任期数次改变，从五年改为七年，又从七年改为五年，又调回到七年。萨尔竞选时承诺，将总统任期缩短回五年，不管什么情况，总统都只能连任一届。2016年，在塞内加尔的全民公决中，萨尔实现了他的承诺，塞内加尔的民主政治在经过了四代总统之后，变得更加稳定。

塞内加尔在桑戈尔手中步履蹒跚时，科特迪瓦最初的日子却要好过得多。塞内加尔被法国将命运绑在了花生上，而科特迪瓦既有咖啡，还有可可、棕榈油、橡胶，是法属西非的经济引擎。

独立之后，首任总统乌弗埃-博瓦尼立刻建立了专政的独裁制度。他声称，民主制只适合于成熟的国家，而对于非洲刚刚成立的国家而言，类似于酋长制的家长式统治，才是更加合理的制度。

乌弗埃-博瓦尼同样采取了全面靠拢法国的政策，保证法国投资，与法国的贸易放在最优先位置。他也不信任黑人的自主治理能力，在政府中大量任用法国人。在法国人的帮助下，科特迪瓦迅速进入了繁荣期。

由于有足够的外汇，科特迪瓦开始发展工业，在总统的倡导下，科特迪瓦不仅发展农产品加工业，还建立了一系列的现代工业部门，包括公路、电站、港口，甚至把他的家乡，一个小村庄，打造成了雄心勃勃的首都城市。

但在雄心勃勃的背后，却是另一番景象。第一，政府主导的大部分工程都是不赚钱的，它们满足了总统的雄心壮志，却没有考虑运行成本。第二，由于政府手里掌握着大量的工程，科特迪瓦的官员腐败令人触目惊心。乌弗埃-博瓦尼也成了全国最大的商人，依靠亲戚和亲信控制着国家的各个部门。

20世纪70年代，世界的发展突然陷入了停滞，西方人的胃口突然缩小了，而非洲的供应还在扩大。几乎在一夜之间，咖啡和可可的价格就从巅峰跌入了谷底，可可价格只剩1/4，咖啡也跌了一半。

科特迪瓦的外债是以农产品价格不断上涨作为预期的，一旦价格反转，也就意味着政府不可能偿还得起巨大的外债规模。一旦人们的预期反转，世界资本市场就对这个新兴的国家关闭了。政府收入腰斩，开支还在增加。与此同时，海量的资金仿佛预感到了危险，开始从各种渠道出逃，导致雪上加霜。

科特迪瓦在挣扎了10年之后，宣布破产。繁荣的奇迹如同幻觉一般消失了。

乌弗埃-博瓦尼对科特迪瓦最大的损害还不是经济，而是政治。他打压了几乎所有反对派，以确保自己每一次选举的胜利，直到1993年他去世，也没有放弃哪怕一丁点的权力。

在塞内加尔，桑戈尔放弃权力的那一刹那，成了政治改革的契机。但乌弗埃-博瓦尼去世后，科特迪瓦由于没有经过民主的锻炼和真正选举的熏陶，立刻变成了野心家的主战场。

接替他的总统贝蒂埃（Aimé Henri Konan Bédié）为了保住权力，用各种手段打击政敌，但是，到了1999年，贝蒂埃在政变中被前参谋长古伊（Robert Guéï）推翻。这一次军人统治时间不长，第二年就让位给了民选总统巴博（Laurent Gbagbo）。

2002年，科特迪瓦国内矛盾终于爆发，变成了内战。内战的双方是政府军和北方叛军。这次内战打打停停，直到2010年，才达成新的协议举行选举。新总统候选人、来自北方的瓦塔拉（Alassane Dramane Ouattara）与老总统巴博各自坚称获得了选举胜利，双方只好再次用战争说话。这一次，瓦塔拉取得了胜利。

到了2011年，科特迪瓦已经历尽沧桑，但能否持续和平，依然是个未知数。

总结起来，科特迪瓦和塞内加尔都是与前宗主国搞好关系的典型，事实上，这几乎是一个后殖民地国家最容易取得发展的道路。前宗主国在获得一定好处的前提下，帮助原殖民地保持政治上的锐度，并保持经济发展，与此同时加强教育，等待着本土人慢慢地填补上政府的职位。

但科特迪瓦和塞内加尔最大的不同在于，当与宗主国搞好关系时，领导人能否意识到问题的紧迫性，发展经济的同时，尽快完善本国的治理结构，在本土人接手政治的同时，形成可持续的政治体系。

如果领导人只是一味地享受成果，而忘记了未雨绸缪，很可能在一段好日子之后就会迎来艰难时刻，出现国家政治永远无法成熟的情况。那样，总有一天整个国家和社会要为领导人的懈怠付出代价。

尤其是政治上的改革。事实上，在很长时间内，即便政治不改革，人们依然可以从经济上享受很长时间的红利，只是，这样的红利总有消失的那一天。就像塞内加尔和科特迪瓦那样，当世界无法消费那么多的花生和可可时才是比拼谁的政治结构更加有韧性，能够渡过难关的时刻。最终决定成败的，是能否在国际关系还处于顺境之时，尽快地完成本身的改革，走向政治民主、经济繁荣和多元化，谁能首先做到这一点，谁就有可能走出混乱的开局。

在争霸夹缝中长袖善舞

除了与宗主国搞好关系之外，还有一类人则充分利用了世界强权的夹缝，当起了时代的弄潮儿。就像本章前面提到的几内亚总统塞古·杜尔那样，他们发现在英俄或者美苏争霸的夹缝里有很大的空间可以牟利。世界虽然不断地强调道义，但在实际操作中，那些所谓的大国并不在意多支持一个独裁者，只要不侵犯他们的利益就行了。只要把握了这个原则，在一段时间内，他们就可以长袖善舞，悠然自得。

人们总是认为这样的人相当于玩火自焚，但塞古·杜尔直到他去世，依然保持着足够的权力和威望，只是在他死后，几内亚才遭到延迟的报应，但这已经是"我死之后哪管洪水滔天"了。许许多多的人们都以塞古·杜尔这样的人为榜样，期待着一生中游刃有余于大国之间，但又并非所有的人都这么幸运。其中最著名的人物莫过于伊拉克的领导人萨达姆·侯赛因（Saddam Hussein）。

1958年，伊拉克发生政变，推翻了哈西姆王室，成立了共和国，但接下来局势并没有稳定住。直到1963—1968年，一个叫阿拉伯复兴社会党的团体在伊拉克数次发动革命，最终建立了稳定政权。

在阿拉伯地区，所有的国家可以分成两派，一派是以沙特、约旦和海湾君主国为代表的国王执政的国家，他们大都秉持相对保守和宗教主义的理念；另一派是以埃及为代表的总统制国家，他们大都信奉左派经济理论，乐于采用计划经济和世俗化的理念来治理国家。

在第二次世界大战之前的中东地区，除了法国控制的叙利亚和黎巴嫩采取了民主制之外，其余国家几乎都是君主制，但经过一段时间的变迁，埃及、伊拉克等国先后发动了革命，变成了总统制国家，都采纳了世俗或社会主义作为理想。萨达姆虽然是个独裁者，但他本身所代表的是世俗化和发展主义，他也采取了许多计划经济的做法。在他的治下，加上石油开采的发展，伊拉克经济表现出很强的上升势头。伊拉克人民在周围的国家中，也过着更加世俗化和现代化的生活，与西方更加靠拢。萨达姆也由此成了世界的宠儿之一。

萨达姆之所以受宠，还和他在国际上长袖善舞有关。

最初的伊拉克由于政党的计划经济性质，依靠的是苏联。伊拉克由此从苏联进口了大量的武器，并获得了苏联的帮助以发展经济。美国由于与苏联的敌对关系，选择了支持伊拉克的邻国伊朗。

1979年，伊朗发生了伊斯兰革命，上台之后的霍梅尼新政权对老政权的朋友美国施以报复，闯入了美国驻德黑兰大使馆，绑架了美国的外交官。双方以这次事件为起点爆发了一系列的冲突，伊朗也由此成为美国口中的"邪恶国家"，一直持续到现在。当伊朗和美国从好朋友变成了最大的仇人之后，伊拉克看到了与美国改善关系的机会。

由于历史的原因，伊拉克国内主要人口信奉什叶派，但也有一大批信奉逊尼派的人。作为一个逊尼派出身的领导人，萨达姆提拔了不少共同信仰的亲信，从而造成了国内什叶派的不满。而作为什叶派重镇，伊朗新政权上台后大力扶持全世界各地的什叶派采取暴力行动，对付异教徒，这也给伊拉克以极大的压力。加上两国在边境地区的争执，这一切，导致萨达姆决定用武力解决问题。

1980年9月22日，伊拉克的军队进入了伊朗，试图通过一场闪击战将伊朗制服。但是谁也没有想到，这场闪击战会变成一场可怕的持久战。

在最初，伊拉克通过空军的狂轰滥炸，和陆军向伊朗产油地区胡泽斯坦的挺进，占据了上风。但由于伊朗纵深太大，人口太多，而萨达姆一侧高估了自己的实力。很快，伊拉克的海军被伊朗歼灭，失去了海上的主动权，伊朗的空军也比伊拉克更有想象力，甚至一直轰炸到伊拉克和约旦的边境去打击伊拉克的机场。在陆军方面，伊朗的装备虽然不如伊拉克，却用人肉攻势来做为补充。伊朗人利用杂牌军打头阵，摸出伊拉克阵地的薄弱之处，再用正规军第二波冲锋，打开缺口，最后用装甲化部队轰隆隆碾过，将伊拉克人分割包围，各个歼灭。

到了1982年，伊朗已经将大部分领土收回，并准备进入伊拉克的领土了。

但就在这时，世界形势却决定了战争的走向：萨达姆赌对了。

随着伊朗的胜利，美国和西方开始跃跃欲试，准备插手。在之前，伊拉克依靠的是苏联，而伊朗则主要采用西方装备。但由于伊朗新政权对西方的敌视，伊朗变得几乎一个朋友都没有。于是，当伊朗人的飞机和武器出现大量的损耗时，再也没有人给他们提供武器了。

与此同时，伊拉克却突然间变得"朋友遍天下"。之前萨达姆政府就与苏联关系深厚，由于他是逊尼派的，更是得到了沙特阿拉伯、科威特、阿联酋、埃及等几乎所有逊尼派国家的全力支持。而在战争中，随着对伊朗的敌视，美国也决定帮助伊拉克，并带来了西方集团。就这样，伊拉克突然间成了世界武器的最大买家。在伊朗的飞机因为一个零件的短缺而无法升空时，伊拉克却总是能够从法国和苏联购买大量的飞机。美国、苏联、欧洲都竞相把武器库向伊拉克开放，而伊朗只能从朝鲜、利比亚等国得到微不足道的援助。

不仅在出售武器上削弱了伊朗，在封锁对方的石油出口上，伊拉克也得到了大量的外国帮助。由于双方为了不让对方把石油卖出去，都向驶往对方港口的外国船开火，西方国家派出了军舰保护商船。但是，这些国家只保护驶往伊拉克港口的商船，不保护驶往伊朗港口的商船，没有人再敢到伊朗去购买石油。

战争进行到最后，总是资金的比拼，与伊朗无钱可用不同，伊拉克却是要多少钱有多少钱。科威特和沙特阿拉伯等海湾国家是帮助萨达姆的大户，每年为萨达姆提供的资金不下600亿美元。萨达姆一时间成了国际债市的宠儿，人们纷纷借钱给他，西方国家、中东国家都成了他的大债主。

最让人感到惊讶的是，在对付伊朗的过程中，西方国家都在竞相帮助他发展大规模杀伤性武器。法国人帮助萨达姆搞核反应堆。而美国、德国、荷兰、英国、法国等几乎所有发达国家都卷入到帮助伊拉克购买或者制造化学和生物武器之中。

在战争的后期，伊拉克利用化学武器杀死了伊朗数万名士兵，并屡屡用来进攻伊朗平民，甚至对付国内的库尔德人，但由于帮助伊拉克已经成了世界巨大的阳谋，所有的国家都背过脸去，装作没有看见。

事后，人们会回忆起当初的举动多么荒诞，但在当时，在一窝蜂的行动中谁也没有感觉到有什么不妥。为了对付"那个国际幼儿园中被孤立的小丑"，就向另一个孩子手中塞满了枪。

萨达姆作为国际的宠儿一直坚持到了1988年。然后，两伊战争结束了。萨达姆又作为国际宠儿存在了三年。但是，在这三年里，他却意识到受宠是要付出代价的。

在两伊战争中，表面上萨达姆领导的伊拉克受到了普遍的欢迎，美国人为了限制伊朗而支持他，苏联人也卖给他武器，几乎整个阿拉伯世界都是他的后盾。但这些支持无不是短暂和不实惠的。当两伊战争结束时，伊拉克真正的情况是：

第一，虽然整个世界都贷款支持伊拉克打仗，鼓励他多借钱，但这些债务迟早是要还的。据统计，伊拉克欠下了800亿美元的外债。

第二，由于产油和运输设施的破坏，伊拉克的石油产量减少到几乎只有战前的1/6，直到海湾战争前才恢复。在没有修复期间，已经严重影响了伊拉克的经济收入。

第三，由于战争经济损失达到数千亿美元，伊拉克不仅无法还债，还进一步需要大量资金进行重建工作。

第四，由于战争的缘故，伊拉克军队人数翻了数番，加上它向东西方国家购买了大量的武器装备，当战争结束后，如何处理和保养这些军队和武器，一直是个头疼的问题。如果让他们都复员，这些军队可能会担心未来找不到工作吃不上饭而起来造反，如果保留军队编制，国家财政又受不了。这个时期是最容易失控的时刻，除非再进行另一场战争，给军队找事做。

而战争期间支持伊拉克的中东国家也并没有体谅它的难处，一方面，不肯减免伊拉克的债务，另一方面，又利用伊拉克的疲弱，不断地扩张石油产能，侵蚀伊拉克的石油份额。比如，伊拉克希望石油产出国协调一致，把油价维持在 18 美元一桶，以保证足够的利润，但是它的邻国和债主科威特却偷偷扩大了产量，将油价打在了 10 美元。科威特由于产量高，赚够了钱，而产量偏低的伊拉克成了受害者。

到这时，长袖善舞的萨达姆突然发现自己已经被绑上了一辆停不下来的战车。他的野心，加上整个世界如同耍猴一样支持他表演，却不肯付账，他用令人瞠目结舌的方式继续表演下去——出兵科威特。

出兵科威特，是伊拉克对于国内财政和经济危机的一种本能式反应，也的确能够缓解伊拉克国内的问题。一旦将科威特合并，伊拉克欠科威特的大笔外债就不用还了。并吞科威特的油田，伊拉克的石油储备和出口份额也会增加。另外，大量的军队有了新的事情做，不会危及政权了。

伊拉克的大军瞬间淹没了科威特。萨达姆仍然把自己想象成西方和阿拉伯世界的宠儿，他认为他能够得到这些国家的体谅。毕竟科威特是一个比伊朗小得多的国家，既然大家都支持他打伊朗，也不会为了小小的科威特和他玩真的。

但这次他大错特错了。入侵行动令世界意识到，看热闹的时候已经过去了，现在需要上阵了。但每个国家的目的又各不相同。

阿拉伯世界之所以反对伊拉克入侵，是意识到伊拉克正在走向称霸之路。特别是沙特阿拉伯，由于其军事力量比起伊拉克处于劣势，很担心伊拉克下一个入侵目标就是自己。所有阿拉伯国家都担心，一旦伊拉克取得了科威特和沙特阿拉伯，就控制了中东地区最大的石油资源，他的称霸就指日可待了。

至于西方国家，则认为这是一个形成中东军事存在的好时机。在这之前，外来势力虽然已经深深地介入了中东，但很难形成大规模的军事存在，只能依靠卖武器、进行代理人战争、组织维和部队的方法实施背地里的控制。而伊拉克的入侵让他们意识到，可以直接在中东驻扎大量的军队，形成大规模的军事基地，这对控制中东的油气资源尤其有利。

最经受不住伊拉克威胁的是沙特阿拉伯。沙特阿拉伯由于是瓦哈比派国家，在中东地区一直是最保守的势力，他们善于向西方销售石油，却反对西方价值观的侵蚀。但此刻，在形势的逼迫下沙特阿拉伯迅速向西方开放领土，各国则争先恐后地加入战团，首先向美国表示愿意提供军事基地的是沙特阿拉伯。萨达姆这才知道捅出了大漏子，即便他想回到过去也不可能了。

第一次海湾战争将伊拉克人逐回其国境线之内。萨达姆也从宠儿彻底变成了"坏孩子"和"软柿子"，别人怎么看怎么不顺眼，随时想捏一下。伊拉克政府又是基于国内的少数民族建立的，需要一定的权威才能维持统治，一旦失去权威就会垮台，所以必须表现得对世界不妥协（而实际上妥协了无数次）。

表面上看，世界是要消灭邪恶政权，保证伊拉克没有称霸能力，同时在国内实现民主，但这些目标虽然高尚，靠孤立和树敌的方式不仅无法达到，反而适得其反。

此时，伊拉克这个依靠强力捏成的国家立即出现了内乱。在伊拉克国内，有两种反政府的势力特别强烈：一个是北方山区的库尔德人区域，另一个是南方的什叶派区域。库尔德人在萨达姆政权衰弱时，立即组织了反抗，但被镇压了下去。而在南部的什叶派本来就是伊拉克的人口多数，早就不满于萨达姆的统治，也乘机起事，同样被镇压了下去。

但这两次镇压给其他国家进一步干涉提供了借口。加上化学武器问题，伊拉克成了一波又一波审查、一波又一波制裁的对象。直到2003年，西方决定再次出兵伊拉克，将萨达姆政权彻底摧毁。

萨达姆的遭遇也恰好说明这些长袖善舞的独裁者到底有多艰难。如果放开历史来看，一个人采取独裁统治强力捏合国家，并依靠在国际关系上的摇摆来保持国内的平衡，他往往能够坚持一段时间，却很难坚持一生。

在非洲的领导人中，有一个复杂的群体，我们可以称其为第二代领导人。到现在为止，非洲的领导人已经更迭了三代人，其中第二代领导人给世界留下的印象是最深刻的。

非洲的第一代领导人往往是领导独立的人，他们最大的特点是热情、真诚地相信人的力量，但是教育程度往往不足，这造成了他们大包大揽、敢于花钱的治国作风。然而，这一代领导人由于先天的不足，往往会将国家带入系统性的经济灾难，造成社会的不稳定。这时就会发生叛乱，一批军队出身的人开始上台执政，这就是第二代领导人。在这一代中，许多领导人都是文盲出身，对于国家治理更是一窍不通。但是，他们又有一个天生的本能，就是利用国际关系的夹缝获得生存权。

在美苏争霸的背景下，他们或者投靠美国，或者投靠苏联，获得经济和军事援助来维持自己的国内统治。

比如，东非国家乌干达的总统阿明（Idi Amin）就是一个善于表演的人。乌干达独立后，一个叫奥博特（Milton Obote）的人担任了总理（该国最初实行总理负责制）。在当时，乌干达是一个联邦国家，而在乌干达内部，还有五个王国存在，这些王国有自己的国王，保有一定的自治权，与中央政府充满了矛盾。由于国内矛盾过于复杂，最后奥博特解散了各个王国，形成了完整的共和制，也实现了自己的独裁。但由于奥博特无法获得社会的信任，于是到了1971年，军人出身的阿明将奥博特推翻。可以说，阿明的上台是获得了乌干达社会普遍欢迎的。但是，作为第二代领导人的阿明却是个文盲，并不懂得治理国家，他到底依靠什么样的方式来进行统治呢？

事实上，在他刚上台时，整个乌干达都陷入了狂欢的气氛中，这种气氛正是阿明煽动的。他释放了政治犯，许诺了各种改革，替换了腐败官员，坐在花车上在全国各地巡回演讲，宣布乌干达的盛世来到了。

表演完毕，接下来到了治理国家时，阿明发现自己跟不上了。于是，他决定采取联合大众打压少数派的做法，将乌干达国内的印度人驱逐了。印度人在乌干达是重要的商业群体，甚至可以说控制了工商业。乌干达人再次兴奋地陪着他一起瓜分了印度人的财富。

印度人一走，乌干达的经济就彻底崩溃了。阿明继续发明了新的策略：在国际夹缝中寻找支持者。此时，利比亚的卡扎菲恰好处于四处扩张的阶段，在国际上选择资助对象，于是和阿明对接上了，这样，乌干达就被纳入了卡扎菲幻想的阿拉伯革命的阵营中。而邻国扎伊尔（即刚果民主共和国，1971年改国名为扎伊尔共和国，1997年又将国名恢复为刚果民主共和国）的独裁者蒙博托是法国支持的，通过他，阿明又和法国搭上了线。乌干达本来是英国殖民地，法国认为将它拉进来，是对英国的羞辱，于是乌干达又沾上了英法攀比的光。当时苏联和美国也在对抗，阿明自然也不会放过，既然和英国人对抗，自然加入了苏联一侧。

阿明就靠这样的长袖善舞，给自己套上了一层层的保险套，希望这能够给他的统治带来足够的安全性。那么，他付出的代价又是什么呢？事实上，代价并不大，由于乌干达位置实在太偏，他国对其提不起太大的兴趣，他需要做的只是不断地表演，吸引足够的眼球就够了。还是那句话，世界大国并不十分在意所谓的道义，更不在乎对一个小国独裁者搭把手，他们在乎的是争霸格局，以及是否能对另一个阵营造成损害。

事实上，阿明的表演是很有娱乐精神的，当美国总统尼克松因为"水门事件"下台后，他发去慰问电报。当巴勒斯坦发动慕尼黑惨案，杀害了以色列的运动员时，他向联合国发去贺电，赞扬巴勒斯坦人和希特勒杀害犹太人的行动。当中苏发生边界摩擦时，他自告奋勇前来调解。他的行为遭到了世界其他国家的嘲笑，但他却清楚地知道这是表演给谁看的。果然，他的表演让非洲国家趋之若鹜。不管是在国内，还是在非洲，他都被看成是一个敢于反抗西方的英雄。于是，一大堆荣誉向他砸了过来。

1975年，阿明当选为非洲统一组织的主席。到了1977年，乌干达进入了联合国人权委员会。看上去，他的长袖善舞让他维持一辈子并不难。

但就在乌干达进入联合国人权委员会两年后的1979年，阿明却突然倒台了。原来，在表演过程中，阿明盯住了一个软柿子：他的邻居坦桑尼亚。当时坦桑尼亚正在经历经济崩溃，阿明认为从坦桑尼亚揩点油算不上什么大事，于是派兵进入了坦桑尼亚，试图占领一块有争议的土地。不想这次竟然捅了马蜂窝，坦桑尼亚立刻派遣大部队进入乌干达，摧枯拉朽一般推翻了阿明。阿明怎么也想不到，作为全球的大人物，到他倒台时竟然没有一个人愿意帮助他。而这，往往是一个长袖善舞人士的下场。

除了阿明，非洲还有着众多的强人们，比如扎伊尔总统蒙博托和中非共和国皇帝博卡萨投靠的都是法国人，中东的强人大都依靠苏联，还有一些以美国人为后盾。他们大都相信自己可以长袖善舞，但最终，在他们死后甚至死前，都将国家带入了一片混乱。即便那些能够熬到善终的，依然是人民承担了巨大的代价。

在这里，我们必须意识到，世界并非一片光明，事实上，由于强权争霸的存在，每一种强权几乎都有不讲道理的一面，为了达到一定的目的，他们并不在意牺牲几个遥远小国的人民。一个国家只有自己想办法避免产生那种游走在争霸夹缝中的领袖，避免成为国际争斗的棋子，才有可能最终成为幸存者。但这样的选择对于许多国家来说，依然充满了艰辛。

第四章

皮埃尔之惑

自由还是发展

在莎士比亚的戏剧中,曾经提到"生存还是毁灭,这是一个值得思考的问题"。也就是说,人类总是处于选择之中。对于新兴国家,在行使选择权时,问题比哈姆雷特还要复杂百倍。

这样的国家一旦独立,首先要面对的选择权是:到底选择人权还是主权。对于发达国家的人们来说,人权和主权是并行不悖的。但对于发展中国家,却可能成为一个"to be"和"not to be"的复杂的二选一问题。

在托尔斯泰的名著《战争与和平》中,塑造最成功的人物是主人公皮埃尔。在小说中,其余的人或者高尚或者卑鄙,但他们的生活总是有一个目标或者精神支撑。皮埃尔却是一个困惑的人,他的行动和思想不断地自我怀疑,甚至自我否定。在他的思想中,隐藏着一个重要的关于国家和个人的困惑,我们不妨称之为"皮埃尔之惑"。

在小说刚开始时,当沙皇宫廷里的人们咒骂拿破仑时,只有皮埃尔热情地为拿破仑辩护,他认为拿破仑代表的"自由、平等、博爱"精神才是人类的未来,而任何企图维持特权的阶层,都是和人权相背离的,其中就包括沙皇所代表的俄国统治阶层。

然而,随着拿破仑对俄国的入侵,皮埃尔却痛苦地发现,即便他依然相信人权,却不得不和祖国站在一条战线上,与自己曾经的偶像拿破仑作战。这是因为拿破仑入侵了他的国家,而他是个俄国人,必须抵御入侵者。皮埃尔为了"主权"不得不暂时放弃"人权"。

心中向往人权，却不得不服从于主权，这就是新兴国家的"皮埃尔之惑"。

在西方之外的国家和地区，人们大都有着同样的困惑，他们首先羡慕和学习西方的人权，希望向对方靠拢，但在和西方打交道时却发现，对方的人权只是针对内部的，不会把平等的人权扩散到其他地区。

印度的圣雄甘地接受了西方的人权教育，但当他在南非时，却发现事实上印度人永远不可能和英国人平等，而英国人也看不起印度人。要想让印度人和英国人平等，唯一的办法不是顺从，而是反抗，首先通过争取独立获得国家的主权，在两个主权国家的基础之上，才能求得两国国民在政治上的平等。

许多新独立国家都是在主权优先的原则下，通过与前宗主国的斗争而获得独立的。他们的第一代领导人大都是主权论者。他们之中许多人都曾经坐过前宗主国的牢，本身就是为了"主权"而牺牲了自己"人权"的代表人物，也往往要求人民达到和自己一样的道德标准。

可是，如果一个国家在独立之后，依然过度单纯强调主权，就又陷入了另一个陷阱之中。人们虽然拥有了主权，却可能在国家内部建立起复杂的阶层制度，使得阶层之间的压迫反而比外部压迫更加残酷，就像当初沙皇对待农奴一样。

因此，一个国家在没有独立时，人们往往会强调主权。一旦获得了独立，人们感受到了主权带来的压迫感，又会慢慢地转向人权。几乎所有的新独立国家都在主权和人权之间摇摆着。而其中的根源，则是人们对于平等的渴望和特权的痛恨，他们既痛恨来自不同人种的特权，也痛恨人种和社会内部的特权。

西方国家大都已经过渡到了争取人权的阶段，而许多后进国家却依然停留在以主权为首要目标的道路上。就这样，"皮埃尔之惑"依然在困扰着大部分的地区。

在那些存在严重的"皮埃尔之惑"问题的国家，统治者将这两种模式称为"自由还是发展"的问题,他们将人权称为自由,而认为只有在主权观下才能获得发展,其中隐含的意义是,只有牺牲了人权,才能获得发展。只有取得了足够的发展(比如达到了西方标准),才能去追求人权。

但大部分国家却停滞在了追求发展的过程中,他们发现,即便拥有了主权,强调主权,但在主权的大旗下追求发展,依然异常艰难,甚至会起到相反的作用,从而阻碍了发展。因此,这些国家的人民就长期地止步在自由(人权)的大门槛之外了。

那么,那些强调主权和发展的国家,为什么在主权的大旗下却很难求得发展呢?这主要是因为在行使主权时,人们往往错误地将"主权"和"自由市场"相对立起来,强调政府控制和官方投资。岂不知,一旦政府控制了经济发展的所有手段,他们不仅很难促进发展,反而会站到了社会发展的对立面。

计划还是市场

由于相信政府的力量,大多数的新独立国家都很容易选择一条与市场经济背道而驰的道路,一种计划经济的形式。今天,我们已经认识到,计划和市场都是一种经济手段,计划经济不等于社会主义,资本主义也有计划。但在当时,人们习惯于将计划经济等同于社会主义,这是认识上的局限。

这些国家之所以容易选择计划经济,一部分责任并不在他们的领导人,而是在于前宗主国。事实上,即便最提倡市场化的宗主国在对待殖民地时,也会选择一种类似于计划控制的方法,只准许殖民地发展他们允许发展的经济,避免与宗主国产生竞争,用殖民地的经济潜力为宗主国输血。这种控制就是一种变相的计划经济。可以说,人类的计划经济在很大程度上是和殖民主义一同成长的。

比如在印度,最信奉自由经济的英国对于印度的出口是管制的,农民们被迫种植鸦片和茶叶，但他们种植的产品只能卖给英国一家，再由英国人将茶叶送往英国本土，将鸦片送往中国和东南亚。这种计划经济的做法，直接决定了印度农村对于世界经济的认知。

当这些前殖民地国家独立后，由于耳濡目染的影响，他们的领导人首先想到的是继承宗主国对于社会和经济的控制工具，继续让经济服从于政治需要，从这个角度说，他们是都不信奉市场的。

但计划经济也并非全然是宗主国造成的，另一部分责任依然要由他们的领导人来负。由于和前宗主国斗争的胜利，新独立国家的领袖们往往非常自信，认为自己有能力控制一切事务，只有自己才能指导经济的发展。加之独立之后，领导人往往希望尽快拿出成果来证明独立的好处，于是提出了各种各样超越西方的目标，这些目标的实现，事实上都属于计划经济的范畴。

在所有的计划经济模式中，除了苏联、中国、南斯拉夫等国的理论之外，坦桑尼亚总统尼雷尔（Julius Kambarage Nyerere）也提出了一种非常经典的模式，并被广大发展中国家广泛讨论。

1964年，东非地区出现了一次划时代的事件：两个独立不久的国家决定合并成为一个国家。这两个国家是坦噶尼喀（Tanganyika）和桑给巴尔（Zanzibar）。坦噶尼喀位于非洲大陆部分，以国境上的一个大湖坦噶尼喀命名，而桑给巴尔是一个岛国，曾经长期被也门的阿拉伯苏丹占据，以伊斯兰教为主要信仰。它们合并之后，采用了坦桑尼亚（Tanzania）这个名字，也就是坦噶尼喀（Tan-）和桑给巴尔（-zan-）的土地（-nia）。担任坦桑尼亚总统和副总统的，分别是原来坦噶尼喀的总统尼雷尔，以及原桑给巴尔的总统卡鲁米（Abeid Karume）。

在非洲，许多新兴国家都有着很强的离心力，一旦独立就开始了痛苦的分裂过程，比如，埃塞俄比亚、苏丹、乍得、尼日利亚、刚果（金）、马里等都爆发过分裂战争，但只有坦桑尼亚是个例外，两个国家（坦噶尼喀和桑给巴尔）相信合并的好处大于分裂，在坦噶尼喀总统尼雷尔的操刀下，将国家

阿富汗喀布尔。帮我找回财物的复杂军团。从左至右分别是：阿米里探长、我的伙伴倪瑞迪、警察局长、我本人、劫匪所在地的长老。

阿富汗喀布尔。从空中望见的巨大监狱群。

阿富汗喀布尔鸡街扎希尔老人的商店内。阿富汗最时髦的地毯样式，绣满了各种武器。

阿富汗喀布尔。莫卧儿开国皇帝巴布尔的墓穴。阿富汗在历史上一直是文明的分界线，是丝绸之路上的交通要道，也是英俄大博弈的另一个主战场。

塞内加尔圣路易。内河里的船只。这里是法国在西非的第一个殖民地，后来法国攫取了西非的大部分土地。

缅甸仰光。摩诃班都拉纪念碑。缅甸在西方入侵前依然是一个强大的帝国，这造就了他们自尊和封闭的性格，最终被英国并吞。

坦桑尼亚基果玛。坦噶尼喀湖边的景色。坦桑尼亚由两部分组成，大陆部分称为坦噶尼喀，名称就来自这个大湖。

肯尼亚蒙巴萨。海边的耶稣堡。堡垒由葡萄牙人所建，是葡萄牙海上贸易帝国的重要链条。

埃塞俄比亚梅克勒。一位我遇见的女孩子。2020 年，梅克勒已经成为政府军与提格雷地方武装的战场，不知那里的人们是否依然安好。

乌兹别克斯坦撒马尔罕。美丽的姑娘和游客。乌兹别克斯坦曾经是极端保守之地，在苏联时期，形成了一个世俗社会，让人们不再担心这里会极端化。

伊朗霍尔木兹岛。葡萄牙人建立的霍尔木兹城堡曾经是控制波斯湾的重要基地。

泰国曼谷。民主纪念碑。在国王的领导下,泰国保持了独立,实现了现代化,并实行了一定程度的民主,让泰国成了东南亚的稳定剂。

越南顺化。最后一个皇朝的皇宫所在地。越南由于地域狭长，一直有着分裂倾向，因此阮朝的国王们选择将首都建在了中部地区，却依然无法克服离心力。

越南溪生战场。巨大的飞机残骸标志着这曾经是个著名的美军基地。

印度塞林伽帕坦。提布苏丹陵墓。提布苏丹是反对英国人的英雄,当他被消灭后,印度南方的抵抗势力逐渐衰落了。

印度迈索尔。迈索尔王公的宫殿群。迈索尔是印度的三大邦国之一,直到印度独立,才通过谈判的方式剥夺了土邦邦主的权力。

合并，并维系到了今天依然和睦相处。桑给巴尔之所以愿意与坦噶尼喀联合，在于之前它是由阿拉伯人统治的，当黑人依靠政变获得了政权之后，为了防止阿拉伯人卷土重来，只有和一个大陆上的黑人国家合并，才能保证黑人的长期执政，这就给了尼雷尔操刀的机会。

不管是什么原因，这次合并受益最大的是尼雷尔本人。他曾经因以和平方式让坦噶尼喀从英国人手中独立获得了名声，现在又和平地合并了另一个国家，更是成了地区的领袖人物。

尼雷尔也不愧为领袖，在所有的非洲领导人中，他是最具有理想精神、最温和又最无私的家长制领袖。他平易近人，身无余财，善于鼓动，对理想充满了热情。他在国际关系上显得很温和，即便实行计划经济，也没有和西方政府彻底搞僵，为国家争取了大量的外汇援助。

在坦桑尼亚，尼雷尔有一个专门的名字：姆瓦里姆（Mwalimu），在斯瓦希里语（东非流行的混杂了阿拉伯语的本地语言）中是"导师"的意思。但让他更加著名，甚至成为整个发展中世界的领袖之一的，还是他著名的理论：乌贾玛（Ujamaa）。

所谓乌贾玛，在斯瓦西里语中是大家庭的意思，它是一种集体农庄，意味着非洲特色的计划经济。1967年，尼雷尔发布了一个名为《阿鲁沙宣言》（Arusha Declaration）的文件，这份文件探讨了坦桑尼亚这样的不发达国家应该如何发展经济。虽然坦桑尼亚与世界关系很好，能够获得大量的援助，但尼雷尔却很清醒地知道，不能对外援形成依赖，一旦上了瘾，意味着大量的铺张浪费，以及高额的外债。

既然不能依靠外援，那么就只有一条路可以走：自力更生。

在非洲，自力更生必然以农业为主。由于还有许多人吃不上饭，只有把农业搞上去了，才能谈其他部门的发展。但是，在一个刚刚成立的国家，人民的素质都还很低下，如何才能认识到农业的重要性呢？显然必须靠政府的指导。于是，一个非洲特色社会主义框架就出现了。

尼雷尔的社会主义框架主要包括如下内容。

第一，实行一党制。这一点是为了统一人们的认识，加强政府的效率。

第二，在工业上，为了集中力量办大事，必须以政府和公有制为主导。他把大量的银行、工业都变成了国有企业，只保留了那些规模小、不重要的，继续由私人掌握。奇怪的是，当其他国家试图进行国有化时，往往会引起巨大的反抗，但在坦桑尼亚进行得却很平静。富人大多数是外来的白人和印度人，他们成了利益受损方，许多人选择了离开，但同情他们的人却很少，掀不起风浪。黑人大都是穷人，这个政策对他们影响不大。坦桑尼亚的工业本身也是小部门，政府的国有工业实际上许多是新建立的，私人感觉不到损失。

真正对普通人影响大的，是第三项政策，即建立乌贾玛。此时，已经是中国实行人民公社10年后，尼雷尔显然听说过中国的人民公社，他的乌贾玛也是依靠国家的强制力，让农民把土地聚集在一起，实行集体耕种。

中国的人民公社在一两年之内就推行下去了，坦桑尼亚的乌贾玛却推行了10年，才将人们都赶进了农庄。不出所料，乌贾玛也出现了和中国一样的弊端，导致了社会经济的紊乱。成立农庄的目的是为了增加粮食产量，但尼雷尔显然高估了人心，进入农庄后，反而没有人干活了，偷盗盛行，磨洋工严重。

除了农业，工业国有化也导致了大量的浪费，不管怎么提纪律性，怎么实行一党制，仍然无法解决效率问题。

到了20世纪80年代，人们已经看出，所谓的乌贾玛已经失败了。事实证明，当时的公有制和计划经济并不适应经济的发展，只会束缚社会，让人们失去创造性。到后来，不仅别人看清了，就连创始人尼雷尔也看出来了。幸运的是，和其他非洲领导人不同，尼雷尔是一个勇于承担错误的人，当他意识到自己的政策无法推行时，他辞职了。

1985年，改革失败的尼雷尔主动放弃了总统位置，将执政权交给了他的继任者。按照他本人的说法，他是一个理论家和思想家，却不是一个好的领导人。坦桑尼亚开始了经济自由化改革，由此进入了高速发展阶段。这或许是因为尼雷尔时期的经济已经糟糕到了极点，稍作改变，就开始了报复性反弹。

尼雷尔的乌贾玛也代表了一代非洲领导人的思潮，除了坦桑尼亚，采取类似措施的国家还有很多，且结果比坦桑尼亚更差。尼雷尔走了许多弯路，却保持了稳定，没有放松教育，这比起那些虽然有选举，却无法保证局势稳定，只能靠贿选和强迫来维持政权的国家已经好太多。

即便在非洲之外，计划经济依然是一个诱人的选项。事实上，自从20世纪初期苏联开始了计划经济的实践，就吸引了大批的追随者。即便在英国、法国、德国等欧洲强国内部，也有着学习苏联计划经济的流派，而在美国，罗斯福的新政也带着政府管制和计划的影子。苏联从一个落后的国家成了世界第二大强国，又吸引了更多新独立国家追随他们的步伐。

除了苏联之外，最早的计划经济影子可以在土耳其阿塔图尔克的改革中找到痕迹。土耳其在第一次世界大战中由于选错了边，到了几近亡国的地步，最终被阿塔图尔克拉出了深渊。自此以后，阿塔图尔克开展了社会方面的世俗化的改革，但在经济政策上，阿塔图尔克也赞同利用国家的力量推动经济发展。

我们可以把阿塔图尔克的经济政策称为国家主义，一个弱化版的计划经济。国家主义要求政府主导经济的发展和控制权。阿塔图尔克的国家主义政策包括：在农业上，国家采取倾斜政策，对农业进行鼓励。在工业上，政府建立国有企业，实现工业的超常规发展。

他的政策在农业上比较成功，但是，对于工业，政府的做法却浪费严重。政府主导投资往往会产生依赖性：政府投资最旺盛的几年，经济看上去在迅速发展，人民生活改善，但是政府一旦没钱，投资放缓，整个社会经济也立刻出现危机和混乱。

阿塔图尔克在政治和社会上的改革非常成功，掩盖了经济上的弱点。但在他去世后，土耳其却陷入了二元难题：所有继承他政策的政党，在社会进步和世俗化上毫不退缩，但他们却搞不好经济，因为他们也继承了阿塔图尔克的国家主义经济政策；而那些反对他社会化政策的宗教保守主义者，却总是能在经济上做得更好一些。现在的总统埃尔多安（Recep Tayyip Erdogan）是一位经济能手，却是个宗教保守主义者，总是希望土耳其回到伊斯兰教的关怀之中，从而给土耳其带来了极大的不确定性。

由于阿塔图尔克在土耳其的威望，带动了中东一大批的国家追随着他的改革步伐，于是土耳其的国家主义又传染了周边不少国家，其中伊朗、阿富汗等都是受害者。

在中东地区，还有一个著名的政党谱系，在许多实行共和制（非君主制）的阿拉伯国家内部都有同一类执政党，这类执政党毫不犹豫地反对宗教主义，站在了现代化和世俗化的轨道上，促进了社会的开化，但是这类政党都支持计划经济。

这些国家中，最著名的是埃及（纳赛尔时代）、伊拉克（萨达姆时代）、叙利亚以及埃及革命鼓舞的利比亚（卡扎菲时代）。

在今天的人们看来，不管是纳赛尔，还是萨达姆、卡扎菲、阿萨德，都是独裁者，但人们却往往忽视了他们曾经都有着正面的意义。这些人上台之前，所在的国家都具有宗教保守性，妇女们需要戴头巾，男人们遵守伊斯兰教规，而正是这些人依靠革命上台后打破了原来的宗教体系，建立了世俗化的共和国，从这点看，他们的革命是具有明确的进步意义的。

这些国家中，纳赛尔首先在埃及革命成功，推翻了国王，建立了共和国，在制度上采取类似于西方的政治体系。与土耳其的阿塔图尔克类似，纳赛尔在经济制度上采取了计划经济的制度，甚至将苏伊士运河收归国有。之后的埃及经济就进入了停滞状态。

埃及革命又鼓舞了利比亚，纳赛尔发动政变时的组织叫自由军官组织，卡扎菲在利比亚也建立了同样名称的组织，并且用几乎同样的方式发动了政变，建立了政权。但是，卡扎菲的国家也同样有计划经济的弊端。

在埃及和利比亚之后，阿拉伯世界出现了一股潮流，可以用三个词总结，那就是"世俗主义（非宗教）"、"共和主义（非君主）"、"社会主义（计划经济）"。

纳赛尔认为，阿拉伯世界也应该走现代化和世俗化，少一点宗教的东西，多一点科学的东西。在如何达到富强这个问题上，他认为阿拉伯世界不可能在西方世界寻找到公平地位，所以，需要联合世界上所有发展中国家形成独特的品牌，同时，在经济上实行计划主义和国家主义，进行国有化，由国家来推进超常规的发展。

世俗化和计划经济，这两块金光闪闪的招牌让纳赛尔在叙利亚和伊拉克出现了大批的追随者。这些追随者成立了一个政党，叫阿拉伯复兴社会党（Arab Socialist Ba'ath Party）。这个政党是一个跨国组织，在伊拉克和叙利亚都有活动，在其他许多国家也有影响力，并掀起了一股与君主制对抗的潮流。

1963年2月和3月，复兴社会党在伊拉克和叙利亚分别发动政变成功。成功之后，两国随即与埃及商量，希望将三个国家合并，纳赛尔也抓住机会与之进行谈判。虽然这次合并没有成功，但伊拉克和叙利亚的复兴社会党却在起起落落中保持了下来。

最终，复兴党的哈菲兹·阿萨德（Hafez al-Assad）和萨达姆·侯赛因分别掌控了政权，建立了准独裁统治。虽然是独裁统治，但纳赛尔理想中的世俗化和社会主义倾向却在两个国家中保持了下来。

由于有石油资源，伊拉克成了中东地区的富裕国家，计划经济色彩让总统萨达姆可以大权独揽，与外界发生了冲突，从而造成了一系列的战争。当美国人推翻了伊拉克的世俗统治之后，即便引入了民主成分，却依然无法阻止伊拉克在世俗化方面的严重倒退。

至于叙利亚，由于缺乏资源禀赋，发展并不如伊拉克，但在经历了重重危机之后一直保留到了现在。

在亚洲国家中，受到计划经济影响的除了中东国家之外，还有人口大国印度。

印度一直被拿来与中国进行比较，两国人口数量相当，但政治制度不同，常常被人们当作不同政治制度对经济发展贡献的比较例证。但事实上，印度与中国的经济制度差别比人们想象的要小。自从从英国殖民统治独立后，印度一直采取的是一种半计划经济的制度，或者叫政府管制式经济。

印度之所以崇尚管制，有着多方面的原因，其中重要的有：第一，印度是英国的殖民地，人们已经习惯于做臣民，却没有学会做一个管理者，他们将政府发出的一切都当作合理的予以接受；第二，印度独立时，世界依然处于对计划经济充满了好感的循环之中，不仅是印度本土，就连宗主国英国以及欧洲和美国都对神秘的苏联模式颇为推崇，左派经济学家们强调政府控制、计划经济，这都影响了印度一代的政治家。

印度开国领袖尼赫鲁本身就是一个拥有圣人情结的领导人，他在国际关系上提倡不结盟运动，而在经济上则采取了政府指导经济的模式。正是在这种思潮的影响下，印度将大量的国计民生行业都收归了国有，比如采矿、钢铁等，到印度总理英迪拉·甘地（尼赫鲁的女儿）时代，又把银行也收归了国有。

另外，对于民间经济，印度采取许可证制度。这使得民间如果要开办企业，必须获得无数的许可证，这些许可证又掌握在腐败和低效的官僚手中，使得民间经济几乎不可能发展。

对外贸易上，由于印度的殖民地记忆，使得尼赫鲁对于外贸充满了警惕，几乎抵制一切进口，把进口替代的重要性无限放大，采取了一种闭关锁国的制度。

在外交上印度也与西方国家主动拉开距离，和苏联走得非常近，并且试图在第三世界国家中寻找自己的定位。

计划经济制度的建立，使得印度变成了一个低效的国家，经济发展缓慢，腐败严重，也决定了印度一直到20世纪90年代初期，还处于贫困之中。

1992年拉奥（Pamulaparthi Venkata Narasimha Rao）总理上台后，开始了一次新的改革运动，以增加企业效率，减少政府管制，鼓励私人经济为目标，称为"拉奥革命"。这时，印度有了较快的增长，从这个意义上看，印度的改革比起中国的改革晚了十几年。

然而拉奥任职时间不长，他的改革运动释放的活力到了2010年前后就已经释放干净，印度又陷入了停滞之中。现任印度总理莫迪（Narendra Damodardas Modi）试图进一步经济自由化，他在担任古吉拉特邦的首脑时曾经做得不错，在他担任国家总理后，人们也曾经报以巨大的希望，印度经济也有过一波快速增长。但从目前的情况看，印度依然困难重重，要想打破长期积累的惯性，依然不容乐观。

除了印度这样积重难返的国家，还有另一类国家，这类国家曾经对经济进行过激烈的国有化，但时间不长，他们又迅速开展了私有化运动，获得了不错的发展。这类国家包括越南和伊朗。

以伊朗为例，伊朗曾经是亚洲少有的自由经济政体，在巴列维国王的领导下进行了著名的"白色革命"，试图完全向西方靠拢，进行经济自由化和政治宪政化。"白色革命"虽然可以促进经济发展，却无法解决公平问题，导致伊朗爆发了严重的反国王运动，将国王赶下了台。

之后上台的霍梅尼政权并没有响应人民改善生活的需求，反而不断地强化社会控制，向宗教社会转型，在巴列维时期可以穿超短裙的女人不得不戴起了头巾。

在经济上，霍梅尼也进行了国有化运动。在他的主导下，伊朗的经济事实上从自由经济进入了一种特殊的"党产"经济模式，革命卫队和伊斯兰共和党掌握了大量的商业和金融财富，将国家和政府架空了。

但霍梅尼掌权10年后就去世了，接下来的领导人由于缺乏足够的威望，无法维持强硬统治，于是只好采取了用放松经济管制来换取继续执政的策略。

从 1989 年起，伊朗又进入了放松经济、减少管制的道路。虽然这条路并不平坦，但至少保证了伊朗经济的活跃性。当然，伊朗经济中占比最大的石油资源依然掌握在军队和政党的手中，民间无法插足，但民间相当于用石油作为筹码，换取了政党对其他经济资源的放权。

在美国制裁伊朗之前，伊朗的社会和经济已经恢复到了革命之前，虽然妇女依然必须戴头巾，但政党在社会控制和经济控制上的放松，表明一个国家即便受到过管制，但只要及时地放松管制，依然可以恢复活力。

与伊朗相近的还有越南。越南在 1975 年完成了南北统一。在北方，早已经是计划经济的天下，但在南方直到 1975 年依然是自由经济。1975 年统一了政治和经济制度后，南方也变成了计划经济。如果持续足够长的时间，自由经济就在越南绝迹了。由于闭关锁国和计划经济对社会的破坏很大，越南人在 1986 年就重新确定了革新开放的策略。这意味着经济最活跃的胡志明市（西贡）等地，事实上只实行了 10 年的计划经济。在这 10 年里，市场的观念还没有来得及从人们的思想中拿掉，就又重新回到了人们的生活中。

由于转向快，使得越南改革的阻力甚至比中国还小。最近，随着中国的市场饱和，越南更是承接了许多产业转移的好处，进入了快速发展阶段。

成也开国者，败也开国者

在人权和主权的切换中，另一个巨大的阻碍是曾经带领人民获得独立的开国领袖们。

以印度领导人尼赫鲁为例，他带领印度从英国和平脱离，可谓居功至伟。但是在印度独立后，又是他引入了计划经济成分，使得印度无法摆脱政府管制，直到今天，印度依然深陷在尼赫鲁遗产中那些不利的方面，不断地尝试如何削弱这方面的遗产。

与尼赫鲁一样，开国领导人大都带有良好的愿望和坚决的行动力，希望在短时间内超越西方，显示出殖民地独立之后的优越性，但他们的知识缺陷，对社会和市场缺乏尊重，造成了新的问题。

除了尼赫鲁，在这些领导人中，最具有代表性的是率领加纳首先在非洲获得独立的恩克鲁玛。

与其他大多数非洲开国领导人不同，恩克鲁玛的文化层次并不算低。他出身于小商人家庭，当过小学教员，之后去美国留学。当时，世界正处于一个左倾的时代，恩克鲁玛在美国学习了黑格尔、尼采、马克思、列宁的理论，并组建了非洲学生联合会，开始了政治尝试。离开美国后，他前往英国攻读法学博士，又组织了西非学生联合会，还有一系列争取西非独立的斗争机构。到这时，社会主义和泛非主义成了恩克鲁玛最强大的两张牌。

恩克鲁玛回国后，由于他反抗殖民主义的坚定性，使得他取代了原本的温和派，成了黄金海岸（即独立之前的加纳）最受欢迎的人物。

按照英国人的设想，加纳的独立应该是渐进的，为此，他们在邀请当地人制定新宪法时，故意排除了激进派的恩克鲁玛，不想这给了他发动全面罢工的借口，并以暴力收场。虽然他被判了三年徒刑，但由于名声大振，竟然在监狱中被选为总理，从而领导了加纳的独立。

但是，独立之后的加纳人却发现，恩克鲁玛虽然是他们的财富，同时也是他们的包袱。作为总统的恩克鲁玛突然将加纳带入了无法承受的快节奏。

对于一个刚刚独立的国家而言，最迫切的不是变革，而是维持。当英国人、法国人、比利时人撤走后，如何维持稳定的政治运行？最好让人们感觉不到政权的变迁，该做生意的继续做生意，该教书的继续教书；政府照常运转，该维持秩序的继续维持秩序，该保卫安全的继续保卫安全。

但新独立国家懂得行政工作的人数量不足，要想维持现状也并不容易。这就牵扯到必须将前宗主国的人留下，继续为这些新兴国家服务。英国人虽然也很腐败和自私，但他们至少懂得如何避免任人唯亲、减少腐败、防止自私。而新兴国家的领导人普遍没有这种意识。他们在赶走了外国人之后，由于行政人员数量不足，总统总是倾向于任命大量的熟人，以为靠熟人就可以控制社会，靠人情就能避免腐败。但实际上，在总统身边会迅速形成一个核心腐败圈，让整个社会都对它充满了怨恨。

在行政治理上，他们也和总统一样毫无经验，当这些没有经验的人代替了制度，成为社会的主导力量之后，整个社会就进入了衰退甚至崩塌的阶段。

但这些开国者却往往看不到问题，只相信自己的直觉。毕竟是他们亲手领导了独立运动，眼看着一个不存在的国家从强大的对手手中挣脱而出。他们自信只要愿意，可以做成任何事情。从这个意义上看，他们不会放权，只会想抓取更多的权力。

当腐败横行时，他们不是考虑建设制度，而是认定这是自己权力不够造成的，只要能够控制国家的方方面面，可以看清任何人的任何行为，就可以杜绝腐败了。但事实上，谁也不可能掌握一个国家的方方面面，抓权的举动只会将更多的权力从宪法转移到总统的熟人小圈子，进一步破坏社会的正常运转。

恩克鲁玛上台后也总是感到权力不够，他推出了一系列的法律，剥夺反对党的权力，甚至认为反对他就是反对真理，就是犯罪。这种做法使得英国人当年制定的宪法失效了。

在经济上，一个政府如果想做更多的事情，势必要花费更多的钱财，政府花的钱必然都来自税收。加纳作为小国，能够承受的税收是有限的，如果负担加重，只会造成民间经济的凋敝，从而进一步影响国家的税收。

但经济问题必须要有一定的知识结构和经验才能明白，恩克鲁玛对此一窍不通。他浪费了太多的钱在许多不必要的面子工程上，却没有考虑到民间已经不堪重负了。

加纳的主要作物是可可，在独立之前，可可农属于加纳比较富裕的阶层，于是成了加纳政府主要的征税对象。为了向可可农征税，政府建立了一套统购统销的制度，可可农不得擅自买卖可可，必须由政府统一收购后，再卖给海外的商人。按照正常程序，政府应该根据市场价向可可农付钱，但由于政府总是缺钱，就故意压低收购价格，乃至恩克鲁玛执政的五年间，可可收购价格下降了60%，农民已经接近破产。

黑市横行，农民们不愿卖给政府。恩克鲁玛只好想其他的办法，建立了许多国营农场。但这些农场随后就进入了病态：岗位上充斥着领导的七大姑八大姨，却没有人去干活。恩克鲁玛为国营农场配备了不少进口设备，却没有人会用，也没有人去学。这些人不仅不能创造价值，反而成了社会的负担，只拿工资不干活儿。

当经济接近崩溃的边缘时，恩克鲁玛不仅认识不到这是因为自己搅乱了经济的正常运行，反而认为这是资本主义的弊端，解决方法应该是全盘国有化，实行彻底的计划经济。在这种基调下，他向苏联和东方寻求帮助，建立了更多的国有企业，希望通过投资大型项目来带动国家的发展。

不幸的是，他的大型项目大都是没用的。他建设了巨大的总统府，但这带不来效益。他建设了不少炼钢厂、造船厂，但这些工厂从建成的那一天开始，就由于规划不合理、找不到足够的技术工人、没有原料等各种原因停工。

更可怕的是，整个政府都缺乏最基本的财务知识，作为一个共和国，连国家财政数据都没有。总统并不知道国库有多少钱，也不知道一年的预算应该是多少。他只管拍脑袋想项目，签字，或者听别人描绘宏大的目标。到他下台时，加纳的国库早已空空如也，他下台很多年后，还会不知从哪儿冒出来他签字的项目。

到了1964年，对他的批评声音已经不绝于耳，为了压制批评声音，他取消了反对党，从而完成了从民主国家到半独裁国家的转型。

1966年2月，恩克鲁玛途经中国前往越南调解两越问题时，在加纳国内却发生了政变。这一幕也形成了巨大的讽刺，一方面，他正在从国家领袖变成世界领袖，有资格参与重大国际事件的调解。与此同时，他还总是组织各种类型的泛非主义大会，试图在非洲成立联盟，首领自然是他。但另一方面，他的本国人却都已经养不起这个世界领袖了。在加纳的周边国家，恩克鲁玛指责欧洲的新殖民主义者换了一种方式（经济）继续掠夺非洲，为此他支持各国的游击队，不仅让他们对抗白人，还对抗那些"屈从于"新殖民主义的国家，于是周边国家与加纳的关系恶化。在国内，恩克鲁玛不仅要在经济上从民间压榨更多的资金，还由于参与了太多的外事，让这个已经不堪的国家承担更多的外事负担。

领袖与民间的认知错位已经不可能通过对话进行修复，于是他被推翻了。

不管在非洲还是在亚洲，许多国家的第一代领导人都类似于恩克鲁玛，他们的下场有的比恩克鲁玛还惨，而有的则得到了善终，只是在他们去世后，他们曾经领导的国家却在继续颠簸。除了恩克鲁玛之外，几内亚的塞古·杜尔、塞内加尔的桑戈尔、科特迪瓦的乌弗埃-博瓦尼等都可以算是魅力型领袖，他们领导了国家独立，却又有大搞个人崇拜的一面。但是，桑戈尔最终以放弃权力的方式让塞内加尔走上了一条民主之路，而剩下的两人却坚持不下台，给国家留下了一个烂摊子。

在所有魅力型领袖中，中国人最熟悉的莫过于津巴布韦的穆加贝以及南非的曼德拉。这两个国家都是黑人经过斗争从白人手中获得了政权，两人都有计划主义的倾向，没有能够领导国家走出经济衰落。南非由于时间还短，何去何从依然存在争议，但对于津巴布韦和穆加贝，世界却充满了惋惜。

事实上，如果只看津巴布韦黑人掌权的前十年，穆加贝应该获得更加正面的评价。1980年黑人掌权后，津巴布韦是一个矛盾重重的国家。在这里，土生白人拥有全国一半左右的土地，且这些土地都是最好的，他们还控制了津巴布韦的工商业，而白人人口却不到津巴布韦总人口的5%。

穆加贝上台后，最紧要的任务是如何在黑人白人之间取得平衡：如果维持现状，意味着黑人的普遍贫穷和不满，早晚会发生骚乱，或者利用政治影响力将白人逼走；如果强行把白人土地分给黑人，白人就会流失，他们代表了津巴布韦最主要的技术人才和商业人才，一旦白人走了，这个国家经济也就垮掉了。

唯一的办法只能是，黑人政权必须允许白人在一个较长期的时间段内继续控制经济，寄希望通过时间，让黑人逐渐获得白人的土地和其他经济资源。这里最难的是，黑人必须等待足够长的时间，让白人和平地将一部分资源转移出来，同时又不能让白人感觉到痛苦和压迫。这需要极大的技巧才能做到。

穆加贝在一开始近乎于做到了。他一掌权，就受到了全世界的普遍赞扬。他对英国人大胆地承诺，津巴布韦的经济制度十年内不做改变，还给白人保留了一定的政府职位，甚至把两个部长名额送给了白人，这一系列措施给白人吃了定心丸。

在土地上，由于过于不公平，必须做出一定的改变。穆加贝的土地政策叫"愿打愿挨"政策，也就是建立在双方自愿原则上的土地转移。首先，在战争中有一部分白人已经离开，如果有的土地实在找不到主人，就由政府出面分配给没有土地的穷苦黑人。但这部分土地只是少数，更多的土地仍然掌握在白人手中。

其次，津巴布韦鼓励白人自愿出售土地，白人资源出售时，可以自行规定土地价格，这些土地一部分由私人购买，另一部分由政府出面进行购买。政府购买了土地后，再根据各地的情况，发给没有土地的黑人。在交易过程中，政府刻意避免任何强迫成分，一切都出于自愿。为了鼓励津巴布韦的和平转型，英国政府也参与进来。由于津巴布韦的白人大都来自英国，英国也希望能够帮助津巴布韦在白人无痛苦的基调下完成转型。津巴布韦最缺乏的是购地资金，于是英国政府筹措建立了一个资金池，当津巴布韦政府从白人手中购买土地时，一半的费用出自这个资金池，津巴布韦政府实际只用出资一半就可以了。

在这种制度的安排下，经过10年，白人将手中掌握土地的20%卖给了黑人和政府，保留了其余80%的土地（也就是总量的40%左右）。

在和平、安定的资源环境中，不管是保留了土地的白人，还是新获得了土地的黑人，都爆发出了极大的热情，共同创造了津巴布韦独立之后的繁荣，经济增长迅速。

当时，国际上之所以如此称赞津巴布韦，还和需要一个榜样压迫不远处的南非结束种族隔离制度有关。只有津巴布韦的局势得以平缓过渡，才能让南非的白人放松警惕，自愿让渡出统治权。

然而成也南非败也南非，到了20世纪90年代，当南非在津巴布韦的号召下，完成了黑白交权之后，津巴布韦却突然间出现了急剧的恶化。

这一方面是由于穆加贝也犯了第一代领导人的普遍问题，过于相信自己的权力，消灭了反对派，另一方面也是世界风向转变的结果，津巴布韦原本是作为南非的榜样存在的，既然南非已经转变，这个榜样受到的关注度也降低了，来自世界的援助也少了。

与此同时，随着穆加贝政权的迅速扩大，他的派系中众多的山头需要抚慰，政府对于财政的需求大大增加。购买土地分给农民的政策，也使得政府变得入不敷出。如果要想摆平国内众多的势力，光靠财政补贴是不够的，必须将更多的土地分配给支持者，才能解决眼前的困难。

在"愿打愿挨"政策下，白人卖出的土地是有限的。当人们看到过了10年白人才卖出20%的土地时，已经有越来越多的人等不及了。

穆加贝的土地政策就进入了第二阶段：在这个阶段，政府被授予了强制力，以公众利益的名义征用白人的土地。但为了给白人以交代，规定白人仍然可以根据市场价，要求合理的补偿。

这个阶段成了津巴布韦土地改革的关键时期，白人曾经相信穆加贝的诚意，照常经营着本国的企业。这时，许多人开始怀疑政府是贪得无厌、没有止境的，在一个黑人统治的国家，占据经济优势的白人迟早会被剥夺掉财富。他们纷纷向海外转移资产，减少甚至关闭本国的企业。津巴布韦的经济出现了大幅度下滑。

那些分给了黑人的土地，也没有好好利用。在白人手里时，白人随时可以向银行借钱，购买新设备，维持土地的高产出。但黑人并不懂得治理，也无法从银行贷款（他们还没有积累足够的信用），土地虽然分下去了，产量却大幅下滑。他们把土地看成是财富本身，只是守着，而不是用于生产。

与此同时，随着政府权力的增加，围绕着穆加贝却形成了一个既得利益集团。在最初的土地分配中，还能考虑到贫苦黑人的利益，尽量将土地平均分配给穷人。随着政府权力的加大，土地逐渐从穷人转向了富人，于是腐败出现了。津巴布韦成了世界上最腐败的国家之一。

随着白人对津巴布韦失去信心，英国新上台的工党首相布莱尔（Tony Blair）也撤掉了津巴布韦土地补偿金，不再对这个国家进行补贴。在英国提供资金之时，津巴布韦政府虽然有钱购买土地，但英国资金也造成了土地价格过高的局面。随着政府征用土地过多，已经没有能力按照市场价格给予白人补偿了。英国停止支付，穆加贝开始名正言顺地没收土地。于是，津巴布韦的土地改革进入了第三阶段：政府征收土地，且没有补偿。在这个阶段，土地改革也骤然加速，将津巴布韦的白人阶层迅速消灭。

到了世纪之交，津巴布韦已经破产了。由于白人离开后，社会经济垮掉了，一半以上的人陷入了失业，通货膨胀高达60%，有70%以上的人陷入赤贫。

为了应付新来的挑战，穆加贝必须寻找一个新的全民公敌，树立一个靶子供大家发泄，于是，最后一批有钱的白人不幸就成了这个靶子。2000年，穆加贝修改宪法巩固权力，却在全民公决中以45%对55%失败了。这次失败成了导火索，10天后，各地民众开始轮番向各地的白人农场进军，他们袭击白人，占领农场，甚至杀害那些为白人干活的黑人。这次运动将津巴布韦残存的经济报销了。

随着津巴布韦局势的恶化，国际上开始制裁它针对白人的暴力活动，全世界的资本市场也由于津巴布韦无法还债而关闭了大门。一场完美风暴终于形成了。

与土地改革并行的是津巴布韦的超级通货膨胀。由于世界资本市场对津巴布韦关闭了大门，津巴布韦国内的经济彻底崩溃，原本"非洲的粮仓"连自给自足都达不到，也没有多少东西可以用于出口，外汇储备彻底枯竭。而政府需要花钱的地方却越来越多，最后只好依靠印钞来解决。

1980年刚建国时，津巴布韦货币津元是与美元挂钩的，汇率与美元不相上下。在整个20世纪80年代，由于经济仍然在增长，通货膨胀还不算特别高，最高也没有超过20%，有的年份仍然保持了个位数。20世纪90年代，通货膨胀已经到了每年20%到40%之间，世纪之交时达到了50%以上。

2001年，是津元贬值高峰的开始，这一年，津元贬值达到了112.1%，第二年，就已经接近200%，第三年高达598.75%。这时，津元就已经彻底失控了。2007年，津巴布韦通胀达到了66212.3%。2008年7月份的通胀达到了231150888.87%，11月更是达到了创纪录的79600000000%。

在这个过程中，穆加贝也从人们口中的英雄变成了恶魔。但平心而论，他本人的变化并没有人们想象的那么大。在他的长期执政中，贯穿着一根主线，那就是用尽量少的痛苦，完成津巴布韦的经济和财富从白人向黑人的转移。这样的转型是这个国家必须面对的，即便换成其他人，也必须要做这件事。

在津巴布韦失败后，南非也步入了转型的艰难期，他们同样需要考虑如何在减少白人痛苦的前提下，完成财富向黑人转移。南非黑人政权的创立者曼德拉同样无力做到这一点，但他选择了及时离任，将解决问题寄托在后人的智慧上。虽然我们无法预料南非改革最终的方向，但也许，曼德拉的选择给了世界更大的希望，希望南非能够渡过难关。

两个国家的对比

虽然开国领导人往往会采取集权和计划经济的手段，但也有另一种领导人却顺应了时世,帮助国家顺利地度过了颠簸期。这在新兴国家中极为少见,却并非完全绝迹。

在东非,有两个国家可以作为鲜明的对比,其中之一是我们在前面提到的坦桑尼亚,这个国家在开国者尼雷尔的率领下步入了计划经济的泥沼,所幸尼雷尔发现势头不对,决定辞职,将市场化和自由化改革的机会留给了后来人。

除了坦桑尼亚之外,东非的另一个国家肯尼亚,在领导人的率领下走了一条全然不同的道路,让我们看到了新兴国家的另一种可能性。

人们现在到东非之后,会对两个国家不同的风格留下深刻的印象,其中坦桑尼亚的基础设施要差些,这主要是由于它们较晚才走向自由经济的道路,但坦桑尼亚的文盲率却较低,人们也更加有纪律,在转入自由经济后的后劲可以期待。而在肯尼亚则是另一种风格,这个国家似乎永远处于混乱之中,却又总是能够在混乱中保持秩序,不发生动乱。

与坦桑尼亚一样,肯尼亚也是世界上抢劫、偷窃的高发区域,但在政治上却一直保持着连续性,从建国后至今没有发生过政变和大的对内镇压。它的政府极为腐败,贫富差距巨大,但是经济却非常活跃,一直处于增长之中。

它周围的国家中,除了坦桑尼亚曾经陷入了计划经济的泥沼,剩余的国家则更加悲惨。卢旺达发生过种族灭绝;乌干达出过非洲最著名的独裁者之一阿明;苏丹发生了国家分裂,至今分裂形成的南苏丹依然处于战争之中;埃塞俄比亚是灾难复杂深重的国家,既有过皇帝的黑色独裁,又有过一段红色政权;索马里则陷入了四分五裂,索马里海盗几乎成了世界对它的唯一认知。只有位于中央的肯尼亚泰然处之,在一片混乱之中悠然自得,这一点非常难得。它的人民总是处于吵架之中,却从来没有大打出手。

肯尼亚的稳定性也带来了巨大的好处,如今,外国资本要想前往东非地区,首先的落脚点大都选择肯尼亚。虽然人们都知道这里的警察和官员非常腐败,时常要靠贿赂才能通行,但这里至少还有规则存在,只要努力,事情都可以走通。外国资本在肯尼亚落脚后,再前往周边国家发展。

说了它的许多好处,人们也应该看到它的问题。由于放任自由的方式,肯尼亚比起邻居坦桑尼亚来也有不少的弱点,文盲率高于坦桑尼亚,贫富差距巨大,这样的社会适合发展商业,但制造业潜力已经不如坦桑尼亚和北面的埃塞俄比亚。

肯尼亚首都内罗毕(Nairobi)是东非的贸易、金融枢纽。市中心高楼林立,市郊却有着世界最大规模的贫民窟,两者共同构成了这个非洲大都市。

这种肯尼亚风格,代表了新兴国家发展最自然的样本。如果一个国家在独立后没有陷入内战、政变和外来入侵,也没有发生分裂,没被独裁者所侵蚀,而是按照它自然的节奏发展下去,那么就有可能变成另一个肯尼亚。

肯尼亚今天的特性,要归功于它的国父肯雅塔(Jomo Kenyatta)。1964年,肯雅塔在对英斗争中成了肯尼亚的国父。这个国家在独立之前采取首相制,英国女王仍然是名义上的国家首脑,但独立后转变成了总统制,国家元首变成了黑人总统。

肯尼亚虽然独立了,肯雅塔却并没有像邻国的尼雷尔那样立刻开始雄心勃勃的社会主义计划,试图在国家的金字上打下独创的标签。肯雅塔的性格中带着点花花公子的特征,没有表现出雄心壮志,更没有对英国及资本主义的深仇大恨。

他似乎是一个无所作为的人。他的确在理论上提出,要实行非洲特色的混合经济,一定的社会主义加上一定的资本主义。但是在实践时,也许是因为他太懒了,实在懒得将理论变成现实,于是肯尼亚就顺着原来的惯性走了下去。

在独立之前,来自英国的白人控制了不少土地和企业。独立之后,这样的政策照样继续下去。肯雅塔没有想到要去没收这些人的土地,而是仍然坚持着资本主义的方向,继续鼓励他们经营。唯一不同的是,鼓励白人的同时,也鼓励黑人开办企业。

另外，肯雅塔对于政府官员也没有任何限制，只要他们愿意开办企业，都是允许的。结果，很快，肯尼亚的黑人政府官员、知识阶层纷纷创业，建立了一批企业，10年间黑人企业或者股份已经占据了肯尼亚的半壁江山。

虽然黑人当官的多了，但是肯雅塔也并没有清理政府中的白人雇员，在技术性的职位上，白人继续干着他们的活儿，与独立之前没什么区别。后来随着黑人竞争力的提高，白人雇员的数量少了，但这更是一种自然竞争的结果，政府的强迫性不大。

肯雅塔也曾经想要通过赎买的方式，将一部分白人土地转移到黑人手中，也的确做了一小部分，让一批黑人获得了土地。但由于行政效率低，做得很不彻底，到最后土地问题的解决也主要靠自然流转，而不是政府。

当时的非洲国家总是陷入站队的麻烦之中。由于处于"冷战"时期，它们不是选择资本主义阵营，就是选择社会主义阵营，以期获得更多的援助。肯雅塔虽然在经济上实行放任自由主义，但在外交上却保持中立，和哪一家都保持良好关系。当然，他和英国的关系仍然是最好的，这是因为可以从英国拿补贴。

由于处于东非，与印度次大陆只隔着一片海洋，肯尼亚也是印度人出海闯荡的最佳地点之一。这里的印度人控制了小买卖和一定的金融行业。肯雅塔对印度人的打击让这个阶层受到了很大的伤害，许多人移民英国，离开了肯尼亚。

肯雅塔执政的那些年，人们形容他的自由放任，认为总统干活，无非是等睡醒了，带着他的班子四处转一转，指点一下，晚上唱唱歌、跳跳舞，结束一天的生活。总统几乎什么都不用做，只是顺其自然地让肯尼亚人民自己找事儿做罢了。但谁也不明白，为什么唱歌过后，肯尼亚经济就继续发展了。当周围国家一片混乱时，肯尼亚人却享受着难得的和平气息。

当然，对肯雅塔也不能过于神化。实际上肯雅塔的放任自流也带着许多问题。没有解决的问题就会积累下来，总有一天会造成混乱。

另外，由于他对官员不加限制，肯尼亚的腐败在他的任期内就有很强的苗头。官员们借助权力为自己牟利，由于全国处于增长之中，人们也不大在乎。当这种行为成为全社会的风气时，就有可能会失控。

事实上，肯尼亚一直是一个贫富差距很大的国家。肯雅塔实行的政策有利于经济发展，但不利于缩小贫富差距。这个问题迟早会爆发，只是被拖到了他死后。

肯尼亚虽然实行多党制选举制，但在肯雅塔时期，一直是执政党一家独大，肯雅塔没有必要对选举做太多限制就可以顺利当选。到了他执政末期，已经有人对他的地位提出挑战，抨击他的不作为和资本主义倾向，肯雅塔只是简单地将反对者抓起来，不予理睬。他有足够的威望，人们仍然爱戴他。而当他去世后，继任者如果没有这个威望，就可能将这种独裁倾向变成真正的独裁。

1978年，肯雅塔去世。接替肯雅塔的是副总统莫伊（Daniel arap Moi）。在莫伊时代，肯雅塔留下的问题开始爆发。莫伊不具备肯雅塔的威望，无法获得人们无条件的支持，对于反对派，他必须依靠镇压的手段，才能保持一直在台上。在担任总统四年后，莫伊通过法律规定了肯尼亚的一党制，当时反对他的人正要组织新党参与竞争，从此成为非法。接着，莫伊通过审查资格的方式，让所有批评他的人都失去了竞选资格，他终于可以长期任职了。

由于没有了批评者，莫伊的亲信集团变得更加腐败和不受控制。肯尼亚的腐败深入到了每一个角落，政府官员公然向外国人索贿，警察随意抓人和勒索，法官们根据案件的严重程度订立收费标准，中饱私囊。在肯尼亚，没有什么事情是钱不可以搞定的，从开办企业到杀人脱罪，只要给钱都可以解决。

然而奇怪的是，莫伊政府虽然腐败，但肯尼亚的经济仍然是东非最好的。莫伊统治时期，周边国家要么处于大屠杀前夜，要么刚刚经历独裁。莫伊政府在整体方针上没有改动肯雅塔的政策。这里仍然实行重商主义和放任主义的政策，也没有闭关锁国。准确地说，是莫伊政府无力控制社会的每一方面，给民间经济留下了大量的机会，使得肯尼亚仍然一枝独秀。

肯尼亚如同一个现代潮流中颠簸的传统之舟，没有规划，没有助推，掌舵人不仅无力掌控，还要监守自盗。但这个小舟却因为保持了政权的稳定性，躲过了更大的灾难，跟随着潮流漂到了现在。

莫伊虽然也曾经镇压甚至暗杀反对派，但肯尼亚的反对派仍一直存在。1992年，当人们再也不愿意忍受莫伊的独裁和政治高压，开始反抗时，莫伊表现出了强硬的姿态。但随后，国内发生了小规模骚乱，国际社会对莫伊政权进行制裁，取消了对肯尼亚政府的援助。

作为非洲外向型经济代表的肯尼亚一遭受制裁，莫伊就受不了了，立刻屈服。于是，肯尼亚修改了宪法，将多党制引回了政治之中。肯尼亚总统一直是没有任期限制的，现在这个漏洞被堵上了，最多两届。宪法修改不能追溯既往，所以莫伊还可以连任两届。

肯尼亚的政治稳定表现在，即便人们对莫伊很不满，即便人们知道他作了弊，但人们并不是考虑立刻暴力推翻他，而是将精力集中在10年后，并认真准备10年后的大选。从这一点看，肯雅塔时期建立的对宪法的尊重已经保留了下来，人们学会了在宪法之下做事情。

2002年，莫伊在徒然挣扎之后，不得不怆然下台。反对派领袖基巴基（Mwai Kibaki）在竞选时差点遭到暗杀，在车祸中受了伤，他竞选获胜后，就坐着轮椅参加了就职仪式。内罗毕人山人海欢呼莫伊下台。

肯尼亚人民并没有形成秋后算账的传统。莫伊下台后，不仅没有被追究，还时常出席一些政治性活动。由于他对政治和国际形势都熟悉，他还被任命担任过苏丹的和平特使。肯尼亚社会被每一个强人打下了烙印，但不管是好是坏，它都带着这些烙印继续前行，而不是试图将它们擦去。

基巴基以反腐的口号上台，但在他还没有任完第一个任期，人们已经知道，依靠他不可能完成反腐的任务。在肯尼亚大酱缸之中，新来者首先必须学会贪污，捞够了钱，才能顺利地执政。政客们上台已经形成了一个术语，叫"轮到我们吃饭了"（It's our turn to eat），这也成了一本畅销书的名字。

由于基巴基过于不受欢迎，2007年的第二任选举中，他在充满争议的选举中勉强获胜。到底他是否真的当选已经不重要，这成了骚乱的契机，在肯尼亚充满了混乱的历史中又加上了一笔，这次骚乱造成了上千人的死亡。骚乱的结果是基巴基不得不做出让步，在分权协议中，让他的对手奥丁加（Raila Amolo Odinga）担任了总理一职。

肯尼亚的政客们熟练地控制着制度平衡，不让这座大厦倒塌，但又获取各自的利益。至于肯尼亚的社会，在骚乱之后，虽然裂痕加大，却仍保持着足够的稳定。

肯尼亚代表了稳定的一翼，但那些采取过计划经济和大政府的国家又怎么才能走出来呢？

当第一代领导人让人们失望之后，国民们开始指望第二代领导人。但第二代领导人的表现却让人们大吃一惊。非洲和亚洲等地的第二代领导人有不少选择了独裁，以对抗第一代领导人。

以恩克鲁玛之后的加纳为例，恩克鲁玛倒台后，短短的十几年时间，加纳经历了两次军政府时期和两次共和国时期，一共七位总统如走马灯一般匆匆走过。如果要总结加纳这段时间的走向，可以归结为一代不如一代。恩克鲁玛虽然不懂得治理，却怀有很深的理想色彩。推翻他的是安克拉（Joseph Arthur Ankrah）中将，中将建立了第一军政府，他本人还算正直，也不失理想色彩，却同样无法控制无孔不入的腐败问题。在一次受贿丑闻中，安克拉怆然下台，将位置留给了阿福里法（Akwasi Afrifa）准将。

阿福里法也不是个恋权的人，意识到无法利用军人统治来发展加纳，必须还政于民选政府。于是，在他的张罗下，加纳第二共和国仓促出台，阿福里法在经过了短暂的过渡期后，将政权让出。

但第二共和国只存在了三年时间，就遭遇了连环军事政变。1972年，阿昌庞（Acheampong）将军推翻了第二共和国，加纳进入了第二次军政府时期，也是最坏的时期。这时，独立之后所有的理想色彩都已经褪尽，参与政权就是为了利益。

阿昌庞执政五年后，再次被推翻，政变的是阿库佛（Akuffo）中将，但阿库佛的位子还没有坐稳，就又遭遇了连环政变，将他推翻的是罗林斯（Jerry Rawlings）空军上尉。

我们可以以恩克鲁玛和罗林斯为界，将加纳领导人分成三代，其中恩克鲁玛是第一代，这一代人有理想，相信自己的力量，却并没有给国家带来和平。第二代领导人没有第一代领袖的理想主义，又由于是在殖民地时期长大的，缺乏必要的教育，他们许多都是军人，依靠政变上台。他们最大的诉求是保持权力，但由于缺乏必要的政治经验，只能依靠本能，建立起一个个的政治怪物。

在加纳，恩克鲁玛之后、罗林斯之前的历代领导人都可以归结为第二代。到了罗林斯，开始思考加纳的问题，他试图将前面的历史做一个结束，再开启一段新的历史。

作结的方式也很特殊，1979年6月，罗林斯把能够找到的三位前总统都抓了起来，分别是阿福里法、阿昌庞和阿库佛，又抓了五位军方的高级将领。这八人在经历了死刑判决后，被枪决。

清算了上一代之后，罗林斯试图恢复加纳的秩序，再次开始了建立民选共和国的尝试。在他的安排下，加纳第三共和国匆忙登场，并有了一位民选的总统李曼（Hilla Limann）。但他也是第三共和国的唯一的总统，这个共和国存在的时间比第二共和国更短，到了1981年，罗林斯再次发动兵变，推翻了亲手建立的第三共和国，开始了另一次军政时期。

但幸运的是，作为第三代领导人的罗林斯并非是一个迷恋权力的人，此时经过了诸多的混乱，加纳更多的人都在思考怎样帮助它走出混乱。

在罗林斯执政的前两年，加纳的经济继续向着恶化走去。为了控制腐败，罗林斯采取了更加严厉的手段对付官僚，但随即社会又由于他的严厉，反而更加失控了。从恩克鲁玛开始，加纳一直实行计划经济的制度，推崇政府控制下发展大企业、大工程。这些企业没有给社会带来效益，反而侵蚀了大量的社会福利，造成了腐败和贫穷。罗林斯反腐时，随着政府对官僚和企业的控制力加强，许多人不敢做事，经济更加瘫痪了。

经过反思，罗林斯认定，问题的根源出在了加纳采取的国有经济制度，正是这种制度消耗了加纳的经济活力，给了政府官员过多的控制权，最终导致了一系列的问题。

从1983年，加纳开始了一次不声不响的经济革命，在大力引进海外援助的同时，接受海外的监督，进行经济私有化、行政透明化、取消补贴和价格管制。加纳在经过了恩克鲁玛、军政府折腾了20年后，终于又找到了经济发展之路。随着自由市场的恢复，加纳也成了西非发展最快的国家。

到了1992年，加纳的社会已经足够稳定，可以举行一次多党制的大选了。罗林斯开始重新制定宪法，这已经是加纳的第四部宪法。根据宪法规定，加纳实行多党制民主制，总统一任四年，最多只能任两届。罗林斯作为总统候选人参与了选举，成了加纳新的民选总统。

2001年，罗林斯两届任满，他挥手离去。他指定的政治接班人并没有能够接班，而是败给了反对派，加纳完成了第一次政党轮替。

与加纳一样，许多国家也经历了三代领导人的轮替，才最终步入较为平坦的阶段。如果说第一代领导人是靠激情来引导民众，如果说第二代领导人大都是既没有理想也没有能力的"独裁者"，那么第三代领导人确实展现了不同一般的独特性。

第三代领导人大都经过了正规的教育，许多人是大学生。他们有了足够的政治学知识储备，知道选举和民主的重要，也明白发展经济必须依靠民间而不仅仅是政府计划。

比如，乌干达曾经在第二代领导人阿明手中陷入了极度的混乱，但到了第三代穆塞韦尼手中时，他将乌干达带入了发展的轨道。乌干达的邻国卢旺达更是在经过了大屠杀后，在新一代领导人卡加梅的手中获得了稳定和发展。

在新兴国家中，经济发展和政治民主一直是两个最重要的议题，有的国家能够实现暂时的经济发展，却由于政治上的独裁，无法过渡到民选阶段，从而回归了混乱和经济失速。能够像加纳这样，经过了混乱，回归到民主制和发展的轨道上，是极大的幸运。

第五章

世俗化：民主制也无法解决的难题

阿姆河两岸的天壤之别

世界上最麻烦的海关口岸，莫过于从阿富汗到乌兹别克的"海拉屯（Hairatan）——铁尔木兹（Termez）"关口。这里曾经是丝绸之路上最重要的线路之一，那些从中亚前往印度的人们几乎必然要从这里经过。对于中国人来说，最著名的事件，莫过于唐代的玄奘也曾经过这里前往印度。但此时，由于两国截然不同的安全形势，曾经熙熙攘攘的交通要道却很少有人到达，一天之内过境的，算上当地人也不会超过百人。

以我在 2016 年的经历为例，要想前往这个在历史上极度繁荣、现在却偏僻异常的关口，人们必须坐飞机从阿富汗的首都喀布尔前往阿富汗北部城市马扎里沙里夫（Mazar-e-Sharif）。之所以不能选择陆路，是因为两座城市之间的道路被塔利班控制了。塔利班原来大都活动于南部地区，但后来阿富汗东北部突然出现了一股塔利班队伍，对东北部地区展开了攻势，并在 2015 年和 2016 年，两次攻入了东北部的大城市昆都士（Kunduz）。他们还沿着昆都士道路南下，不断地袭击各个军事据点和小城镇，威胁着北方的道路系统。

大部分人去往北部都选择飞机出行。飞机从喀布尔起飞后，穿越了兴都库什山，不到一个小时，就在兴都库什山的北麓降落。从这里往北是巨大的巴克特里亚平原，马扎里沙里夫恰好位于山麓与平原相接的地方。

从马扎里沙里夫到乌兹别克斯坦边境还有一百多公里的路程，我先从机场乘出租车到达市区的东部边缘，再乘坐共乘出租车前往边境城市海拉屯。出租车出发不多久，就看见许多军人在路边盘查来往车辆，将一辆辆车都拦下逐个检查。

在排队等候检查时，司机突然回头看了我一眼，做了个抹脖子的动作，我下意识地将头巾拉了一下，盖住了脸庞。

这里是军阀杜斯塔姆（Abdul Rashid Dostum）的领地，军人穿的服装与阿富汗政府军并不一样，他们手中拿着AK47，每过一辆汽车，都拉开车门检查人数，再打开后备箱，有人从司机手中接过小费，然后放行。

他们检查了我们的汽车，没有发现异常。由于阿富汗有一个民族叫哈扎拉人，他们本身是蒙古人的后裔，长相与中国人非常近似，因此在阿富汗，只要穿上当地的服装，中国人往往很难被发现。当司机递上小费后，士兵把我们放了过去。离开了检查线，司机回头朝我笑了一下，继续前行。

一个小时后，公路已经是沿着阿姆河南岸前行，而河的对面就是乌兹别克斯坦了。"乌兹别克斯坦！"共乘的乘客指着对岸羡慕地告诉我。不过我们又沿着河岸走了十几公里，才到达了边境城市海拉屯。

在阿姆河上，只有一座桥沟通了河两岸的阿富汗与乌兹别克斯坦，这座桥叫友谊大桥。任何人要过境，都必须经过桥两端反复的检查手续。首先在阿富汗一侧要先进入一个士兵把守的大院，院中央有一栋建筑。这栋建筑就是边检站，需要先在一个房间检查行李，然后到另一个房间盖离境章。在盖章的同时，边检人员会给一张小纸条，上面写着编号。拿着护照和小纸条，穿过建筑，进入另一个小院子，在小院子的出口处将纸条交给警卫，出了门，就算正式出了阿富汗的管辖区，而门外正对着的就是友谊大桥。

在大桥中部，一条细线代表着两国的国界。阿富汗一侧没有人守卫，而在乌兹别克斯坦一侧，两位荷枪实弹的士兵虎视眈眈地望着几十分钟才有一个的行人。

过了友谊大桥，就来到了乌兹别克斯坦境内。边防警察身材高大，与我的矮小形成了鲜明的对比。他检查了我所有的材料，示意我在那里等待。他们似乎在等待着我有所表示，我微笑着不予理睬，一个多小时后，他终于忍不住了，挥挥手将我放行到下一关口。

乌兹别克斯坦的海关很大，从一个办公室到下一个办公室要走数百米。下一关是盖入境章。又是长时间等待，入境官才不情愿地盖了章。

但这仍然不是结束，接下来是填写报关单。这份报关单是用俄语写成的，在海关人员的帮助下，我连猜带蒙用英文填完了。在海关人员检验我写的单子时，另一个人过来将我带走，要求检查所有的行李。我只带了一个不大的背包，按照正常情况，只需要几分钟就可以检查完，但他却检查了足足三个小时，才算完成。

乌兹别克斯坦海关检查行李是这样的：首先将所有物品从包里拿出来，然后，对每一件衣服的每一个衣角、每一条缝都必须捏过，确保衣服中没有夹带东西。另外，虽然我只有一个背包，背包里却放有两个小包。每一个小包也都必须打开，确保里面没有违禁品。

在检查行李的同时，他把我的手机要过去，拿给了另一个人，让他帮忙检查我是否在边境处有拍照。我的手机中有数百张照片，检查员一一认真核对。接着，检查又进入了下一个环节：相机。

我的相机中有1000多张照片，大都拍自巴基斯坦和阿富汗，检查员认真地履行着职责。这次他让我站在了旁边，每翻出一张，就让我说一下这是哪儿。他还在偷偷地观察着我的神色，希望通过我的表情锁定嫌疑。检查完毕，下一个环节是电脑。

检查员命令我打开电脑，他会利用关键词搜索文件，熟练地调出搜索程序，利用文件后缀名来锁定视频文件和照片。搜索的结果让他倒吸了一口凉气：电脑中一个视频都没有，却有上万张照片！他们检查手机和相机的照片已经累坏了，面对突如其来的上万张照片，终于显得不耐烦了。检查员的速度在不由自主加快，有时候只是打开一目录，扫一眼，让我解释一下。

检查了不到一半，他终于放弃了，把电脑还给了我。就在我认为已经过了关时，他突然把我带进了一间小屋，小屋没有窗户，在微弱的灯光下显得有些诡异。他告诉我，必须对我进行搜身。

只有做完了这一切，他们才会放行，此时距离我进入乌兹别克斯坦境内已经过去了五个小时。检查员友好地帮我收拾好行李，临出门前，还竖起了大拇指。整个搜查过程都是在友好的气氛中进行的，并没有剑拔弩张的压迫感。但是手续却一个都不能少。

那么，乌兹别克斯坦的移民官为什么要这么认真地检查每一个人呢？其中一个原因是为了罚款，只要有发现任何违禁品或者不该拍摄的照片、色情品，人们就会受到高昂的罚款。另一个原因，则是阿富汗和乌兹别克斯坦之间鲜明的对比。

在进入阿富汗海关之前，经过的是小镇海拉屯。这个小镇显得极其贫穷、破旧，男人们都留着大胡子，穿着长袍，除了汽车、武器等现代化的东西之外，人们的穿着、房屋都像古代。女人们则完全罩在黑色或者蓝色的袍子里，身体没有任何部分露出来，甚至连眼睛部位都覆盖着用蕾丝做成的网状帘子，透过这张网，女人可以看到外界，但外界却看不到女人的眼睛。

仅仅在一桥之隔的乌兹别克斯坦，却是完全不同的景象。乌兹别克斯坦也并不是富裕的国家，但它的城市却已经进入了现代化的范畴之中。房屋的外面带着苏联模式的秩序感，但内部却装饰着蓝色或者黄色的墙壁，带着丰富的饰物，这种装饰风格即便放在中国也并不落后。

许多城市的建筑都带着漂亮的花园，人们悠闲地在花园里散步，仿佛早就习惯了和平与稳定的社会环境。

更重要的风景是乌兹别克的少女，她们穿着带着民族风格的长裙，露着满头的秀发，毫不羞涩地在街头漫步，望见陌生人，那转头的一瞥更让人体会到了中亚女子的婀娜多姿。

也许读者看到这里，会以为我对乌兹别克斯坦过于美化了。这里曾经是苏联的加盟共和国，也带着遗留下来的许多问题，它的经济发展也是停滞的，政治依然带着一言堂的痕迹，留给未来的问题很多。

关于乌兹别克斯坦的不足，所有的说法也是可靠的。可是，只要在一天内去过阿姆河的两岸，对阿富汗与乌兹别克斯坦作个对比，立刻就能明白它们的差距有多大。阿富汗在战乱之后，还是一个没有任何世俗化的国家，但乌兹别克斯坦已经完全世俗化了，这里人民的生活已经和世界其他地方没有多少区别，男男女女在城市里抛头露面，不用担心重新回到宗教的束缚之下。

我在乌兹别克斯坦小城铁尔木兹的花园里喝着咖啡，望着那美丽的少女，才感慨自己回到了现实的世界。

事实上，在近代，阿富汗和乌兹别克斯坦的境遇却是相反的。阿富汗从19世纪末，就一直以西化和现代化为目标，历代国王进行了不少改革，并在20世纪上半叶终于取得了突破，让人们充满了期待。直到20世纪80年代，阿富汗的女人依然可以在外面工作，穿世俗服装，抛头露面，女孩子也可以上学，在街上玩耍。女人都获得了解放，更不用说当时男人的自由度了。

反过来，乌兹别克斯坦所在的中亚自从近代，就一直是最闭塞和落后的地方，这里信奉的伊斯兰教是最虔诚的。

但数十年后，两个地方的状况却出现了反转，乌兹别克斯坦的世俗化已经取得了天翻地覆的变化，即便在苏联解体后，也依然坚持了下来。苏联留给乌兹别克斯坦许多拖累，却给了它一个最大的遗产。而阿富汗却倒退成了最保守的国家，世俗化成果灰飞烟灭，这不得不让人感到惋惜。

历史证明，当一个传统国家开始追赶世界时，人们通常首先把精力放在经济上，但更重要的，却是首先要将国家世俗化，脱离原来的宗教或者传统社会，世俗化是可以有效保证其他的改革成果的。在这里，世俗化是第一位的，超越了其他任何改革。

甚至当国家无法兼顾世俗化和民主时，那么首先要保留的应是世俗化。因为一旦失去了世俗化社会，其他的成果都会慢慢消失，不管当初作过多少努力。

三个国家的世俗化命运

在中亚和西亚地区的三个国家，恰好诠释了世俗化的重要性。

从欧洲直到南亚的路上分布着三个国家，分别是土耳其、伊朗和阿富汗。自古以来，欧洲的人们要想从陆路到达印度，这三个国家都是必经的。现代人们到达土耳其，会发现这里是一个相对世俗化的世界，虽然现在的土耳其总统埃尔多安一直想让土耳其回归宗教，但走在土耳其街头，依然能够感觉土耳其的世俗化成果是持久的，伊斯坦布尔大街上的女孩子昂首阔步地走在街头，不用担心所谓的头罩问题。人们的思维也更加现代，对现代事务完全不排斥。

而在伊朗，这里的女孩子们上街都必须佩戴头巾，否则会被风纪警察抓起来。这里的毛拉们仍然是政治的一部分，霍梅尼和哈梅内伊的画像挂在了各处。不过伊朗比起阿富汗依然要好很多，阿富汗的年轻女孩除非把自己装进布袋一样的袍子里，否则是很难上街的。三者的差别在街头就一目了然了。

然而从20世纪的上半叶直到70年代，这三个国家却都处于世俗化的努力之中，甚至存在竞争关系，它们你争我赶，试图并入西方文明的轨道。但由于领导人采取了不同的路线，最终得到的结果却截然不同：土耳其闯过了世俗化这一关，到了今天，即便领导人想要退回去也是阻力重重；而伊朗则虽然依然不情愿地转身回到了宗教的统治之下，却也保留了一定的世俗化成果；至于阿富汗则没能守住世俗化成果，不得不回到了传统的轨道上，令人扼腕叹息。

三个国家追赶西方文明的改革都可以追溯到19世纪，但真正结出成果都是在20世纪。

先看土耳其。土耳其在19世纪就有苏丹领导的改革尝试，以及青年土耳其党人领导的改革运动。这些改革运动发生时，土耳其还是一个大国，因为整个中东地区都还在土耳其的统治之下，而在欧洲部分，许多东欧的土地也是土耳其的领地。历史上的土耳其统治着从非洲直达中东,再囊括了东欧、希腊的大片土地,是仅次于阿拉伯帝国、蒙古帝国、罗马帝国的超大型帝国国家。如果土耳其能够较早改革成功,也许它就能保持更多的领土。

然而,土耳其直到第一次世界大战后才痛定思痛,下决心进行彻底的改革。之所以这样,是因为土耳其到这时几乎处于亡国的状态。第一次世界大战之前,土耳其在欧洲的领地逐渐被奥地利哈布斯堡王族侵占。东欧的斯拉夫人、巴尔干人和希腊人,原来都是奥斯曼的属民,也开始了争取独立的斗争。非洲的埃及也已经在穆罕默德·阿里(Muhammad Ali Pasha)的领导下获得了事实上的独立。只有亚洲的阿拉伯地区和高加索的亚美尼亚和格鲁吉亚承认土耳其的宗主权。

在第一次世界大战中,土耳其更加悲凉,由于站错了队,土耳其和德国人一起并肩战斗抵抗英法等国,一战结束时,它莫名其妙成了战败国,并且是待遇最差的战败国。

德国和奥匈虽然战败了,毕竟它们还属于基督教内部的国家。土耳其作为伊斯兰国家本来就是异己,欧洲国家对它瓜分起来没有任何怜悯之意,完全是从利益考虑。于是,在英法等国的主持下,土耳其剩余部分被瓜分。

按照胜利者的计划,两个高加索小国被分离出去;而原来的阿拉伯领地则被分给了英国和法国,在英国分得的土地上现在变成了埃及、以色列、巴勒斯坦、约旦、沙特阿拉伯和伊拉克,而在法国分得的土地上如今变成了叙利亚和黎巴嫩。这些还是土耳其帝国的外围,更让土耳其人绝望的是,就连他们生活的土耳其本土(现代土耳其共和国的土地)也将被瓜分。这个国家的最大城市伊斯坦布尔和博斯普鲁斯海峡将脱离土耳其,成为一个国际共管的城市;小亚细亚南部地区被分给了意大利,而希腊则将土耳其的海岛全都拿走,甚至想要占据爱琴海岸地区。

如果按照这样的瓜分,土耳其将变得大约只有现代土耳其大小的1/3,并且还是最没有价值的土地,可谓结结实实的亡国。

这时，土耳其人才意识到不改革就是死亡的道理。于是，他们聚集在英雄凯末尔（后来称阿塔图尔克）的旗帜下，将希腊人、意大利人击败，在丢失了外围的情况下，保卫住了本土，特别是伊斯坦布尔和南方海岸。如今到土耳其，人们会发现南方海岸目视距离之内的小岛，竟然都不属于土耳其，反而属于希腊，他们会感到无比惊讶，但考虑到历史上土耳其曾经差点连海岸都保不住，可以说，这已经是当时最好的结果。

也正因为经历过一次这样的历程，土耳其人感激将他们从深渊中救出的阿塔图尔克。正是这种遭遇，让阿塔图尔克获得了在别的国家无法获得的权威，能够随心所欲地进行改革。哪怕人们心里并不赞成，却不敢忤逆他，更不敢阻挠。毕竟如果不是阿塔图尔克，这个国家都不存在了。而在伊朗和阿富汗，虽然国王们也在进行改革，但由于他们的权威不够，改革受到了更多的掣肘。

如果阿塔图尔克是一个野心家，完全可以通过人们的拥戴变成一个新的苏丹，但他是一个强烈的共和主义者，也是一个彻头彻尾的世俗主义者。

从1923年10月29日成为土耳其共和国总统，阿塔图尔克所做的唯一事情就是世俗化和现代化。为了实现这个目标，他甚至不惜采用实质性的独裁，冻结了多党制，规定总统可以连选连任。他也不吝于利用武力镇压反对派，审判、流放、封报馆，只要能维持土耳其稳定和按照既定轨道前进的事情，他都会去做。

在这种实质性独裁下，他启动了一系列的改革措施，可以总结为六大主义，分别是：共和主义、世俗主义、平民主义、改良主义、民族主义和国家主义。后两者的内容较直观，在这里我们只解释前四项。

所谓共和主义，是指虽然他保留了独裁的权力，却有意保留共和国的架构，人们在他死后能够较为顺利地过渡到多党制和共和国。为了保证共和国不会被野心家所劫持，回到君主制或其他乱七八糟的形式下，阿塔图尔克对土耳其的法律系统进行了重大改革，按照西方观念重写了刑法、民法和商法。

司法改革打击最大的是土耳其的宗教势力。

所谓世俗主义，是指除了对法律系统改革之外，阿塔图尔克还在生活方式上针对伊斯兰宗教势力进行打击。他担心未来教法势力会成为阻碍土耳其现代化的最大障碍，试图在自己活着时用强力将其击碎。在他采取的措施中，有的也非常可笑，他倡议禁止土耳其的无沿帽子，男人如果戴帽，必须戴欧洲式的宽边帽。穆斯林典型的特征大胡子和面纱也受到了人们的嘲笑。另外，为了与西方合拍，土耳其采纳了公历体系，不再使用伊斯兰历，休息日也改为周末而不是星期五。此外，在保护妇女权益上，阿塔图尔克也大踏步前进。他授予了妇女选举权，并规定男人不能再按照穆斯林法娶四个老婆，只能娶一个。他强迫达官贵人的妻子抛头露面，并鼓励她们从事各种工作，或者参加政治。他废止了许多苦行团体，没收了他们的庙宇，关于伊斯兰的教法课程也全部被清出了公立教育体系。

所谓平民主义，就是土耳其的平权运动。在废除了外国的特权之后，阿塔图尔克宣布所有的人民都拥有相同的权利。但是，如何保证所谓相同的权利呢？如果经济基础和教育问题无法解决，那么所谓的平权就是空谈。所以，在经济上他注重占土耳其人口大多数的农民问题，免去了什一税，也减少了其他税收。而在教育上，他大力推行义务教育，消灭土耳其占总人口80%的文盲。在教育中，他甚至将土耳其的文字系统都改掉了。在之前，土耳其使用的是阿拉伯文字系统，阿塔图尔克按照拉丁字母系统创立了新的文字。1928年，所有的政府文书都不得再用阿拉伯文，全部改用新土耳其文。所有的报纸必须使用新文字。一夜之间，所有的人都变成了文盲，大家在平等的基础上重新学习文字。这一改革取得了惊人的效果。当精英和平民都站在同一起跑线上重新学习语言时，各种资源迅速到位，书本、报纸出现了惊人的发展，与之相伴的是文盲率的大大降低。土耳其摆脱了阿拉伯文字后，也从阿拉伯浓郁的宗教氛围中摆脱了出来，更加贴近于西方。

所谓改良主义，就是要避免革命和暴力，采取改良主义的做法，不断地改革，利用小步慢跑但是不停歇的方法来化解应力的积累。

通过这一系列激进化的改革，土耳其变成了一个准西方的国家。虽然它的人民大部分还是信奉伊斯兰教，但政教分离的原则却建立了起来，土耳其的政治是建立在西方化宪政之上的。

阿塔图尔克去世后，他的接班人伊诺努又开放了党禁，从而完成了从实质性独裁向西方式民主制的转变。关于阿塔图尔克的独裁，也有人认为这也是有帮助的，因为毕竟只有他有足够大的威望，推动整个社会不加反抗地执行着所有改革指令，换成另外的人，土耳其的世俗化改革必定无法如此彻底，一旦回潮，可能所有的成果都保持不住了。

阿塔图尔克之后的土耳其共和国并非一帆风顺，他去世后，保守势力依然试图恢复伊斯兰传统。在土耳其20世纪的政治中，一直是左右两派之间不断地斗争，左派是坚定的世俗派，却在管理经济中失利，这是因为他们总是试图采取一部分计划经济的做法，用政府指导经济；右派是发展经济的能手，却总是试图恢复宗教传统。两者之间的斗争让土耳其社会和经济摇来摆去。但阿塔图尔克培养了一支以世俗化和现代化为理想的军队，这支军队平常对政治是旁观的，可是只要有一方偏离了阿塔图尔克的既定方向，军队就会将这一方利用军事政变推翻，从而保持阿塔图尔克的世俗化成果。

直到21世纪，随着现任土耳其总统埃尔多安执政，才将军队势力镇压下去，作为右派的他在发展经济的同时，不断地试图将土耳其拨回到宗教轨道。但是，由于土耳其的世俗化已经存在了近百年，即便埃尔多安动了不少手脚，土耳其的世俗化依然是伊斯兰国家中最成功的。

阿塔图尔克的世俗化和现代化成果鼓舞了与土耳其接壤的伊朗，以及与伊朗接壤的阿富汗。这两个国家在第一次世界大战后都处于国王的统治之下，也都有心进行同样的改革。只是由于缺乏榜样，国王无法全力与国内的保守势力作斗争。随着土耳其的成功，两个国家找到了榜样，于是紧锣密鼓地跟随着，加速了改革。

当时，阿富汗国王阿曼努拉汗的岳父马哈穆德·塔齐（Mahmud Tarzi）恰好在中东看到了土耳其的改革，将之介绍给了自己的国王女婿。阿曼努拉汗立刻决定按照土耳其的模式，准备利用一代人的时间，在政治、教育、司法领域都有所突破。他甚至请来了土耳其顾问进行指导。

根据土耳其经验，要想改革，必须首先有一支忠诚和强大的军队作为支柱。阿富汗也进行了对位改革，辞退了年老和思想落后的军官，清退杂牌军，并在阿富汗建立了新的募兵制度。之前，在村子里选谁去参军，是地方官员决定的，但阿曼努拉汗则引进了一种抽签机制，由中央政府直接根据身份证号码抽签决定，这就避免了军队和地方官员的联系。

稳定了军队之后，阿曼努拉汗推出了阿富汗第一部宪法。这部宪法规定了阿富汗实行世俗制度，所有宗教都获得平等权利。伊斯兰宗教法官曾经是阿富汗强大的司法支柱，宪法规定世俗制度的同时，必须将审判权从宗教人士手中收回。作为对应，国王创立了新的司法系统和立法系统，宣布保护普通人权利，并授予了妇女相当的社会地位。

仅仅从条文上看，土耳其和阿富汗的某些做法甚至不比西方差。在西方的20世纪初期，妇女的选举权和社会权利也没有达到平等，在英国和美国，女性选举权都是经过了几轮斗争才获得的。

但在阿富汗宪法的实施阶段，国王首先要解决的是经费问题。如果改革，必须花钱，要想花钱，财政改革又必然成为突破口。阿富汗最大的问题是特权阶层太多，占有了大量的土地，却享受着免税的特权。国王取消了大量的津贴和特权，规定土地征税也是平权的。在财政支出方面，阿富汗大力发展教育，建立了一系列的学校，特别是规定了妇女受教育的权力。

在阿富汗的西面，就在阿曼努拉汗开始激进改革时，伊朗也以特殊的姿态加入了现代化的狂飙。

伊朗的改革是和一个叫礼萨汗（Reza Khan）的人相联系的。1921年，礼萨汗武力取得了伊朗卡扎尔王朝（Qajar Dynasty）的领导权，将国王架空，同年，礼萨汗控制了议会，两年后，担任了帝国首相。1926年，礼萨汗被议会选举为新的国王。礼萨汗之所以能够顺利地夺权，是因为1879年波斯国王为了军事现代化，模仿俄国建立了一支新式部队，称为波斯哥萨克旅（Persian Cossack Brigade）。这个部队就如同是伊朗的北洋军，逐渐控制了政局，不过最初旅的指挥官都是俄国人。第一次世界大战后，俄国人撤走，作为本土职衔最高的军官，礼萨汗就顺理成章地控制了波斯哥萨克旅。

从礼萨汗上台开始，阿富汗的现代化突然出现了一位竞争者，双方仿佛进入了心照不宣的比赛之中，成为世界上当时最急于发展的两个国家。

与阿富汗国王遇到的问题一样，礼萨汗也没有足够的权威进行改革。阿塔图尔克救国于倾覆，从而获得了必要的威望，但阿富汗和波斯国王却没有这样的优势。阿富汗的阿曼努拉汗的做法是废除与英国人之间的一个小条约，这个小条约签订于一战之前，要求英国人支付给阿富汗国王一笔钱，同时阿富汗让渡一定的外交权给英国。废除之后，阿富汗国王可以宣称，是自己领导阿富汗摆脱了英国的控制，从而在国内获得了一定的尊重。礼萨汗也依样画葫芦，废除了一个类似的条约，从而将自己装扮成了波斯的大救星。

为了改革，首先要结束伊朗内部四分五裂的局面，制服各地的部落首领。礼萨汗采取了激进的军事行动，一一把部落势力降服，形成了中央集权的国家。中央集权的另一个问题是财政。为了击碎国内势力，礼萨汗不惜雇佣了一个美国人来管理财政。

然后，他利用国家的力量来推行土耳其式的改革。伊朗的教士阶层成了牺牲品。礼萨汗在立足未稳时曾经和教士有过妥协，而一旦站稳了脚跟，立刻开展了世俗化的运动。他的皇后不戴面纱出现在公众面前，当听说有教士批评他这么做时，他立刻穿着军装皮靴、开着车赶往了清真寺，当着众人的面用鞭子抽打批评他的人。到了1935年，他干脆废除了社会上妇女佩戴面纱的习俗。

除了对习俗的改变之外，礼萨汗还加强军队，宣扬民族主义。礼萨汗宣扬的不是伊斯兰教,而是从伊朗的古代史里寻求养料,他不断地宣传伊朗是古代波斯帝国的继承人,推行波斯语,压制其他少数民族。

阿塔图尔克在土耳其为了去除阿拉伯影响,把土耳其的文字彻底从阿拉伯字母改成了拉丁字母。伊朗没有这么彻底,还是采用了阿拉伯字母,但仍然尽量将波斯语中的阿拉伯元素去掉,形成更加纯正的波斯语。

他大力发展教育,建立了许多现代学校,并且,他把学校教育体系向妇女开放了。

在经济上,礼萨汗也像阿塔图尔克一样是个国家主义者。他相信通过国家的力量来推进经济改革,包括建立基础设施、国有企业。这些措施导致了伊朗官商的发展,成了人们未来批评他的把柄。

阿富汗和伊朗这两个国家就如同是在竞赛一样,既然你发动了改革,那么我一定要进行更多的改革。他们的目标都是阿塔图尔克式的,一定要完成现代化,保持国家在世界棋局上的独立性,使得古老的国家能够焕发出生机,不被欧洲集团所淘汰。

然而,这两个国家始终没有取得阿塔图尔克的土耳其所取得的改革环境。它们开始改革狂飙时,面对的国内和国外的压力都很大。土耳其之所以改革成功,除了国内的服从之外,在国际上,由于它是依靠与英、法、意、希多个国家打仗,才避免了被瓜分,国际势力面对土耳其总是感到心虚,加上阿塔图尔克真诚地学习西方,使得西方对土耳其的改革更加接纳,没有产生太多的压力。但对于阿富汗和伊朗,就不享有这样的地位。

简单说,阿曼努拉汗的改革毁于国内,而礼萨汗的改革受制于国外。

1929年,阿富汗国内一支极端保守性力量在一个号称哈比布拉汗(King Habibullah Kalakani)的流氓无产者的领导下,攻克了喀布尔,造成了阿曼努拉汗的流亡。哈比布拉汗所打的旗帜就是反抗改革,他对阿富汗的社会造成了极大的破坏。

之后,另一位王室后裔纳迪尔沙(Mohammed Nadir Shah)击败了哈比布拉汗，重建了阿富汗王权。但阿曼努拉汗这个首要改革者的失败，却预示着阿富汗无法清除保守势力，也无法完成世俗化的重任，这个缺陷直到20世纪80年代再次爆发出来，导致了最保守的"圣战者"和塔利班。

而对于伊朗来说，最大的问题却来自于外部。礼萨汗是一个不擅于处理外交关系的人，在他的后期，由于石油问题屡次与英国人发生冲突，他甚至在"二战"期间试图与德国人亲近，牵制英国人，这触及了国际关系的底线，于是他在1941年被推翻了。

在他之后，伊朗王位让给了他的儿子穆罕默德·礼萨·巴列维（Mohammad Reza Pahlavi），也就是伊朗的末代国王。

作为伊朗历史上最坚决的改革国王，礼萨汗塑造了伊朗现代化的基础，却因为国际问题，表明他既无法在国际冲突中置身事外，也无法清理国内的保守势力，这导致了20世纪70年代伊朗突然间回归宗教，它的世俗化也失败了。

民主救不了世俗化

当一个国家世俗化没有完成时，其余任何的改革措施都可能因为宗教保守势力的阻挠而变味儿，最终导致改革的失败。在这样的国家即便想实现民主，依然有可能因为大多数人赞同宗教，而导致利用民主规则将宗教强加给社会。

这一点，就像当初希特勒在魏玛共和国的上台，希特勒虽然完全敌视共和国，但他却是利用共和国合法的宪法规则而上台的，是德国人民最终在他的蛊惑下，通过选举让他上了台。只是上台之后，他立刻动用一切力量摧毁了共和国体系，从而建立了极权国家。事实上，世界上许多保守势力都试图采用同样的方法，首先利用合法规则上台，再利用权力摧毁这个规则本身，达到长期控制国家的目的。

2014年5月，埃及人兴高采烈地选择了一个军人塞西（Abdel Fattah el-Sisi）作为总统，并授予他巨大的权力，让他几乎拥有了独裁的力量。

而在三年前的2011年，埃及人刚刚推翻了另一位独裁者穆巴拉克（Hosni Mubarak），将这位独裁者关进了铁笼子进行审判。在不到一年前的2013年，埃及人行使了真正的民主权力，选择了一位真正的民选总统穆尔西（Mohamed Morsi），并欢庆埃及进入了民主时代。可是，不到一年后，正是国防部长塞西组织的军事政变推翻了民选总统穆尔西。如果按照正常的理解，埃及人应该为了挽救民主而反对发动政变的塞西，不想许多埃及人不仅赞同推翻穆尔西，还支持塞西担任总统。

于是，经过了三年的颠簸，埃及人推翻了独裁的穆巴拉克，又行使民主权利选择了穆尔西，最后又欢呼着欢迎另一位军人塞西推翻了民选总统，让埃及再次回归了强人统治。埃及的政局在绕了三年的大弯之后，又回到了三年前。

那么这一切到底是怎么发生的，又是为什么呢？其最重要的秘密就在于埃及是一个还没有完成世俗化的社会，而强人政治虽然有独裁的一面，却又代表着世俗化的方向。

在1952年之前，埃及是一个君主国，这个君主国的国王也试图进行改革，并想实行君主立宪制的政体，却由于国内保守势力足够强大，加上国王本人奢侈浪费导致国家的破产，一直无法完成改革任务。

到了1952年，埃及人终于等不及国王的改革了，一群军官在纳赛尔的带领下发动政变，废除了君主制，建立了共和总统制。

在纳赛尔的统治下，埃及和当年的土耳其一样采取了类似的改革思路，在社会上引入了激进的世俗化政策，大力打击埃及的宗教保守势力，如果这样的政策持续得足够长，就可以完成世俗化的重任。但不幸的是，纳赛尔在经济上却采取了计划经济的做法，而在外交上则强硬无比，与英国和法国等老牌国家硬碰硬，并和新生国家以色列（也是邻国）成了世仇。埃及在国际关系上的地位严重恶化，经济的衰退使得纳赛尔无法将改革成果持久化。

纳赛尔没有完成世俗化任务就去世了，他的继任者萨达特（Anwar Sadat）由于缺乏足够的威望，只能在世俗化政策上向后撤退，在外交和经济上也不再激进。他的政策纯粹出于维持政权的需要，但依然无法平衡国内各个势力，最终萨达特被刺杀身亡。

继承萨达特的穆巴拉克出身行伍。此时的埃及已经不再稳定，必须靠一个强力总统将国家强行捏合在一起。穆巴拉克就是这样的一个强人，他娴熟地操纵着政治。在他的统治下，埃及的宪法没有限定总统任期，每一次穆巴拉克都能在选举中获得连任。

作为交换，在经济上他默许了私有制的发展，这让富裕阶层都拥护他，但这也让他成了腐败的象征。

而在社会上，穆巴拉克是一个世俗派，在他的领导下，埃及依然坚持着世俗化方向。可另一方面，由于他也知道自己的力量不足以像纳赛尔那样强硬，在事实上他又默许了各种宗教势力的继续存在，无法做到彻底清除宗教对社会的控制。

正是在穆巴拉克时期，埃及的底层社会形成了一种强大的宗教潮流：穆斯林兄弟会（Muslin Brotherhood）。这个组织成立于1928年，最初它只是一个类似于慈善机构的组织，与天主教举办的各种慈善组织区别不大。它们扎根于贫穷地区，为穷人提供生活必需品、医药和教育，而他们的教育又主要根植于《古兰经》，这导致穆斯林兄弟会带上了浓厚的宗教激进主义色彩。

兄弟会从纳赛尔时期就受到了严厉的打击，然而它又在历代总统的统治下都幸存了下来，甚至发扬光大。这得益于虽然总统们都热衷于实行世俗化，打击兄弟会，可是政府对底层人民缺乏关怀和帮助，底层人民在需要的时候还是只能在兄弟会处获得帮助。

到了穆巴拉克时期，穆斯林兄弟会一直处于地下状态，却又足够发达。埃及的穆斯林兄弟会甚至还走出了国门，传染了周边阿拉伯的大部分国家。

穆斯林兄弟会本身还算不上武装化激进组织，但从兄弟会这个母体中，又分裂出若干极端分支，不管是巴勒斯坦的哈马斯，还是本拉登的"基地"组织和后来的"伊斯兰国"，都曾经从穆斯林兄弟会的组织结构中汲取了营养，甚至有的团体直接来自兄弟会。

当穆斯林兄弟会致力满足教育、医疗等基本生活需求时，代表了世俗化的穆巴拉克政权却在30年的执政中变得越来越腐败，失去了民心。

到了2011年，北非国家突尼斯一个小贩由于受到了政府不公正的对待，自焚而死。他的死亡引得人们纷纷上街，形成了一次席卷全国的革命。突尼斯的革命还打开了整个阿拉伯地区对于政治的不满，于是，激烈的抗议活动如同一阵旋风一般掠过了几乎所有中东的阿拉伯国家，包括埃及。

对于埃及来说，突尼斯小贩之死很能引起人们共鸣，因为在埃及，警察同样粗暴和不公，甚至比突尼斯还严重。最初只是少数人策划在1月25日全国警察日这一天举行抗议活动，不想这一天的抗议迅速扩大，变成了全国性的声讨。

人们更没有想到，存在了30年的独裁者竟然变得这么不堪一击。最初穆巴拉克想对抗议进行武力镇压，但他发现社会抗议的规模太大，选择了一定的妥协，不仅任命了新总理，还承诺进行改革，并表示在当年9月的选举中不再参选。独裁者的软弱让人们更加兴奋，于是，到了2月11日，埃及军方表示不再支持穆巴拉克，这位统治了埃及30年的强人倒台了。

穆巴拉克倒台之后，军方采取了配合的态度，赞同在未来实行民主制，并制定了民主化的路线图，规定了在未来两年内进行选举，制定宪法。可以说，到这时，所有的人都是怀着善意，希望埃及的未来走向光明。但一个社会却并非是善意就可以维持的。

人们在到底要建立什么样的国家问题上，充满了分歧。将穆巴拉克赶下台的主要是年轻人所代表的智识阶层，但是，这些人都过于年轻，他们善于搞街头运动，却不善于组织选举，对治理国家更是一窍不通。很快，这些"倒穆运动"的主力军就在选举政治中靠边站了。

能够有效组织进行选举的只剩下两方势力，一方是穆巴拉克所代表的精英阶层，这些精英阶层虽然促成了穆巴拉克的下台，但是，对于埃及社会的方向却有着共识，那就是埃及必须走世俗化和现代化的道路，不能退回到宗教社会去。这些精英阶层由于长期执政，对于政治组织也很有经验。但他们面临的最大挑战，是如何与穆巴拉克切割，因为人们认为穆巴拉克政权太腐败了，所有参与者都不是无罪的。但事实上，任何一个社会的精英阶层虽然有着无数的缺陷，但都是希望将国家治理好的。

除了这一方之外，另一方就是底层人民的代表穆斯林兄弟会。兄弟会在埃及的社会中更受欢迎，不管是没有文化的普通人，还是有文化的青年人，因为这些青年人在年幼时大都受过兄弟会的帮助。可是，兄弟会也有一个大缺陷，这个组织是和宗教势力相联系的，它们虽然不提倡暴力，却总是试图通过政治参与，让埃及回归到一个宗教社会，人们不是受到世俗法律的制约，而是受到《古兰经》条文的指导，世界也不再是进化的，而是来自于上帝的创造。所谓总统也不再是一家独大，而是必须接受另一个组织的领导，而这个组织是一种保守的宗教势力，与现代化进程是背道而驰的。

到了2012年，穆斯林兄弟会的势力就表现出不可阻挡的势头，当年11月，穆斯林兄弟会在埃及议会选举中大获全胜，几乎占据了一半的席位。第二年总统大选，精英阶层依然不甘心将权力拱手相让，推出了原穆巴拉克政府的总理沙菲克（Ahmed Shafik）与穆斯林兄弟会候选人穆尔西对决。沙菲克虽然出自穆巴拉克政府，但为人正直，经验丰富，依然是一个好的选择，他和穆尔西进入了第二轮选举，却以微弱优势失败。这样，穆斯林兄弟会所代表的宗教保守势力就上台了。

回头来看，穆尔西的上台的确是合法的。埃及2013年的选举具有普遍性，也是透明和公平的，埃及人只要愿意，都可以上街投出自己的选票，也正是因为穆斯林兄弟会之前几十年如一日地深耕在埃及的底层社会，让它获得了人民的支持，它的上台的确反映了当时的民意。

然而，依靠民主上台的穆斯林兄弟会就真的能够代表现代化的潮流吗？事实上，它首先想解决的反而是埃及的世俗化问题。在他们看来，埃及过于世俗化，背离了安拉，这才是埃及衰弱和不公的所在。

在穆斯林兄弟会执政之初，埃及的经济状况由于革命造成的混乱，已经跌到了非常糟糕的地步。埃及是个旅游大国，旅游业吸纳了埃及 10% 以上的劳动力，随着革命的爆发和形势的不安定，外国游客们纷纷避开了埃及，旅游业大受损失。除了旅游业之外，国外对埃及的投资也在持续减少，导致原本每年 6%—7% 的经济增长陷入了停滞。埃及的失业率也居高不下，达到了 13% 以上。需要注意的是，埃及的大部分女性是不工作的，她们并没有被计算到劳动人口之中。

埃及下层人士收入大都在数百埃镑（当时埃镑与人民币汇率大约为 1∶1，两年后埃镑贬值为 1∶2.6），如饭店、旅馆工作的人，每个月大约在 300 埃镑，且非常不稳定。埃及也是个贸易赤字国，急需要美元等硬通货来保证进口。但进入革命时期后，埃及的外汇储备出现了大幅度缩水，2011 年 1 月，外汇储备还有 360 亿美元，到了穆尔西执政时期，已经缩水到了 150 亿美元。

在这样的经济形势下，穆尔西上台后，决定他能否长期执政的是经济，他必须迅速与各界达成谅解，创造一个和平的条件，解除管制，促进民间经济发展。只有经济恢复，埃及才能稳定下来。

但不幸的是，穆斯林兄弟会却对经济完全缺乏经验，无法应对财政赤字、外汇下降、经济收缩、失业等诸多问题。他们的执政目标根本就不在经济上，而是放在了政治斗争上。

为了长期执政，穆尔西政府排挤反对派、加强集权。穆尔西解职了支持他上台的军方代表，试图抓住军队的控制权，不想却失去了军队的支持。

更麻烦的是，一上台，穆尔西就以将埃及宗教化作为己任，试图废除埃及几十年的世俗化成果，将教法的内容加入宪法，以取代世俗性法律。用宗教取代世俗，最大的障碍来自于司法和立法体系，于是穆尔西又将手伸进了司法和立法环节，让曾经欢呼他上台的人们开始担心埃及会变成另一个塔利班。

经过一年的执政，许多埃及人都已经意识到，穆斯林兄弟会的统治不会带来和平与发展，反而会将埃及仅存的世俗化成果破坏掉，将埃及在20世纪的发展归零。到这时，不管是军方还是精英阶层，都已经开始讨论怎样才能让穆尔西下台了。

但是，由于民主选举的神话，穆尔西又能够得到一部分人的认同，特别是那些刚刚进入社会不久的大学生们。他们见证了埃及的民主选举，相信穆尔西的确是合法上台的，按照程序正义原则，穆尔西不应该随便下台。他们依然指望穆尔西能够信守承诺，带动埃及的发展。而事实上，埃及却距离发展的初衷越来越远了。

2013年6月，为了应付越来越失控的局面，穆尔西决定免除埃及的17名省长，以此来对付他的反对者。这次明显违宪的举动终于让人们不再沉默，于是埃及又爆发了被称作"6月30日革命"的第二次革命。

一年前选举穆斯林兄弟会上台的人们再次走上街头，希望促使穆斯林兄弟会和穆尔西下台，并提前举行大选。这次革命中，人们组织了敦促穆尔西下台的签名活动，一共收集到了2200万埃及人的签名，相当于埃及总人口的1/4还多。

革命的收场，是穆尔西亲自任命的国防部长塞西宣布接管权力，组建了临时政府，将穆尔西赶下了台。于是，存在了不到一年的民主政府失败了。埃及经过了短暂的临时政府时期，又通过选举，将强人塞西选为总统。塞西的执政风格再次回到了穆巴拉克的轨道上，以强权压制反抗，但是，至少在军方的领导下，埃及没有完全滑入原教旨之中，穆斯林兄弟会把埃及带入宗教社会的企图失败了。

通过埃及革命的例子，我们也可以看到，在一个还没有完成世俗化的国家，即便实行民主制，依然无法打破传统带来的束缚，在依靠选举上台的领导人领导下，很有可能会倒退回与世为敌的状态。

这样的情况其实出现了不止一次。在许多情况下，民主制并不必然带来好的结局。除了埃及之外，第一次世界大战之后的德国也是在合法的选举中最终选择了纳粹。在第二次世界大战之前的西班牙，激进的左派政府也是在选举中上台的，他们立刻实行了激进的计划经济政策，导致了全国性的灾难，以至于自由派不得不聚集在极端右派佛朗哥将军的旗下，用暴力将激进派政府击碎。之后，佛朗哥将军又实行了数十年的独裁。与西班牙类似的还有阿连德和皮诺切特时期的智利。左派的阿连德依靠选举上台，之后立刻采取了"推翻桌子"的激进改革，如果不是皮诺切特用暴力回应了阿连德，那么智利也将陷入泥沼无法自拔。

与埃及类似的还有伊朗和阿富汗，这两者都通过革命或者内战，拥护了极端宗教保守派的上台。随后，那些曾经拥护新政权的人们，却发现已经摆脱不掉新政权的压榨了，从而将国家彻底带入了原教旨的轨道之中。

强制性改造是必须的吗

在本章的开头，阿富汗和乌兹别克斯坦这两个阿姆河两岸国家巨大的差别也显示出了人们忽略的一点，我们可以称之为社会主义的优势。

现在，世界看待苏式社会主义，往往看到了它计划经济的一面，却忽视了另外的一面。以阿富汗为例，事实上，20世纪80年代即便苏联已经入侵了阿富汗，但在阿富汗却依然保持着良好的世俗化成果，妇女们依然可以在外上班，女孩子也必须到学校去接受教育，而不是从小就在家里适应罩袍下的生活。也就是说，苏式社会主义虽然在经济上表现不佳，但在社会变革特别是世俗化上，却有着极大的推动作用。

从17世纪到19世纪，中亚一直是一个神秘的存在，由乌兹别克人建立的几大汗国（布哈拉汗国、希瓦汗国和浩罕汗国）被认为是最难进入的地区。

英国人曾经想尽一切办法，才偶尔能够看到这个极其封闭、信奉伊斯兰教的区域。但是，到了 20 世纪，经过了几十年的苏联时代，中亚虽然依然带着神秘感，但每一个去过的人却发现，这里的确已经被世俗化了。这里人们依然信奉伊斯兰教，也带着很强的开明特征，女孩子依然在街头活动，男人也不受制于一天五次的朝拜，而当地的法律系统也是世俗化的，而非由那些阿訇们控制。

在中亚，虽然也有个别的地区更加宗教化，但这些地区更多表现的是对政治不满，才采取了这种姿态而已。

相比较而言，乌兹别克斯坦以南的阿富汗在结束了苏占之后，整个社会反而完全变成了宗教化的世界，世俗化成果几乎完全丧失。一旦没有了世俗化，这个社会就变得内卷、排外，向着封闭转化了。这或许可以说，是苏式社会主义保住了中亚的世俗化成果，苏联时代大力提倡女性权力、打压宗教极端势力，结出了丰富的果实，这就和当年土耳其的阿塔图尔克所做的是一样的。

社会主义在社会变革上的正面作用不仅在中亚地区可以观察到。事实上，在世界范围内也可以总结出一条规律，那就是：它在世俗化、普及教育和全民医疗这三方面具有一定的优势。世俗化问题已经如前所述，下面再举两个普及教育和全民医疗的例子。

中国和印度人口相当，但中国的发展速度明显高于印度，因此人们往往习惯于寻找中印之间的差别。有人（如黄亚生）就认为，中国和印度最主要的差别在教育。事实上，20 世纪 40 年代末中印两国都是文盲遍地，但随后，中国的社会主义在教育上发力，虽然无法一下子形成高质量教育，却采取了托底的方式消灭了文盲。大量能够读写计算的年轻人进入劳动力市场，是中国经济快速发展的必要条件。这里，能够读写和计算，成了融入现代化经济的必要条件。而印度虽然在经济上采取了半计划经济的方式，但在教育上，印度的投入却严重不足。这并不是说印度没有好的高校，事实上在高等教育方面印度的起步甚至比中国还早。但是，印度却由于没有托底，在底层依然存在大量的文盲，识字率不足，这些人很难被整合进入新的经济形式之中，造成了对社会的巨大拖累。加上放任自流无法击碎 3000 年的宗教氛围，使得印度的工人素质参差不齐，不容易找到足够的合格工人。

与中国相似的还有越南，甚至包括韩国和日本等汉文化圈中的国家，它们无一例外都极端强调教育，保证了每一个人的识字权。越南最近的超高速发展除了地缘关系之外，显然也和充足的合格劳动力有着极大的关系。

在非洲，事实上也能观察到同样的现象，当我们谈论坦桑尼亚时，往往看到了尼雷尔的"乌贾玛主义"的短处，即国有企业无法调动足够的积极性发展经济。但是，尼雷尔的政策在另一方面，也就是社会层面上，依然有他的长处。在坦桑尼亚访问时，我发现他的遗产至今仍然保留着。最大的遗产是，坦桑尼亚在非洲的识字率是最高的。

对于后殖民地国家而言，最重要的问题依然是教育。但在坦桑尼亚，由于采取了强制性的上学措施，集体农庄的孩子必须学文化。坦桑尼亚的识字率达到了 90% 以上，在街头或者农村随便碰到的人几乎都可以写字和阅读。当政府重新实行私有化和市场经济之后，坦桑尼亚人大量涌入工厂和商业部门，他们接受教育的优势就发挥了出来。

社会主义的教育方式很适合培养整齐划一的工人。先普及基本教育，当基本教育发展到一定程度，再追求多元化，这也许是坦桑尼亚摸索出来的最大经验。

除此之外，坦桑尼亚相对于邻国还有几个优势：第一，坦桑尼亚的公共设施，包括医院、清洁水以及现在的电信设施，都处于非洲国家的前列。第二，在尼雷尔的鼓舞下，坦桑尼亚人追求幸福的冲动要比别的国家更强烈。在其他非洲国家，哪怕发展较好的肯尼亚、埃塞俄比亚，人们也总是抱怨生活的艰辛，更多看到黑暗面而不是光明面，但坦桑尼亚人的精神状态却要好得多。这或许是因为他们曾经有一个天真的、善良的领导人。第三，尼雷尔给坦桑尼亚留下了较为稳定的政治。

在这里要强调的一点是医疗卫生，这也是必须由政府主导推进的一个项目，在富裕的国家更加重视医疗设施的市场条件，但在极端贫穷的国家，政府的作用在医疗上依然是不可忽视的。

除了坦桑尼亚，非洲还有一个特殊的国家：布基纳法索。这个国家国名的含义是"正直者的土地"，而名字来自于曾经的总统桑卡拉（Thomas Sankara）。

桑卡拉是一个性格简单、但历史身份复杂的人。至今人们还不知道如何评价他。人们习惯于称他为"非洲的切·格瓦拉"，也就是说他是一个左翼革命者。但这样的说法又是不准确的，事实上，桑卡拉更加爱好和平，但他个人的魅力却和格瓦拉一样有穿透力。他的政策好坏参半，在经济上并不成功，但他在社会变革上的作用至今依然激励着布基纳法索乃至整个非洲。

在非洲旅行，到了布基纳法索入境处，这里的设施也如同邻国马里一样破烂。由于马里的反恐形势不乐观，边境属于强管控地带，穿制服的官员仔细检查了我的护照和签证页，询问了几个问题，随后微笑着给我盖章：欢迎来到布基纳法索！由于刚在出境时被索贿，在这一侧面对如此友好和专业的官员，让我有些不适应。

布基纳法索的专业性，就是桑卡拉的遗产。

布基纳法索的前身是上沃尔特（Upper Volta）。它的名称得自于一条河流沃尔特河（Volta River）。上沃尔特属于法属西非的一部分，在1960年与西非其他国家一起取得了独立。独立后一直无法建立稳定的统治，发动了数次不流血政变，直到1983年桑卡拉上台。他的上台也来自一场政变，由于交火中死了十几个人，此举成了布基纳法索历史上第一次流血政变。

但他的上台又是民心所向。事实上，之前他参与了前一年的政变，甚至被任命为总理。只是由于迅速失势而被抓了起来。但他的对手不敢杀他，因为人民已经在国内开展了游行示威，要将他放出来。之后的小型流血政变只是人民呼声的一部分罢了。

人民之所以支持桑卡拉，是因为国家独立并没有给普通人带来好处。这个国家历经无数的政变，经济被一小撮社会高层所绑架，这样的社会没有展现出具有竞争力的一面，反而充斥着许可证制和权贵经济。

法国人虽然让布基纳法索独立了，但他们仍然控制着西非国家的经济和外贸，法国人是高人一等的存在，让普通人也没有感受到独立和不独立有什么区别。

既然原来的路是一条死路，桑卡拉突然提出来有一条截然不同的道路，自然吸引了人们的注意。

果然桑卡拉上台后，立刻开始了对于布基纳法索的改造。作为总统，他的工资只有450美元，家产不过是一套没有还清贷款的普通住宅，和一辆最普通的小汽车。即便这点钱，还必须用到他收养的十几个孩子头上。

不仅要求自己，他还要求所有的官员都必须保持廉洁，坐普通车，不准受贿，不准坐头等舱。如果发现腐败，官员的财产会被没收，本人会受到严厉的惩罚。

非洲是许多疾病的大本营，许多人年轻时就因为疾病夭折，政客们根本不去关心人们的健康。但桑卡拉是个例外，他在国内大规模推行疫苗计划，为儿童免费接种，并承认艾滋病对于国家的威胁，认真对待这个社会问题。

非洲的文盲非常多，各国政府也无力组织更好的教育。桑卡拉却推出了大规模的教育计划。

非洲的妇女地位非常低，桑卡拉却在每一次演讲中都不忘强调女性的作用。他在政府中招募了大量的女性工作人员，并禁止女性割礼，禁止一夫多妻。

他想做的事情太多，都带着很深的理想成分。布基纳法索位于沙漠边缘，他就提倡植树。这里的交通很差，他就提出了雄心勃勃的修路计划。总之，桑卡拉用他带有鼓动性的声音说出了人们希望的天堂社会，并想方设法去实现它。

但当他鼓动起人们的信心时，他的经济政策却并不成功。他的经济政策包括：

第一，谢绝外援，自力更生。桑卡拉说过：我们的国家生产的产品足够我们生活的。只是因为缺乏组织生产的能力，反而不得不向人家祈求食物。正是这种祈求，往我们的精神里注入了乞丐的基因。

谢绝外援，自力更生，这件事看似不合理，但在布基纳法索又带着一定的合理性。殖民地原来的宗主国法国离开后，仍然通过经济联系控制它。虽然法国不能强迫布基纳法索只和自己做生意，但它通过与布基纳法索高层领袖的联系，控制了外贸领域。这使得布基纳法索从来没有实现过真正的自由贸易，它必须把初级品廉价卖给法国，再从法国进口昂贵的工业品。桑卡拉提倡自力更生，更多是为了打破与法国和欧洲的强绑定，减低法国对于国家经济的控制。

当然，为了做到自力更生，必须建立一个强有力的政府，于是就有了第二条。

第二，加强国家对社会和经济的控制。在政治上取消反对党。事后，人们指责桑卡拉独裁，主要指他对反对党和工会的镇压。

在获得了强控制之后，他开始进行土地改革、全国性扫盲、提升公共健康、与沙漠化抗争、加强女性权利。这些措施起到了一定的作用。但时间长了，反作用也极其明显。与其他实行类似政策的国家一样，他的措施无法达到发展经济的目的，反而挫伤了那些最具进取精神的人的积极性，到最后，反而是商品奇缺，物价飞涨。

以粮食为例，在改革之初，由于把土地平均分给农民，粮食产量立刻大幅增加，看上去布基纳法索距离粮食自足已经近在咫尺。但时间长了，当政治进一步干扰到人们正常的经济行为时，粮食产量又开始下降了。

第三，在外交上向苏联、中国、古巴、利比亚等国家靠拢，斥责殖民主义。

他试图实现全非洲的大联合，对于那些与前宗主国保持强联系的国家都嗤之以鼻。

事后，人们批评桑卡拉，往往是从这些政策入手，认为这些带有计划经济色彩的做法不仅不会成功，反而会拖累社会。但是，人们又忽略了另一点，发展中国家的问题虽然的确根子上是经济问题，可是，经济发展也是有许多前提条件的，甚至许多国家连这些前提条件都不具备，这时即便谈论经济，也很难达到效果。

桑卡拉虽然在发展经济上不成功，却给布基纳法索注入了另外几种精神：发展教育，自主和独立，以及对美好事物的追求。

如今在布基纳法索，即便是首都地区，还有很多土路街道，房子破破烂烂，带着年久失修的痕迹，布基纳法索仍然是非洲最穷国家之一。但是，与非洲其他地区相比，这里的街头很少有乞丐。穷孩子们顶着饮用水、香蕉和鸡蛋售卖，也不愿意直接向行人要钱，这和周围的国家形成了鲜明的对比。这里的学校更加干净，我在这里旅行时，住的旅馆旁边就有一个学校，每天传出的读书声、操课声，让我以为回到了中国。这里的人们也更加有礼貌，相信他们的生活会逐渐变好。

也许这种向心力是一个国家成型必不可少的前提条件，只有这些条件都具备了，才能够在未来更好地为发展经济服务。

在桑卡拉之前，这里被当作一个希望渺茫的地区，人们最缺乏的是信心，桑卡拉把建设天堂社会的信心交给了当地人，让他们看到了另一种可能性。在桑卡拉的鼓励下，人们学会了自力更生、努力工作、勤劳、乐观，而不是靠天吃饭、懒洋洋等待着世界银行的援助。

1987年，桑卡拉遇刺身亡，布基纳法索结束了27年的独裁统治，回归了民选。但是，桑卡拉留下的精神至今依然鼓励着当地人。

当然，在这里我想更扩大一点，看一看许多国家发生的对社会的强制性改造问题。

在不少国家也出现过整个社会走错了道路，却被个别人强力扭转的情况。就像在土耳其，阿塔图尔克曾经力挽狂澜，避免了灭国的命运。现代人们只看到了土耳其与欧洲的争吵，认为这是一个难以琢磨的国家，但事实上，土耳其经历过第一次世界大战之后的灭国之痛，明白西方国家只要有机会，肢解起它来毫不手软，也丝毫不在乎道义。任何一个国家的选择都是历史的产物。

战后，即便被阿塔图尔克利用武力维持了独立，但土耳其的社会依然是宗教保守主义的天下，要想实现现代化依然是极其艰难的任务。阿塔图尔克为了强迫土耳其现代化，不得不利用自己的威望对整个社会都进行了强制性改造，才让它存活到今天，并且依然是一个区域性强国。

除了土耳其之外，西班牙的佛朗哥、智利的皮诺切特更是充满了争议的人物，当秉持某种极权主义的对手经过选举上台，并以摧毁原来的社会结构为目的开始改造时，他们依靠暴力上台，摧毁了对手，依靠强力将社会强行掰回了原来的轨道。至今人们依然谴责他们的暴力，但也必须承认他们的暴力的确影响了国家未来的方向。

也许在某种时刻，一个社会的确会出现这样的极端情况，必须靠少数人的毅力才能将整个国家带上发展的轨道，或者避免滑入极权的泥沼。或许可以说，有时候强迫性的改造的确可能给一个社会带来正面的效果。

然而，又有更多的例子告诉我们，当少数人依靠强迫性对社会改造时，更多的时候反而是一种悲剧或者狂妄，会带来更大的灾祸。

所谓强制性改造，更多依靠的是领导人个人的素质和能力，而不是制度性的保障。如果领导人认准了世俗化和经济发展之路，可能就能带领人民走出激流险滩，但如果领导人本身的知识结构不足，最后往往会陷入更大的泥沼。这条路本身就是充满了危险性的，只有在特殊的时段、特殊的机遇下，才有可能存在领导人强迫社会变革，导致正面效果的情况。

虽然我们无法预言某个具体的事件，但从概率上来说，强制性改造的危险性依然是巨大的，获得的正面效果只是人类文明中的例外情况。

第六章

经济独立何其难

债务不仅是经济问题

一百多年来，中国人对于国家债务的看法发生过天翻地覆的变化。

晚清以前的中国由于闭关锁国，拒绝与外界打交道，自然也不屑于向海外借钱，可是到了太平天国运动之后，中央政府发现由于财政支出过大，钱仅仅靠收税已经不够用了，由于清朝政府又缺乏对内的债务发行能力，就只好走上了借外债这条路，左宗棠西征时就不得不向海外的银行团借债。

到了清末，由于欠款太多，中国对于债务的态度再次变化。特别是在1949年之后，更是对于外债充满了警惕，追求变成一个无外债国。

直到1978年改革开放之后，中国对外债的态度发生了又一次变化，由于缺乏经济发展的起步资金，中国开始吸引外资，这包括吸引外商直接投资，也包括借债。直到今天，人们依然认为借债是一种好的发展手段，能够在本国资金不足的情况下迅速获得资金来发展经济。

但是，这种态度又过于乐观了。事实上外债是一把"双刃剑"，它可能达成发展的目的，但也可能让一个国家掉入债务陷阱而无法自拔，甚至丧失独立性。从历史上看，这种可能性比前者还要大得多。

我们不妨看一看19世纪埃及的例子。

现代埃及的开创者是19世纪初的穆罕默德·阿里（Muhammad Ali），他是阿尔巴尼亚人。在他之前，埃及分别是东罗马帝国、阿拉伯帝国和奥斯曼土耳其帝国的属地，只是在阿拉伯帝国崩溃和奥斯曼帝国建立之前，有过一些信仰伊斯兰教的本地政权。到了18世纪末，埃及依然臣属于奥斯曼人。

1798年，法国的拿破仑入侵了埃及，穆罕默德·阿里作为低级军官随着一支阿尔巴尼亚（这里也属于奥斯曼土耳其）的军队被土耳其人派到了埃及，并最终成为埃及总督。在他的治下，埃及依然在名义上尊奉土耳其人，但事实上已经获得了独立的统治权和世袭权，甚至不时地与奥斯曼人发生冲突，而在另外一些时候，又作为关键性盟友帮助奥斯曼人。

在他的手中，埃及变得异常强大。他深知西方科学技术的重要性，要用这些先进的思想来武装埃及，并大力发展世俗教育。埃及在很多年来一直是作为三流国家存在的，到这时突然间有了极大的存在感，在阿拉伯世界独树一帜。

到了第四任埃及总督赛义德（Said）时代，埃及变得更加重要了，因为这时候，赛义德接受了法国人的提议，开凿了著名的苏伊士运河。这项工程缩短了从西方到东方的距离，至今依然是世界上最繁忙的航线。

如果埃及能够守住这些财富，并逐步地深化改革，那么埃及的腾飞本是指日可待的。但事实却与之相反。第五任总督伊斯玛仪（Isma'il）是一位如同他的开国祖先一样的改革者，他的改革措施如此众多，甚至给现代也留下了大量的纪念品。现代游客前往埃及首都开罗，见到首都那宏伟的建筑、密密麻麻的街道，都有一种叹为观止的感觉。而这就是伊斯玛仪时期的成果。在他之前，开罗位于更加靠东的位置，以萨拉丁城堡为中心，并不挨着尼罗河。伊斯玛仪在原城堡西面靠河位置修建了一座足以和欧洲任何城市相媲美的巨大首都，至今，开罗的许多花岗石建筑都是当年留下的。

除了修建首都之外，伊斯玛仪还重建了亚历山大的巨型港口，大力发展铁路，让埃及成了非洲少有的拥有便捷铁路运输的国家。他还改革关税，发展邮政，建立政府控制的大型企业，并试图促进民间的经济。他甚至建立了埃及最早的议会机构，虽然这个机构还很孱弱。不管怎样，这一切英明的举措本来可以让他成为埃及最好的统治者之一。

但是，在所有这一切之中却有一个漏洞：从哪里拿钱？

埃及虽然已经很富裕，但政府的钱依然不够同时完成这么多的项目。政府虽然有了苏伊士运河的补贴，但依然必须量入为出。而伊斯玛仪不仅在改革上花钱，还发动了针对埃塞俄比亚外围地区的战争，试图扩大埃及的影响力。

要想获得资金，唯一的方法就是外债。由于与西方关系紧密，借钱并不难，于是伊斯玛仪上台后短短几年内就借了大量的债务，埃及的债务因而翻了10倍。

在当时，世界对于一个借债国往往是这样的：首先，由于迷信主权所带来的信用，整个西方的银行体系会疯了似的借出超过该国偿还能力的钱，直到突然有一天，人们终于意识到，他们已经不可能拿回来本金了。

在现代，一个国家也会出现这样的情况，比如在拉丁美洲，许多政府隔几年就宣布还不上债了。这时政府就只好宣布国家破产，进行债务重组。在重组的情况下，那些国际上借钱的银行大都只能拿回一部分本金，剩下的只能自认倒霉。但是在19世纪，由于西方主导了国际秩序，对于债务的处理却并不是这样的。作为债主的各大强国会以偿债为借口，以武力强迫弱国交出财政自主权，并以此为突破口，插手弱国的政治和军事，使之变成附庸。

当埃及政府无力偿还这么多的债务时，作为债主国的英国和法国，不仅可以继续要求埃及偿还，还可以通过武力来保证他们的权力。于是英国人乘机介入，首先强迫伊斯玛仪将苏伊士运河的股份作价卖给英国，从此以后，运河虽然地理上在埃及，但收入却和埃及再也没有关系，而是被英国和法国的股东分走了。

破产后的埃及也丧失了独立的政治，被英国人步步紧逼，逐渐成了被保护国，埃及的财政大臣都换成了英国人。伊斯玛仪也被英国和法国废黜，换上了他听话的儿子继续担任傀儡总督。

穆罕默德·阿里的后代们直到1952年都一直是埃及名义上的统治者，但他们已经丧失了独立性。而最初国家独立的丧失，竟然是因为统治者欠了太多的外债无法偿还，这一件事就足以决定一个国家的命运。

也正因为埃及这样的例子存在，外债对于新兴国家那些手痒的统治者而言，的确是一个巨大的陷阱，只要他们忍不住，就可能掉入其中。

在现代，随着人们对于主权的提倡，因外债而让一个国家丧失主权，或者必须抵押矿权和税权的情况已经越来越少。但外债对于一个国家的影响依然是巨大的。

1997年的亚洲金融危机很大程度上也因为债务而起，泰国的货币泰铢曾经是与美元挂钩的，于是泰国国内企业和人借了太多以美元计价的债务。当这一年泰国政府由于成本太高，无法维持固定汇率时，不得不允许泰铢贬值，由于债务以美元定价，意味着泰国人不得不用更多的泰铢还债。债务压力又让泰铢进一步贬值，形成恶性循环。

对于世界大部分国家而言，借外债不能用本国货币，只能采用少数几种货币（美元、欧元等）计价，这意味着大部分国家都要承担巨大的汇率风险，只有美国和欧洲可以滥发债务，特别是美国。这种体系对于新兴国家有着不合理的一面，但它们除了接受之外，并没有选择权，这就意味着如果一个政府不控制自己的借债欲望，必然会导致未来的债务危机。

由于泰国经济体制比较灵活，幸运地走出了危机，但对于墨西哥、阿根廷等拉丁美洲国家，以及许多非洲国家，就没有这么幸运了。一旦他们陷入了政府破产的境地，随着信用等级的降低，必然在未来增大借款成本，也意味着必须偿还更高的利息。因此，一个掉入了债务陷阱的国家在现代就算不至于丧失主权，却依然代价巨大，甚至会直接影响未来的社会发展。

那么，为什么有的国家和地区通过借债获得了经济的飞速发展，而有的国家却由于借债而掉入了陷阱？

区别在于：一个国家的外债是否对本国有利，要看它通过借钱创造出的经济价值能否偿还上外债，也就是说，借100元的外债，如果能够创造200元的经济价值，拿出150元（含利息）还债之外，还剩50元可以发展经济，这就是有利的；可是，如果借 100 元却只能创造 90 元的经济价值，还不够偿还外债，那么外债就会像滚雪球一样越来越大，直至失控。

但接下来的问题是：在借债之初，所有的国家都认为是可以创造足够经济价值的，只有在借债之后，随着形势的发展，才会出现众多的烂尾工程，导致债务被浪费掉。

中国的幸运在于在吸引外资的同时放松了政府管制，依靠民间的获利带动了经济发展。即便这样，还是有一些外债是得不偿失的，特别是 20 世纪 80 年代引进的一些工程好多以烂尾告终。而对于其他发展中国家，政府最忍不住的就是插手经济。不管是在亚洲、拉美，还是在非洲，政府的计划色彩越浓厚，就越想通过借外债来发展自己，但这些外债大部分都用在了华而不实的工程上。

比如，在非洲国家独立之初，领导人们雄心勃勃地推出了许多大工程大项目，修建首都富丽堂皇的酒店，打造"非洲之最"的工程，或者建立了大量的政府控制的国有企业，事实证明这些工程大都无法获得足够的经济效益，最终导致了外债失控。

这时，所谓外债问题，又变成了一个政府的边界问题，即政府能否通过放松管制来发展经济，只有这样做才能在发展的同时，不至于陷入债务陷阱。

最后一个问题是：要想让政府放松社会管制，前提条件是这个社会足够稳定，政府即便放松管制，也不会导致社会的混乱，甚至国家的分崩离析。但许多新独立的国家本来就是临时捏合在一起的，他们甚至连国家意识都没有。在这时，需要的是一个强力政府首先捏合社会，让人们产生国家观念。在这样的国家如果放松管制，不一定能够产生经济腾飞，反而可能让各个族群各行其是，大打出手。由于处于国家发展的不同阶段，对于这样的国家而言，也许外债或者对外来援助上瘾现象是一个无解的难题。

石油的诅咒与祝福

新兴国家在经济上面临的另一个难题，是当它们建立时，世界经济秩序早已经存在了，而这个秩序中，给它们留下的位置是极其边缘化又极其不合理的。这些国家到底怎样才能改变自己不合理的地位呢？这可能意味着要付出巨大的代价。

在原来的世界经济秩序中，殖民地往往会被定义成资源产地，它们生产矿产资源、农业原材料，却不被允许发展制造业和工业，于是，当殖民地独立后，必然产生众多的问题。由于在所有的资源中，最重要的莫过于石油，我们不妨以石油为例，来看一下那些产油国遭遇的问题。

按照现代人的认知，一个国家盛产石油，往往就意味着暴富，可以借助石油换取的美元实现崛起。但事情并没有这么简单，在现代的石油国家中，有着两个截然不同的样本，表明石油也可以带来迥然不同的命运，这两个国家就是沙特阿拉伯和伊朗。

沙特阿拉伯作为一个保守的宗教国家，对内实行君主专制，压制女性权利，从各方面来讲都和西方所倡导的民主自由相差甚远，但沙特阿拉伯却由于是世界上最大的产油国之一而备受优遇。沙特阿拉伯的石油由于和美元紧紧绑定，可以畅通无阻地销往全世界。

但是，与沙特阿拉伯隔着一个波斯湾的伊朗却是另一番景象。伊朗也是世界最大产油国之一，由于美国的封锁，伊朗的石油却几乎很难销往国外。如果对比两国的社会，会发现伊朗虽然也实行宗教统治，但整体社会开放程度要远高于沙特阿拉伯，它的女性地位也比沙特阿拉伯高。那么，为什么沙特阿拉伯和伊朗在世界上的待遇差别那么大呢？

尽管原因是多样的，但其中一个重要的因素，在于第二次世界大战之后的石油市场。简单点说，是因为伊朗不幸更早地发现了石油，而沙特阿拉伯发现石油较晚，这反而成了它的优势。或者可以说，沙特阿拉伯受到了石油的祝福，而伊朗却受到了石油的诅咒。我们不妨回到历史中去看一看这种奇怪的现象。

中东地区的石油最早发现于伊朗西部的胡泽斯坦（Khuzestan）平原，中心城市在阿赫瓦兹（Ahvaz）。这里是中东最热的地方之一，拥有着该地区最早的油田，也是最大的油田之一，石油产量曾经达到过伊朗石油产量的2/3。

1901年，一名叫乔治·伯纳德·雷诺兹（George Bernard Reynolds）的地质学家来到了这片充满了军阀、疾病和高温的地区。雷诺兹受雇于一名英国（来自于当时属于英国的澳大利亚）绅士威廉·诺克斯·达西（William Knox D'Arcy）。达西是一个百万富翁，从澳大利亚昆士兰的金矿中获得了不少钱，当19世纪末，全世界都在疯狂寻找石油时，异想天开的达西来到了伊朗，和当时卡扎尔王朝的君主签署了一纸协议，规定达西付给国王2万英镑，购买伊朗60年的石油勘探和开采权。如果有石油，那么国王可以享受16%的石油收益。

就这样，世界上石油储量最大的国家之一，就把石油以最低的价格卖给了英国人。

然而，事情进行得并不顺利，达西的钱快花光了，雷诺兹还没有找到石油。达西只好又拉来了另一个倒霉蛋，英国的博马石油公司（Burmah Oil），一起勘探伊朗石油资源。7年后，除了给国王的2万英镑之外，达西和伙伴又投入了25倍的钱，还是没有找到石油，只好拍电报给雷诺兹，让他放弃。

但1908年5月26日，就在雷诺兹已经卷铺盖时，这里突然打出了石油。发现石油后，达西建立了英伊石油公司（Anglo-Persian Oil Company）。到了1913年，另一个主角也进来了，他就是后来的英国首相丘吉尔。

当时的丘吉尔是英国的海军大臣。英国军舰刚刚完成机械化改造，但缺乏稳定的石油供应，于是英国政府投资了英伊石油公司，成了大股东，而英伊石油公司生产的汽油首先要满足海军的供应。

后世认为，伊朗和英国人的石油协议，可能是世界上最糟糕的商业协议。说它糟糕，是因为当年石油仍然是新生事物，没有人知道油田的价格，特别是对于伊朗这样的老大帝国，国王不知道石油是什么，一听说能卖钱就感觉赚了。

由于伊朗是这个地区最早发现石油的国家，此时价格体系还没有形成，就必然会以极低的价格卖掉开采权，这是经济学的必然规律。到了伊朗对岸的沙特阿拉伯发现石油之时，由于世界对石油的估价体系已经形成，并参考了伊朗的经验，沙特阿拉伯和外国人所谈论的分成协议也就更加合理。但是伊朗作为头一家，并没有可以参考的对象，所有的分成数字可以说接近于双方胡乱蒙的。

对于伊朗来说，更糟糕的情况是，当丘吉尔带领着英国海军介入进来，它就更难摆脱协议带来的枷锁了。协议保证了英国海军能够以非常便宜的价格获得石油，比伊朗人自己使用都低得多。英国海军又是大英帝国的支柱，一旦对伊朗石油形成依赖性，就再也不肯将利益让出来了。如果要增加给伊朗的付账，立刻会造成海军军费飙升，军费飙升会造成政府财政失衡，甚至形成政治危机。从这个角度说，英国人也被锁死在了英伊石油协议上无法退后。

英伊石油公司被英国人视为最核心利益，任何想破坏和改变协议内容的企图，都是反对大英帝国。

这个协议最后的局面是：英国人依靠伊朗的廉价石油打赢了一场场的战争，而伊朗却几乎一无所获。就算是有16%的收益权，但英国人为了少付账并保证海军供应，故意压低了海军购买石油的价格，使得伊朗人获得的收入比按市价计算出来的又低了很多。

这个协议让伊朗人成了世界的笑话，不仅收不到钱，还被嘲笑成冤大头。正是这个协议，让伊朗意识到了世界对它的敌意，开展了几十年的斗争，不论是以后的国有化运动，还是伊斯兰革命，都与此有关。

在世界贸易史上，人们常常说一个人或者一个国家必须尊重协议，但对于后发的弱国而言，一个现实的问题就是：当他们签署协议时，由于知识水平不够，往往签出明显失去公平的协议。而这样的协议期限又很长，会将整个国家锁死几十年甚至上百年。

即便是显失公平，但协议的另一方绝不会松口让步，它们一定要把这个大便宜拖上几十年。更何况伊朗面对的是在世界上已经横行了几百年的大英帝国，这个帝国没有退让的传统。但如果伊朗不反抗，政府的财政收入在几十年内都会受到巨大的影响。与此同时，它周围的沙特阿拉伯等国家却因为较为合理的授权，财政收入飙升，在国家竞争中占据了优势。

伊朗新国王礼萨汗上台后，利用政府的力量开始大力发展经济，财政赤字也随之扩大。为了应付财政压力，最简单的方式就是扩大石油收益，这样，伊朗改革的最大敌人——英国人直接与礼萨汗对上了。

双方最初的交锋在：利润的16%是如何计算的。由于英国人控制了生产的方方面面，国王根本无法看到账本，也无法知道销售石油的价格，所谓利润，只不过是英国人随口告诉的一个数字。

况且这个数字也在不断地变化，波动得厉害。1923年，伊朗收入为41.1万英镑，到了1926年，由于国王的抗议，就变成了140万英镑。但好景不长，第二年伊朗收入又变成了50.2万英镑。剧烈的波动让国王根本没有办法制定预算。英国人却不肯固定产量，也不肯固定价格。加上英镑原来是与黄金挂钩的，后来则脱离了金本位，英镑开始贬值了，这对伊朗更加不利。

在吵吵嚷嚷中，英国首先提议，每年一次性付给伊朗100万英镑，代替不固定的分成。这个办法被伊朗否决了。伊朗希望提高持有的股份，达到石油公司股份的50%，同时减少英伊石油公司的勘探面积，好把其余的土地卖给其他开发商，签订更加公平的合同。

英国人则采取了拖字诀，双方甚至上诉到了海牙国际法庭，最后才在1933年达成了新的协定。新协定规定将石油公司特许土地减少为10万平方公里，但是允许石油公司选择最好的 10 万平方公里。同时，每年付给国王的钱不少于 75 万英镑，对于石油价格也有了更加明确的规定。

从表面上看，这个新协定让伊朗方面的收入提高了，但实际上并没有解决本质性问题。协定规定的最高分成为 20%，比 16% 已经上涨，但是对比周边国家，就可以看出来这个协议多么不公平。邻国沙特阿拉伯也发现了石油，而和沙特阿拉伯联合开发的美国公司与沙特阿拉伯等国家的分成都达到了 50%，这个数字给了沙特阿拉伯充足的财政收入。

英国和伊朗新协议还重新规定了 60 年的特许期，本来特许期将在 1961 年结束，现在则延长到了 20 世纪 90 年代，从时间上看，伊朗实际上是更被锁死了。

虽然英伊石油公司只拥有 10 万平方公里的特许权，但它选择了最好的 10 万平方公里，伊朗的大部分石油仍然被这家公司垄断。

礼萨汗虽然短暂地增加了收入，却将争议留给了未来。这次石油争执给英国和伊朗都带来了巨大的心理不平衡。对英国来说，他们认为伊朗是一个不守信的国家，礼萨汗更是英国的敌人。从此以后，英国抓住一切机会嘲笑礼萨汗的改革，并想尽办法挖他的墙角。

礼萨汗痛定思痛，也逐渐明白不能依靠英国。当时正是纳粹德国扩张的年代。现在，人们已经知道纳粹德国的罪恶，但在当初，纳粹对犹太人的迫害还没有显形，世界被纳粹德国的快速经济恢复能力所震惊，许多国家都在学习德国。礼萨汗也不例外，决定与德国建立友好关系，牵制英国和北方的俄国。

这个决定让他付出了王位的代价。1941 年，在英国的主导下，礼萨汗被推翻。伊朗王位让给了他的儿子穆罕默德·礼萨·巴列维（Mohammad Reza Pahlavi），也就是伊朗的末代国王。

虽然国王换了，但伊朗和英国人的纠葛还没有结束。第二次世界大战以后，伊朗与英国争执再起。

即便是 20 世纪 30 年代改了合同，伊朗仍然是吃了大亏。1947 年，伊朗政府可以从自己国家的石油开采和销售中获得 1988 万美元（主要是产地使用费和税金），而英国政府却可以获得 5600 万美元（红利和税金）。这还不是全部，由于英国控制石油销售，伊朗人购买石油反而要花高价，而英国海军部却获得了大量的廉价石油。

伊朗人希望借照沙特阿拉伯与美国的经验，与英国人重新谈判，获得更加公平的待遇。但是，在与伊朗打交道时，英国人仍然是一副老大帝国的面孔，不乐于做出太多的让步。

英国的强硬让伊朗国内一拨最激进的人获得了借口，他们不仅仅满足于对半分，而是要将英国人彻底赶走。对于伊朗人来说，俄国和英国是两个最难打交道的国家。赶走英国人，将石油国有化，就成了伊朗石油政治最激进的步骤。

推行这一步骤的是首相摩萨台（Mohammad Mosaddegh）。他本来是一个少数派的议员，以激进态度闻名于议会，善于通过煽动群众来逼迫议会出台左倾议案。在摩萨台之前掌权的是一个温和派首相，由于他不支持石油国有化，被激进的群众杀害了。老首相死后，摩萨台成了他的继任，并主持了石油公司国有化运动。

这个运动获得了巨大的民意基础，不管是左派还是右派都为他拍手叫好。但这次运动却让伊朗陷入了经济危机。英国人对国有化作出的反应，是在国际社会上扼杀伊朗石油的空间。在英国人的胁迫下，没有一个公司敢于接手伊朗的石油设施，伊朗的油井由于缺乏技术支持，全都陷入了不能产油的困境。

即便能够产油，也没有人能把石油运出伊朗，因为英国人控制了国际航运，任何敢于运输伊朗石油的公司和国家，都会受到英国人的制裁。

伊朗人空有石油却开采不出、卖不掉。英国人花费了巨大力气封锁伊朗，并加紧开发伊拉克的油田，但仍然很难取代伊朗石油供应。双方进入了双输的局面。

在这个结几乎无法打开时，美国出面了。在国际上，能够影响英国封锁的只有美国，而在当时伊朗肯听得进话的，也只有美国。居间调停的结果，是世界各大石油巨头共同成立一个石油公司，英国也加入其中。由这个石油公司再与伊朗签订合同开采石油，伊朗政府可以获得一半的收入。

这个协议的达成，让巴列维治下的伊朗心甘情愿地加入了美国阵营。但在加入美国阵营时，也并非没有裂痕。在签订新石油协议之前，由于首相摩萨台一直反对与外国公司达成协议，也反对美国的提议，不管是伊朗国王还是美国政府，都意识到只有摩萨台下台，才能解决石油危机。

美国的中央情报局第一次在中东出手，发动了一场不流血的政变，推翻了摩萨台。

摩萨台虽然被软禁，但他反抗的姿态却成了神话。商人们、普通人大都支持这位能惹事却不能解决问题的政治家。美国人推翻他的阴谋，成了伊朗民间反对美国的第一块基石。到后来，伊朗与美国的对抗，也起始于这次中情局的出手。

在伊朗与英国发生对抗之前，世界的石油秩序是由买家控制的。也就是说，石油消费大国诸如英国控制了石油的方方面面：它们掌握了开采技术、提炼技术，离开了它们，产油国的石油就只是黑色的毒垃圾，无法处理；它们还掌握了世界航运，一旦得罪了它们，产油国的原油就会被封杀在国内，无法销售；它们还掌控着金融系统，其他国家就算买了产油国的石油，离开了它们也无法付账；它们还掌控着销售市场，控制了定价权。

产油国除了与几个大国签订合同之外，几乎没有办法处理它们的石油。而产油国与这些大国达成协议，也带有很大的偶然性，伊朗不幸碰到了不肯让步的英国，因为英国将自己的财政绑在了伊朗的石油上；沙特阿拉伯开发晚，有幸碰到了美国，并形成了后来的石油美元格局。

伊朗与英国争斗的影响一直持续到了今天，从那次争斗之后，伊朗就成了世界秩序眼中的坏孩子，竟然敢于反抗而不是遵守秩序和屈从自己的命运，而今天美国对伊朗的制裁和封锁，都可以从当年英国的措施那儿找到影子。

除了伊朗之外，产油国中还有另一个不肯屈服于命运的国家，它就是利比亚。利比亚对于世界石油市场规则的改变甚至比伊朗和沙特阿拉伯都要大，但它的结局同样令人叹息，至今依然是分崩离析状态。

利比亚的石油资源最初也是由消费国定价，是一种殖民时期半强迫的结果。

1969年，卡扎菲发动政变推翻了利比亚国王，结束了国王制。在之前，利比亚的石油企业控制在欧洲人手中，当然价格也是不合理的。签订的合同期大都是几十年，在签订之初，由于信息的不对称和宗主国的决定权，收益上石油公司拿大头，产地只能拿小头，更多也是为西方的军事工业服务的。

如果不打碎这种经济绑架，利比亚就无法做到财政自由。它可以等待几十年，等合同过期了，再签订一个较为公平的合同。但即便这样也需要防止重签合同时，这些企业组成托拉斯联合压价。而更让人难以忍耐的是在到期前的几十年里，必须忍受的不平等。

事实上，在利比亚之前，各大产油国都有心抬价，可是由于西方石油公司形成了事实上的垄断，没有人能够成功。

卡扎菲革命后，立刻宣布西方给石油的定价是不合理的。他单方面宣布，石油价格不应该由石油公司定，而是应该由产地定。为了实现这个原则，他不惜减少产量，提高价格。世界又等着看西方国家怎么扼杀利比亚，但令人大跌眼镜的是，这一次，西方的价格联合体却松动了，或者说，在与伊朗的斗争中，西方的态度已经松动了，却还没有冲开，卡扎菲又给了这个体系临门一脚，让西方终于让步了。

从此以后，石油的定价权从石油公司转移到了产油国手中。石油输出国组织欧佩克（OPEC）从此成了一个强有力的组织，产油国发了大财。

到了20世纪70年代，欧佩克组成了托拉斯，疯狂抬价，让全世界遭受了两次石油冲击。而这一切都是从卡扎菲上校的抗争开始的，他无意间让世界知道，西方并没有看上去那么强大，第三世界只要足够强硬，就能够夺回商品定价权。

但卡扎菲的例子又是无人能效仿的。事实上，第三世界到处充斥着原材料出口国，从钻石、黄金、铜、钴、铁，到咖啡、可可、花生、象牙、动物，都被人为地压低了价格。许多人都从卡扎菲的实践中看到了希望，希望能够抬高价格，获得更大收益。但大多数国家的抬价行为都失败了。因为除了石油之外，其他物资的替代性太强，都无法形成有效垄断。

卡扎菲的成功还给利比亚带去了两个影响，一个是外部的，另一个是内部的。

外部影响是，从此第三世界将他看成是英雄，而其他地区则将他看成是个无赖，利比亚与西方开始了数十年的"冷战"，直到卡扎菲政权被推翻。

内部影响是，卡扎菲被胜利冲昏了头脑，他妄图成为阿拉伯世界和非洲世界的双重领袖。他也很享受这样的幻觉，不断地指导其他国家应该怎么做，将自己的形象彻底和"反帝"绑定在一起。

依靠石油收入，卡扎菲将事业铺得很广。在阿拉伯世界，他曾经支援巴勒斯坦抗击以色列，对以色列航班搞恐怖活动，还给巴解组织送去了不少武器。他曾经指责埃及在纳赛尔死后变质了，支持埃及国内的反对派。他不断地呼吁阿拉伯国家大联合，建立统一的国家。他以身作则，尝试过不同的合并方案，首先想和埃及、叙利亚联合组建国家，失败了，又和阿尔及利亚、突尼斯谈，也没有成功。

在世界范围内，从英国的北爱尔兰，到西班牙的巴斯克，他支持了各种各样的反政府武装。在非洲，他的活动更加频繁。几乎所有反政府武装都受到过他的资助，如在摩洛哥控制的西撒哈拉地区，埃塞俄比亚控制的厄立特里亚地区，西非的尼日尔、马里、乍得。卡扎菲也并不是只支持反政府武装，那些能够和西方对着干的政府也都获得过他的资助，比如乌干达独裁者阿明。

但当他不断地把自己打造成世界领袖时，利比亚本国的变化却很有限，也丧失了发展的空间。到了阿拉伯革命时期，卡扎菲终于为自己的选择付出了代价，他被自己的国民杀死了。在他死后，利比亚成为一盘散沙，没有人能够再将整个国家联合起来。

困于剪刀差

既然许多发展中国家都是资源型国家，但是，为什么它们无法利用自己出产的原材料转化成工业国呢？到底是什么妨碍了它们的升级？原因也是多方面的。

一个事实是，几乎所有完成了社会和经济转型的非欧美国家和地区都不是原材料生产大国。不管是日本、韩国，还是新加坡等港口国家，它们都缺乏矿产、石油等资源，只有发展加工业这一条路可以走。

而那些资源大国，只有石油国家由于伊朗、利比亚等国的努力，使得这些国家作为一个群体冲破了天花板，积累了大量的财富。但是，这些国家侧重于积累财富，在社会转型方面却乏善可陈，甚至在倒退。

至于其余类型的资源，不管是矿产还是农产品，由于缺乏建立垄断组织的可能性，都很难帮助国家转型，反而让政府和社会都变得懒洋洋的，缺乏变革的动力。这就是所谓的资源诅咒。

但是，资源诅咒在解释一些国家（特别是非洲国家）时却缺乏说服力。许多国家本身是农业国，由于宗主国的政策，只生产少数几种农产品，卖掉换来一点点外汇。它们的资源并不算丰富，本来可以发展一定的工业作补充。但在独立之后，它们却依然只在少数的产品中打转，无法发展完整的工业品类，甚至连最基本的工业品都制造不出来，这就和资源的诅咒不同了。

我在西非旅行时，就发现了一个非常有趣的现象。

西非国家布基纳法索的首都是瓦加杜古（Ouagadougou），这座城市如同中国20年前的一个乡镇规模,街道大都是土路,两旁以平房和两三层的小楼为主。这里传统商业发达,人们拥挤在路边的小店里。与此同时,整个城市却只有一座象征着现代商业的大型超市。

与世界其他地方的大超市比起来,这座超市规模并不大。但里面琳琅满目的商品还是让人感觉到了现代的气氛。这里也是许多外国使节和公司人员购物的所在,为了安全,在门口都需要接受安检,进入超市,立刻从传统风格的街道回到了现代世界。

如果顾客稍微留意,就会发现超市中商品的价格透露出一丝古怪。比如,1升牛奶的价格折合人民币不过六七元钱,但是,一小杯酸奶(150毫升)却价值10元以上,如果换算成同等容量,后者的价格接近前者的10倍。

为什么两者的差别这么大呢?原因显得很荒诞:这是因为牛奶是本地产的,而酸奶则必须从法国或者西班牙进口。牛奶对于布基纳法索来说是农业品,而酸奶则成了工业品,正是进出口的剪刀差造成了两者的差异。

除了乳制品之外,这样的价格剪刀差随处可见:当地产的袋装水1升折合人民币不到1元钱,而外国产的瓶装水1升则高达6元。罐头的进口来源有两个,从欧洲进口与从同属于非洲国家的利比里亚(Liberia)进口,两者价格差了三到四倍。

看到这里,另一个问题油然而生:既然存在着工农业品这么严重的剪刀差,为什么这里不把这些简单工业品国产化呢?比如,如果酸奶能做到国产化,就能把价格降低很多,对于消费者和本地厂商都是有利的。

答案是:西非的工业太落后了,布基纳法索缺乏许多必要的工业配套,以至于连最基本的工业品都做不出来,于是只能承受高昂的进口成本。

以水为例,一位超市经理告诉我为什么当地生产不了瓶装水,不是因为水的问题,而是当地生产不了合格的塑料瓶。就因为瓶子的问题,瓶装水就只好进口。

整个超市里,在布基纳法索国内生产的产品不会超过10%,剩下的都要从原来的宗主国法国和欧洲其他地区进口。只有到了这里，才会理解，一个国家的工业化并非是理所当然的，它有可能在几十年内都原地踏步。

人们常常有个错误的认识，只要一个国家独立了，就自然会实现工业化，并自动产生就业，走向现代化，生活也就获得了改善。但是，世界上许多国家却证明，即便独立了，工业化仍然不会自动到来。不管我在非洲，还是在缅甸、阿富汗等地区见到的状况，都证明，一个国家可能会经历数十年的停滞甚至倒退，并长期保持在工业化之外。

2012 年缅甸刚结束了军人统治，我进去考察时发现，在缅甸首都一家超市里如同是万国博览会现场，日韩的电器和化妆品，泰国、越南、马来西亚的休闲食品，印度的日用品，中国的小商品和小家电，夹杂着一些美国和欧洲货，都出现在了缅甸人的面前。而缅甸本身生产的，在整个商店里不超过 20%。即便 20%，也是一个高估的数字。缅甸的商品只涉及原材料、最简单的加工品，稍微复杂一点就要依靠进口。

到底是什么妨碍了这些国家的工业化呢？原因不外乎三个。第一，工业化需要和平的环境，如果一个国家存在战乱，人们就无法集中精力去发展生产，从而出现长期停滞，这样的情况类似于阿富汗、叙利亚等国家。第二，即使没有战乱，但是如果国家领导人没有选择正确的经济发展道路，也会将国家长期锁在停滞之中，而这种情况类似于发生了军事独裁的缅甸，直到最近 10 年，虽然缅甸军人政府自动放弃权力让位于民选政府，缅甸进入了快速发展的时期，但是 2021 年缅甸再次出现反复，更何况即便不出现反复，要想追回逝去的时光依然困难重重。第三，就算是国家没有战乱，也没有采取独裁、锁国，是否就有可能迅速进入工业化呢？非洲的例子告诉我们，依然是不一定。

以西非为例，由于西非是法国的殖民地，虽然从名义上这里已经独立了，但法国的影响力依然无处不在。当马里国家发生了叛乱时，马里政府首先依靠的不是国际社会，而是法国出兵。塞内加尔依然认为达喀尔是西非的中心，因为法国控制了这里的金融和商业,从而从这里出发控制着西非。而西非国家普遍使用的跨国货币西非法郎,更是一种法国建立的货币体系,每一个使用西非法郎的国家都没有独立的货币政策。

通过一系列软性的方法,法国依然控制了这些西非国家的经济生活。

在这些国家独立之前,法国就把它们打造成法兰西帝国的一个个器官,这些器官只生产一两样初级产品,不发展加工制造,也不发展其他工业,并且初级产品都只能卖给法国,也只能从法国进口加工品。法国殖民地是没有办法从英国购买商品的,更别提从亚洲国家购买,只能依靠法国建立单一的进口渠道。它们也没有权力决定自己的农业品应该卖给谁,只能强制性地卖给宗主国。

正是靠这种强制性,使得宗主国能够从殖民地体系中吸纳大量的资本,以供养宗主国的人民。这是一场零和游戏,宗主国所得,就是殖民地所失。

也许有一天,当人们回顾欧洲对非洲的影响时,会发现被不断批判的奴隶贸易并非影响最深远的事件,真正影响非洲社会结构的,反而是不那么起眼的边界划分,以及普通商品的贸易剪刀差。

后来,非洲国家即便独立了,商业和经济上的惯性却保留了下来,继续被欧洲国家压榨。

这种特殊的关系,使得非洲变成了一个物资极其匮乏却物价昂贵的地区,这里的物价水平远高于在亚洲的同等国家。由于进货渠道单一,而欧洲又不主张非洲发展自己的工业,甚至以保护动物等各种理由来限制非洲国家的现代化,使得非洲在独立之后又保持了许多年的附属地位,在经济上继续受到了欧洲的压迫。

然而,这样的情况在最近一二十年又有了不少变化。事实上,随着亚洲经济体一个接一个地发展起来,非洲国家也享受到了发展和国际化的好处。

非洲人习惯告诉我,这些年进口产品的价格已经降了不少,比如小家电、日用品、药品等。当然,其中的原因不在于欧洲的慈悲。以前电器都必须从法国进口，现在改为主要从中国进口。以前的药品更是普通人吃不起，自从印度药崛起之后，整个非洲都成了印度药的天下。西方虽然每年都援助非洲大量的药品，但这些药品不是浪费了，就是被政府官员拿走卖了高价。

除了亚洲之外，供应给非洲商品的国家主要还有土耳其、埃及、摩洛哥和突尼斯，这些国家都有一定的工业基础，成了非洲的主要商品供应国。

在非洲国家刚独立时，由于贸易对象还是原来的宗主国，造成了物价的昂贵。当日本、中国、印度这样的国家发展起来，又经过一段时间这些国家的商品到达非洲，并打破了原宗主国在经济上的封锁，非洲国家才获得了足够的好处。

现在，非洲的经济恰好处于一个打破旧秩序、发展新秩序的过程中，一方面，中国和印度商品大量冲向非洲，只要能够到达非洲的商品，价格立刻大幅度下降。但另一方面，总会有一部分商品是无法从中国和印度运过去的，最典型的就是加工食品。由于距离遥远，并且有着不同的饮食习惯（非洲饮食口味是由欧洲决定的），非洲很少从中国进口食品，他们还是从欧洲进口，其价格依然是高昂的。如果要想解决这部分商品的价格问题，唯一的方法就是发展本地的加工业。而这一点，却依然是非洲欠缺的。

事实上，非洲（和其他发展中国家）的问题，归结起来，又变成了另一个问题：如何投资才能让这些国家获得更多的产出。这里必须让人们明白投资的价值。只有投资才能如同下金蛋的鸡，投入一分，就可以获得持久的收益。

对于新兴国家而言，最大的投资莫过于两类：第一，能够产生效益的工厂；第二，能够让当地经济提速的基础设施。在这里，基础设施尤其重要。

基础建设的悲喜剧

要想周游世界，最多样化的交通是火车，而最能看出一个地区基础设施水平的也是铁路。

世界上的汽车模样大都雷同，但世界各地的火车却都有着自己的特征。比如，乌兹别克斯坦留下的苏联式的火车，卧铺车厢内的铺位白天是座位，到晚上，乘务员挨个儿发了铺盖，座位经过如同变形金刚式的变形，才支成了铺位，大家纷纷铺上铺盖上床入睡。到了第二天一早，乘务员就会挨个儿喊大家起床，将铺盖收走，于是卧铺又变成了座位。在这里，火车是一个纪律化的工具，即便卧铺也只能在晚上使用，这对于我这种习惯于睡懒觉的人颇难以接受。

印度的火车除了卧铺车厢之外，一般还会拿出一两节车厢设成统舱，在这些车厢中并不对号入座，票价也非常便宜，坐上一天一夜，价格也不过只有十几元人民币而已。统舱车厢里也不查票，许多流浪汉不花一分钱就可以跑遍全国，这使得印度成了人口迁移大国。除了统舱，每一列火车还有一节女士车厢和一节残疾人车厢，表现了当年英国制度的人性化。虽然印度的火车跑得不快，但由于四通八达，在中国铁路崛起之前，是世界一大奇迹。

印度车次编排也非常灵活，甚至在路上，到了某个中转车站，原本一列火车也会被打断成两截，每一截与其他不同的列车重新组合上路，去往不同的目的地。因此，在乘坐一列火车时必须看准车厢，因为不同的车厢可能去往不同的目的地。我曾经在海得拉巴上了一列火车，它的前半截前往班加罗尔，后半截去往果阿，两个目的地相差了数百公里，如果不是当地人的提醒，准备前往果阿的我就差点儿去了班加罗尔。

在我所有的火车旅行中，最艰难的一次旅行是乘坐毛里塔尼亚的矿车，这趟矿车原本只是连接一个铁矿和港口的货运列车，有100多节，却又设立了一节（只有一节）载人车厢。车厢里人山人海，地面上是一层厚厚的矿粉，颠得所有人灰头土脸，但这列火车却是唯一的交通方式，因为两地间根本没有公路。

而我印象最深刻的是缅甸的铁路。缅甸的铁路也大都修建于英国殖民时代，缅甸独立之后，进入了封闭期，这些铁路系统就进入了年久失修的状态，虽然至今依然在运行，但是铁路的状况却很糟糕。2012年和2019年，我两次乘坐缅甸的列车。第一次时，在硬座车厢睡着的我曾经被火车颠到了地板上，这是我第一次知道火车竟然可以跳跃。2019年，我和我的父亲再次前往缅甸，我专门定了两张卧铺票。缅甸的卧铺车厢带着英国殖民时期留下的奢华，这里的卧铺都是包厢式的，每一个包厢只有四个铺位，其中下层铺位可以收起来变成两张椅子，又可以随时打开变成卧铺。

列车开动后，上厕所便成了一项艰巨的工程，特别是对于老人，当站起来后必须随时抓住点东西，以免被火车抛向天空。

到了第二天下火车时，父亲欣喜地告诉我，他腰椎间盘突出的毛病似乎被颠好了，比硬板床都管用得多。这是缅甸火车带给他的最大收获。

缅甸的火车似乎说明了这个百废待兴的国家遇到的困境：它的基础设施都已经老化到了极致，不知道还能用多久，却又缺乏资金来修缮这些设施，更别提建设新的铁路了。

事实上，绝大部分新兴国家所面临的困境都是一样的，他们缺乏资金去做基础设施，人民也无法享受到现代化的生活。

在走访中，我最大的感觉，是一条好的道路对于一个地区的帮助有多大。先说国内的情况，在中国西部，许多地区在之前由于基础设施跟不上，不得不游离于全国经济边缘，在西藏的墨脱县，公路打通之前，县城的人们只能徒步行走三到四天，才能与外界联系。并且这两条步行线路只能在夏天开通，一到冬天就被冰雪封锁了。春天是充满了陷阱的季节，在我走访墨脱的2006年，由于一批背夫心急想早点儿进入墨脱，提前了几天出发，就有十几人被巨大的雪崩埋入了雪层之下。他们的尸体被冻在了雪中，随着夏天化雪才逐渐显现出来，后来的人们经过时，都能看见他们的尸体，却无能为力，因为没有足够的精力和时间将他们从冰层下挖出来。直到几个月后冰层化得差不多了，人们才能将他们收殓。但这一切随着扎墨公路的修通而告结束，一条公路就这样彻底改变了一个县城。

现在，在中国西部，公路、电力、网络已经将全国的经济状况完全改变，即便是云南最偏远的山区，也可以依靠基础设施，在网络上售卖自己的农产品到全国的任何地方。人们常常认为，在这么偏僻的地方修一条公路是非常浪费的投资，但公路修好之后，当地就出现了五花八门的经济形式，远远超出了人们的想象。

在世界上，也有许多这样的例子。在非洲的毛里塔尼亚，随着中国建设大军的进入，撒哈拉腹地最偏远的古城可以通过一条柏油路与首都直接相连。古代时，骆驼在沙漠中需要跋涉数个月的路程，如今只需要一天就可以到达。在肯尼亚北部，连接莫亚乐口岸和首都内罗毕的公路曾经是一条土路，许多旅行者至今依然记得它有多难行，但2014年我经过时，当地人就告诉我一支中国的筑路队正在那儿修路。如今，它已经变成了一条上好的柏油路。在埃塞俄比亚，中国人也参与修建了大量的道路系统。

在中国的北方邻居蒙古境内，一条连接首都乌兰巴托和西部的道路已经修了近10年，进展缓慢，但随着中国工程队的加入，这条路已经修到了西部地区，距离全面铺油不会太遥远了（2013年所见）。对于蒙古这样地广人稀的国家，一条柏油路更是影响深远，以至于牧民带着牲口转场，都不用牲口自己走了，而是用车拉着走。蒙古已经从牲口背上的国家，变成了一个车轮上的国家。

可以说，中国对于世界发展中国家的帮助是恰如其分的，恰好抓住了它们最需要的东西：基础设施。

除了公路之外，电信设备给了发展中国家另一个机会。事实上，许多国家的电信设备与发达国家之间的差距已经大大缩小。以印度为例，印度由于起步晚，大部分人并没有赶上固定互联网浪潮。印度是一个精英化的国家，有世界领先的软件公司，但大部分人却并没有接触过固定互联网。但到了移动互联网时代，印度与发达国家的差距突然间缩小，几乎所有的人都通过手机与世界有了联系。印度在很短的时间里就成为移动互联网人群发展最迅速的市场。大批的互联网公司诞生，依托于人口大国的地位，变成了世界不可忽视的一极，这一点，得益于电信基础设施的发展。

虽然基础设施对于一个发展中国家极其重要，但也有不少随之而来的问题。

在我访问非洲时，就曾经发现，许多中国援建的基础设施利用率并不高。以在肯尼亚和埃塞俄比亚修建的铁路为例。在肯尼亚，有两个国际性的城市，分别是首都内罗毕和海边港口蒙巴萨，这两个城市的地位类似于中国的北京和上海。2014年之前，沟通内罗毕和蒙巴萨的，有一条英国时期的旧铁路，运力非常有限。人们来往于两座城市之间，通常乘坐巴士。两座城市间距离约470公里，人们一般选择坐夜班车，傍晚坐车，第二天一早到达。

从2014年开始，一条新的铁路如变魔术一般出现了。这一年，乘着中国总理访问的机会，肯尼亚新总统小肯雅塔（Uhuru Kenyatta，首任总统的儿子）与中国签订了修建新铁路的协议。

按照肯尼亚速度，签订协议后的10年内是论证和争吵的时光，如果项目有幸熬过了这个阶段，下一个阶段就是筹款，持续几年的筹款过后，又进入了新的争吵。至于开工，可能是20年之后的事情。由于总统任期只有两届，大部分项目熬到下一任总统，也就无疾而终了。

但这一次事情却起了变化。作为建设民族的中国人让肯尼亚大吃一惊。三年后，在本地人还没有反应过来时，一条近500公里长的铁路已经摆在了蒙巴萨和内罗毕之间的高原上。铁路上的每一座火车站也不再是东非标准，而是充满了现代化气息、又有些粗糙的综合性站点，虽然不算优雅，但放在非洲已经是超标准。

这条铁路将两座城市之间的旅行时间缩短到了4个小时，如果开足了运力，人们上午出发到另一个城市去办事，下午就可以回家吃晚饭，这种速度在以前是不敢想象的。

这本来是一件解决运输问题的大好事，如果按照当年日本、中国的发展节奏，接下来必然是，这条铁路开足马力运转，人们借助铁路的优势发展经济。但不幸的是，后来的发展并没有进入这样的设定。让我们看一下接下来的情况。

首先，这条铁路让肯尼亚的反对派目瞪口呆，他们本来攒足了精神要反对建设，但还没有来得及作准备，就发现铁路已经建好了。当蒙内铁路建成后，反对派意识到，要想反对新项目，也必须加快速度。

于是，反对蒙内铁路延长线（从内罗毕到乌干达边界）的抗议活动紧锣密鼓组织起来，让新项目的难度陡然加大。各种动物保护主义者认为铁路会损害动物的活动，部落居民认为铁路会促使他们抛弃掉原始的优良传统。延长线建设的速度比主线已经放慢了不少，何时完工就不再受控了。

其次，蒙内铁路的运营也出了问题。按照规划，铁路如果要充分运用，需要一天运行数趟数十趟，将大部分的汽车客运都转到铁路运输。但蒙内铁路建成后，原本的汽车客运公司立刻感受到了压力，他们也是政治的一部分，立刻行动起来抵抗蒙内铁路的冲击。妥协的结果是：一条现代化的铁路线，每天只运行一班车。

由于铁路运力没有利用起来，火车车票成了奢侈品和抢手货，大部分人由于买不到火车票，还是得回去坐夜班汽车，忍受十几个小时的颠簸。

执政的政府虽然推动了蒙内铁路的建设，但它也似乎并不想打破汽车公司的饭碗，于是满足于将蒙内铁路当作一个政绩，解决了一部分铁路职工的就业，同时不影响汽车职工的票仓。

蒙内铁路就在运力不足的尴尬下运营着。按照通常思路，蒙内铁路只是一个经济发展的问题，但在肯尼亚，却没有谁将它当作单纯的经济问题，而是复杂的政治问题。铁路本来是一条可以提升当地人生活质量的好项目，却由于政治争斗而步履蹒跚。

与蒙内铁路类似的，还有中国援建的埃塞俄比亚铁路，这条铁路连接了埃塞俄比亚首都亚的斯亚贝巴和港口国家吉布提，为的是解决埃塞俄比亚没有出海口的问题，通过铁路与吉布提相接之后，就可以利用吉布提的港口帮助埃塞俄比亚发展。但至今，这条铁路的客运也没有超过一天一趟。

在非洲，不管是现在还是以前，铁路都有着特殊的"半衰期现象"。之前，一条铁路刚刚建成时，往往能够维持一天一趟的运力，但由于运营火车是需要技术的，这牵扯到乘务人员的培训，地勤人员的协调，以及技术人员对铁路和机车的维修，这些背后的功力做不到，就无法增加车次。

到了后来，随着铁路的磨损，运力逐渐下降，车次就会逐渐减少，变成每周五趟、四趟、三趟……最终减少到每周一次，几十年后，由于铁路年久失修，最终这条铁路就会报废。

在坦桑尼亚，中国在几十年前援建的坦赞铁路已经进入了一周两次的周期之中，接近生命尾声，而在塞内加尔，一条法国时期修建的连接邻国的铁路已经从一周一次变成了一周零次，正式告别了生命周期。只有毛里塔尼亚的矿石铁路由于有着巨大的经济效益，依然维持着每天一趟的频率。

如何让这些国家能够学会软硬件两方面的技术，协调更多的职工、开出更多的班次，自己解决维修问题，这都是发挥基础设施效率的关键因素。

除了技术问题之外，还有对人的培训。

事实上，在中国，"以经济建设为中心"这句话已经深入人心，但许多发展中国家却依然没有意识到经济发展的重要性，他们将"信仰""斗争"等理念放在了经济之上，由于理念的失序，既无法解决经济问题，又反作用于社会，让社会更加混乱，既进一步激起了暴力。

要想提高人口素质，必须大力发展教育。最近10年来，发展中国家的学生开始大量涌入中国进行学习，可以看作这些地区人民对于幸福渴望的一种表现。这也给中国的教育提出了挑战。一方面，发展中国家的学生到中国学习是一件好事，就像当初中国人跑到美国去学习一样，中国现在同样可以帮助一部分外国学生，让他们学到知识，回去帮助自己的祖国。但另一方面，又要考虑如何才能让他们学有所成，避免混日子。

只有人员培养到位，才能在基础设施建设中减少浪费现象。而浪费，往往是一个国家在建设中必然产生的现象，但有时候又会扩大成为资金利用的死穴。

中国企业走出去的磨炼

随着中国等国家的投资在世界发展中国家的铺开，另一个问题也浮现了出来：一个发展中国家仅仅依靠援助，就能够从落后变得现代化吗？

事实上，世界已经以援助的形式帮助发展中国家建设了许多的基础建设。以中国帮助非洲建设的坦赞铁路为例，这条铁路对坦桑尼亚和赞比亚形成了巨大的帮助，赞比亚是一个不靠海的国家，却有着丰富的铜矿资源。坦赞铁路修通之后，赞比亚可以通过这条铁路将铜矿运到坦桑尼亚最大的港口城市达累斯萨拉姆，与世界连接起来，而坦桑尼亚也可以从运输铜矿中获得运费收入，一条铁路帮助了两个国家。而这条铁路也是中国在最困难时期无偿援助非洲的。

但是，一个国家仅仅依靠援助很难获得持续的发展，反而有可能陷入对外依赖之中。并且由于援助款项来得太容易，反而造成了持续的浪费，甚至会引起当地人的抵制。2020年底，中国资本撤出肯尼亚在拉穆（Lamu）的火电项目，就恰好说明了当地人抵制可以造成的局面。

拉穆是肯尼亚东北部的一个古老城镇，据说在郑和下西洋时就曾经到过这里，而现在拉穆古镇列入了联合国教科文组织的《世界遗产名录》。肯尼亚地区缺乏电力，拉穆也不例外。政府为了发展经济，决定在附近建设一座火电厂。对于遍地电站的中国来说，这并不是个大问题。而由于非洲地区经济落后，碳消耗量并不大，和全世界相比还有相当大的差距，建设一座火电厂也并不会增加太多的碳排放。并且，只要严格管理，也不会带来太严重的污染问题。这样一座电站本来是可以显著改善当地的居住条件的，然而反对最激烈的反而是当地人。

肯尼亚是一个拥有反对派的国家，任何在任政府的工程项目，不管是否合理，都必然遭受在野党的反对。这一次，反对派打的旗帜是保护环境，抵制火电。于是，在这个连电力都不充足的国家，却利用后现代的环保借口，抵制这个项目，导致了项目的搁置。

中国企业在走出去时，遇到了许多这样的项目。有的项目难以实施，根子里是当地人害怕变革，不管这个变革是好是坏。最终，这种害怕会以各种后现代议题的形式爆发出来。在建设蒙内铁路时，为了动物的生存权，必须牺牲人类的发展权；在建设拉穆电站时，在发达国家都不肯减少碳排量时，作为碳排量小国的肯尼亚人却以环保为借口抵制这个项目。

但这也是中国企业走出去必须经过的磨炼。这一方面是由于中国企业都太年轻，整个世界依然用怀疑和猜忌的眼光对待这些冲劲十足的企业。另一方面也是世界上每一个企业都曾经面临过的局面，不仅中国企业，就连欧洲、美国企业，在介入这些地区的经济事务时，都曾经遭遇过类似的事情。只有与当地有了更久的磨合，双方彼此熟悉，才有可能找到一条双方都接受的道路。

事实上，已经有越来越多的国家开始关注中国的发展，并试图学习中国，将经济议题的地位提高到第一位。

肯尼亚周边的几个国家在经历了众多的波折之后，都乐于选择与中国类似的发展道路。

坦桑尼亚曾经经历过尼雷尔的乌贾玛主义，但当他们转向市场经济时爆发出了巨大的活力。由于人民的教育素质相对较高，而经历过贫穷之后的人们也知道了经济的重要性，虽然也有不少磕碰，但整体上对于中国资本是非常欢迎的。

而在乌干达，虽然出现过阿明这样的独裁者，但当第三代领导人穆塞韦尼（Yoweri Kaguta Museveni）上台后，立刻采取了经济优先的务实态度，大力发展经济，引进外国资本，在他的领导下，乌干达已进入稳定期。

乌干达的邻居卢旺达发生过举世震惊的大屠杀事件，但仅仅过了20年，乌干达已经进入了高速发展的节奏。这得益于总统卡加梅（Paul Kagame）决定用经济发展来解决种族冲突问题。他意识到，乌干达之所以问题重重，很大程度上是由于人们的生存压力太大，不得不采取你死我活的斗争模式。只有经济发展了，人们都有了饭吃，才能在根子上解决暴力问题。

不管是卡加梅还是穆塞韦尼，在多个场合都曾经表示欢迎中国资本的进入，这是一种务实的态度。引进资本的确带去了现实的好处，它们可能会成为榜样，改变人们对于中国资本的看法。

肯尼亚的北面邻居埃塞俄比亚同样是个灾难深重的国家，它在短短的几十年内，经过了两次令人震惊的独裁，又爆发了两次血腥的内战。但也正因为这样，埃塞俄比亚深刻地体会到了发展的重要性。中国援助的基础设施在埃塞俄比亚的铺开相对要顺利得多。埃塞俄比亚将自己定位为东部非洲的制造业基地，试图利用人力资源（它是非洲第二大人口国家）来发展低端产品的加工制造业，形成核心竞争力。

在缅甸，中国企业的命运更是随着民主化进程而起起伏伏。最初，缅甸某些地区也曾经出现过短暂的对中国资本的敌视，但昂山素季政府的发展需求使他们逐渐发现中国资本是稳定可靠的发展助力，双方再次进入了一个较为和谐的时期。至于未来会如何，依然需要时间去观察。

我们也必须意识到，在世界，即便有不少相对顺利的例子，但中国企业在未来一二十年内依然要面临许多困难。这是一个新兴国家的企业必须面对的挑战，只有依靠耐心，并学习国际上复杂的规则，减少无效投资，寻找双赢的空间，而不是仅仅诉诸对抗，才能熬过这个阶段。

第七章

新兴国家的战争与毁灭

遭遇战争恶魔

2016年，在阿富汗的首都喀布尔，就在我遇到扎希尔老人的第二天，我终于遇上了战争这头恶魔。

在阿富汗，处处都能看到战争的痕迹，在潘杰希尔谷地之中至今依然散布着大量的苏联坦克，那是20世纪80年代的遗迹。在北方通往边境时，一路上盘查的士兵穿着与政府军迥异的军装，收取着每一辆车的过路费。这些士兵属于北方军阀、乌兹别克族的杜斯塔姆（Abdul Rashid Dostum），此人虽然已经担任了阿富汗联合政府的副总统，但依然不肯放弃对于军队的控制权，而北方围绕着大城市马扎里沙里夫的地域就是他的根据地。

但在首都喀布尔，这里是中央政府控制的地盘，相对更加安全。我本来以为，只要在白天活动，在这里就不大可能出现意外。不想就在首都郊区的大白天，让我见识了战争带来的混乱。

那一天是8月17日，我和一位在飞机上遇到的中国小伙子倪瑞迪去了喀布尔南部的巴布尔花园。喀布尔城区分成了两部分，北面是新区，南面是老区，中间由一座叫电视台山（Koh-e-Asmai，或者TV Mountain）的小山隔开。在电视台山的东南方对面，还有另一条小型山脉（叫Koh-e-Shir Darwaza），在山上有一条类似于中国长城的古老防御墙，这是古代喀布尔遗迹。在20世纪90年代的军阀混战时期，南方军阀正是占据了这个高地，才能够向喀布尔北部的城区发射炮弹。

在这座山旁边，就是著名的巴布尔花园。这里是莫卧儿帝国的开国者巴布尔的墓葬所在地，由于他在伊斯兰世界广受尊敬，即便发生了如此众多的战乱，但墓葬依然保留着。

那天，我们首先来到巴布尔花园游玩，这里依然是一片祥和。男人带着女人、孩子，在花园里铺开地毯，摆放出琳琅满目的食品开始野餐。大学生们成群结队，对外国人充满了友善。

从巴布尔花园向北方的山顶上望去，就可以看见不远处的喀布尔长城，以及山顶上的一个防御城堡。这座城堡在当年适合架炮，而现在却是观察喀布尔市区的最佳地点。

下午4点多，我们决定爬到城堡去拍摄喀布尔的全景。爬山用了不到半个小时，山上的风景果然非同寻常。随着地势的升高，一座巨大的如同传奇一般的城市出现在眼前。从高处向下望去，首先进入眼睛的是对面电视台山上那庞大的民居区，这些民居依山而建，如同密密麻麻的火柴盒子。

在山坡下的盆地中，则是喀布尔的主体部分。这是一个被山分成了两半的城市，新区部分由于电视台山的阻挡，只能看见一部分，而老区则完全映入了眼帘。喀布尔的城市建筑不高，却很复杂，有的建筑显得豪华奢侈，有的简单到只剩一个框架。这里除了是战乱之地，也是世界上最贫富不均的区域之一，百万富翁布满了警卫的豪宅与毫无保护的贫民窟同在一城，马车、电动车与豪华吉普争抢道路，时常将道路堵得水泄不通。

当我们将要爬到山顶，距离城堡只有一步之遥时，遇到了几位当地人，他们示意说，这里都是贫民窟，并不安全，催促我们赶快下山。于是我们只好按照原路返回。

事后我们知道，两个中国人的到来在瞬间就已经传遍了周围区域。我们上山时，人们没有足够的时间来作准备，但当我们按照原路下山时，几乎就是送上门去诱惑那些贫穷的年轻人。

我们在下山途中走到一半时，终于为自己的好奇心付出了代价。在贫民窟边上，一个小径的转弯处，突然闪出三个持刀的青年，他们挡住了去路，在我还没有反应过来时，就抓住了我的胳膊。

一天前，正是地毯商扎希尔提醒我："在阿富汗，你必须随时保持警惕，因为这里唯一永恒的东西就是战争和混乱。哪怕你现在看起来风平浪静，大街上已经车水马龙，但只要一秒钟，一声枪响，一个爆炸，一把尖刀，就会让你回到混乱之中。"不幸的是，我的遭遇恰好证实了这一点。

但幸运的是，在三名青年抓我时，一路上跟在我身后的同伴却反应机敏，转身寻找其他的路，向山下逃走了。同伴的逃离让三个青年愣了一下，可能打乱了他们的节奏。

根据后来的猜测，他们曾经试图将两人绑架。事实上，就在我们到达喀布尔的前几天，有两名西方的教授就刚刚在市区遭到了绑架。他们刚走出大学，就被架上了一辆小汽车消失了。这两名教授在2016年被抓，直到2019年底才被释放。他们的经历也表明，一旦成为人质，所经历的周折将非常复杂，不仅可能面临高昂的赎金，还随时有生命危险。即便活着出来，也染上了严重的斯德哥尔摩综合征。

同伴逃离后，三名青年持刀架住我的胳膊，想把我拖走，我只好死命地将背靠在一堵破墙上，表达自己不肯跟他们走的决心。由于贫民窟里多的是空房子，只要他们把我拉入任何一间，外界就不可能再找到我了。哪怕当地人知道我的所在，也不可能告诉政府和营救人员。

就在我不断地向后靠时，突然间，我的头部遭到了重击。不知道谁用什么东西砸了我一下，我的眼前发黑，向下坠着身体。接着又挨了一下，向下瘫去，又不甘心倒下。

就在昏沉中，三名青年却突然放开了我，他们捡起了我的背包逃走了。后来我才发现，我之所以幸运地避免被绑走，是因为从不远处的贫民窟里突然走出来几个人，三名青年见有人来了，这才将我的背包掳走，放了我一马。

劫匪消失后，我的身边突然热闹了起来，旁边贫民窟里的人都出来了，目瞪口呆地望着这位不知道从哪里来的陌生人。我朝他们大声喊"police"，于是男人们替我打电话，女人们望着我，孩子们围绕着我转圈，直到这时我才意识到自己受伤了。事实上，在刚受伤的时候感觉不到丝毫的的疼痛，在他们的示意下，我才注意到鲜血已经从头顶流下，浸湿了我的半个膀子，糊在脸上如同干掉的蜡。在我的右手肘部还有一处伤口，如同一张奇异的嘴巴，皮向外翻着，露出了鲜红的血肉。

一位村里人拿来了水，帮我洗掉了手上和脸上的血，另一位则带来了一块头巾，包扎在手臂的伤口上，至于头上的伤口则没有办法包扎，只能听凭它继续流血。

他们抢走的背包里有相机、手提电脑和护照，他们还拿走了我的钱包和手机，钱包中除了当地的钞票之外，还包括我的银行卡和中国身份证，以及2000多美元的现金。也就是说，我已经身无分文了，也没有任何东西能证明自己了。但毕竟我还活着。

十几分钟后，一名持枪的警察从山顶城堡的岗哨处姗姗来迟，将我从自拍的人群中解救了出来，带到了山下的派出所，在这里我发现了逃走的同伴，他正在手忙脚乱地报警，但警察不一定听得懂他的话，直到我的出现，一切就都不用再解释了。

在经过了遭劫的慌乱之后，突然间气氛显得有些滑稽。我的到来带来的首先不是沉重，而是一种兴奋感。警察们，以及外面的人纷纷围上来问寒问暖。他们也纷纷拿出手机和受伤的中国人自拍。

拍照的空挡里他们给我拿来了饮用水，脸虽然在山上已经洗过，可由于血没有止住，此时脸上已经又沾满了血，他们又打来了一盆水给我洗脸。一位青年拿来T恤衫换掉了我沾血的衬衫。这件作为礼物的T恤衫上，有一个大大的笑脸标志，上面用英语写着"Mr. Happy"。

清洗完毕，派出所长热情地搂着我，上了一辆警车，向着医院开去。一位医生微笑着迎接了所长，但当他听说了我的遭遇后，却并不愿意给我提供治疗。医院的医疗材料过于紧缺，而我又已经失去了付账能力，显然对他们不划算。

派出所长和医生把我晾在了一边，两人在讨价还价。最后，所长从裤兜里掏出钱包，抽了几张小票子递给他，医生才把我请进了包扎室。他只给我包了手臂上的伤口，至于头上的，由于已经慢慢止住了血，我就只能去私人医院花钱包扎了。

从医院出来，所长带我去了他的上级机关：警察局。这时，真正的破案工作才展开了。

从街上看，警察局所在的路段只是一排长长的防爆墙，防爆墙用T字形的水泥墩构成。在这一排水泥墩的某个部位，突然间开了一个小口，口子的宽度恰好容一辆吉普车通过，小口上有一个横杆，由两个士兵把守。士兵拉开横杆，吉普车从小口通过后，两边仍然是高高的防爆墙，前面拐过一个90°弯，接着又拐了一个90°弯，才到达了一个小广场，在小广场的背后是一栋黄色的小楼，警察局就在这栋小楼之中。如果有人要利用汽车炸弹袭击这个警察局，必须首先找准位置闯过横杆，再拐过连续两个急弯，才有可能到达广场，靠近小楼。但这样的难度再高超的司机也无法做到，只要他无法到达小楼，任何中途的爆炸都无法伤害到小楼内的警察。

在阿富汗的警察局，我体会到了，即便在世界上最乱的地方，也有着充足的秩序感。警察局一楼的楼梯下就是嫌疑人的临时关押处，里面关着几个当地人。由于刚刚被劫的兴奋感，我好奇地望着里面的人，里面的人也纷纷从铁门后向我这个外国人打招呼，我甚至有一种想和他们一一握手的冲动，仿佛不是在警察局，而是在某个和平的外交场合。但最后我也不知道他们因为什么被关押。

按照我最初的理解，既然丢失了所有财物、通信工具和能够证明我身份的东西，接下来我能做的无非就是联系中国大使馆获得临时证明回国，至于财物是不可能追回来的。

但接下来发生的事情却并非如我预料，并证明作为战场的阿富汗也有着完善的司法系统。

负责我案件的是一位中年探长，名为阿米里（Ahmadzahir Amiri）。他听了我简单的叙述，让一位年轻的会英语的探员带我回到现场。于是，在太阳正要落山的时候，我们坐车又回到了山顶的城堡。此前，我与那位同伴只来到了距离山顶城堡一步之遥的地方却没有上去，这一次在警察的护送下竟然来到了这个喀布尔的制高点。

喀布尔的美丽在这一刻尽入眼底，太阳已经很低，即将落山，整个城市笼罩在一片金黄色之中，有的地方已经开了灯。在金色之下，人类的住房如同一张斑驳的地毯铺散开来，将整个山谷填满。

数千年来，每一个到达此处的人都会为它的美丽而叹息。不管是最初到这儿的雅利安人，还是战神巴布尔，或者遭遇了全军覆灭的英国人，以及20多年前撤军的苏联人，他们都一定登临过这里俯瞰。只是，所有的人都如同匆匆过客，将自己的野心留下，唯一没有变化的只是山川。

傍晚时，有不少当地人从下面的贫民窟爬出来，到这儿眺望，许多孩子在下午时都见过我，纷纷上来和我握手致意。这是一幅多么和平的景象，谁能想到，刚才的罪恶就在附近发生？

探员试图向人们打听那三名青年到底是谁，却一无所获。就在他带我准备离开时，我突然转身对着侦查员，指着在城堡上围观的当地人，说：请帮我翻译一句话给他们，行吗？

侦查员愣了一下，问我想说什么。

"请告诉他们，我爱阿富汗，我爱阿富汗人，我知道你们经受了苦难，但我也知道你们是勇敢的民族。（Please tell them: I love Afghanistan, I love Afghani. I know it is hard time for you, but I also know you are brave people.）"

我本来还想多说几句，但突然间接不下去了。听到我的话，侦查员愣住了。他盯着我的脸，问道："要知道，正是他们刚刚抢劫了你。"

"是的,我知道。"我连忙回答,"但我也知道,哪里都有好人和坏人。你们现在的苦难,更多是贫穷和战乱造成的,只有恢复了和平,才能真正过上好日子。"

我的话让侦查员有些动容,他犹豫了一下,还是将我的话翻译了过去。我和伙伴转身上车,等待着他跟过来,好送我们下山。等了好一会儿,探员才姗姗来迟。跟着他的,还有两位在山顶上值班的警察。

"我们找到了一个。"他打开车门告诉我。望着吃惊的我们,他又解释了一句:"那三个人里,我们已经知道了其中一个人的身份。"

直到现在,我依然不能确定我的话和找到劫匪之间的关联性。到底是我的话感动了当地人,最后把劫匪的消息告诉了探员,还是探员的发现和我的话无关。我唯一能保证的是,就在我说出了那些话不久,他们就确定了劫匪的身份。至于当时我能说出这些话,更多是因为遭遇劫难后发现自己还活着时,那种不由自主的兴奋,没什么比活着更重要,只要活着,我就能够原谅一切……

直到第二天下午,阿米里探长才终于追回了我的背包。那时,我们都坐在探长的办公室里,探长把我叫到了走廊上,一位缠头的老人等在外面,他背着一个黑包,正是我被抢的背包。

这位老人是当地的长老,他显得镇静、不卑不亢。大家进屋后,探长让我把包里的东西一一拿出来展示,让我看丢了什么。检查完毕,除了美金和几双袜子之外,其余的东西都在。也就是说,我的护照、银行卡、身份证、相机、手机都找了回来。当一个人已经把东西丢掉,却突然间找回,在心里会产生一种奇怪的感觉,我在用一种外人的眼光看待他们摆弄原本属于我的一切。

探长为背包里的每一件东西都拍了照。有人已经写好了报告,让我在每一张纸上都按了手印,签了名。

至于钱,真的找不回来了。他们试图让我明白,三名青年已经逃离了喀布尔,去了潘杰希尔山谷,在那儿他们需要钱,所以不可能还给我。青年之所以还回其他东西,是不想连累家人,但是钱却是必须留给他们的。

通过与他们的交谈,我也知道了阿富汗破案的方式。与其他地方的侦探依靠科技线索破案不同,他们依靠的主要是关系。

在和我一起勘察现场时,探员已经大致确定,案子很可能是当地的内部人干的,他们选择下手地点非常熟稔,只有当地人才知道什么地方最僻静。与现代国家不同,阿富汗仍然是以部落为单位居住的,只有城市是例外。我探访的城堡属于城郊,这里的人也是以部落为群体居住。

在这里,长老是一个部落中半自治的领袖,发挥一定的行政作用,甚至执行一定司法职能。在司法活动中,警察往往必须得到部落长老的配合,才能有效工作。比如,几年前曾经有中国人在阿富汗和巴基斯坦被绑架,警方必须求助于地方长老,由地方长老与绑匪取得联系,再通过斡旋手段将中国人释放。在这个过程中,人质被关押的地点也许对当地人来说并不是秘密,但只有长老同意,当地人才会配合警察,将必要的信息告诉警察。

当一个长老帮助过警察,警察就欠了一个人情,必须在其他时机还上。

由于地方长老的出动,就可以向周围的群众打听附近的青年人有什么异常,在这样的社会中,部落中的每一个人都变成了长老的耳目,这是迅速锁定嫌疑人身份的关键。

当锁定了嫌疑人的身份,长老就会带着警察前往嫌疑人家中。这时,嫌疑人必定已经逃走,但在阿富汗,用武力控制嫌疑人的家人却并不被视为侵犯人权。关于我的案子,也是在这样的背景下,才迅速得到解决的。

从这里也可以看出,阿富汗虽然仍在战乱之中,但已经形成了基本秩序,使得大部分的人已经生活在法治之下。即便战争这个恶魔仍然在不断骚扰着这个国家,但在战争之外,人们的生活依然是有序的。

在整个遭遇中,除了感受到身在阿富汗的不安全感之外,又有许多温馨的细节,让我感受到了生活的美好。在巴布尔花园里,许多家庭和青年人如同度假一般地野餐。当探员带我勘察完城堡，回警察局的路上，会在路边停下车，给车上的每一个人都买个冰激凌。那天晚上，阿米里探长为了让身无分文的我们回到住处，掏钱给我们打了的士。他还一遍一遍地告诉我警察局的所在地，并让我用英文记在纸上：浩齐·哈夫吞，迪多诺（Hauzi Haftum, Didono）。Hauzi Haftum 是第七警备局的意思，用英文书写则是"PD7"，即 Police District 7。Didono 是地名，也是第七警备局所在地。为了避免我们第二天再回到警察局时多出钱，他甚至不停嘱咐我们，打车费用是 150 阿富汗尼。

但在这充满趣味的生活场景之外，阿富汗又处处显示出战争的创伤。在和我们聊天时，阿米里探长会把他手机中储存的大量爆炸现场照片随手转给我们，有一部分拍自警局外面的集市，照片中充满了硝烟和尸块，在别人看来是如此恐怖，但对他们而言，却是司空见惯。

警察们在高墙之后工作，却时时受到安全威胁，在我离开后不久，喀布尔的另一个警察局（PD5）就遭到了袭击，出现了不小的伤亡。阿米里探长去医院探望他的同事时，也许在祈祷下一次不要轮到 PD7。

在我的探寻世界的过程中，喀布尔的经历是距离战争最近的一次。除此之外，我还去过距离叙利亚战场不远的土耳其边境，以及黎巴嫩北部和东部地区。在非洲撒哈拉以南的马里共和国，曾经探访过被内战和恐怖主义撕裂的廷巴克图和尼日尔河。当我的航船在河上航行时，不远处的城市中，恐怖分子正发动着对政府军的袭击，而那条河上也有着不少的强人，随时准备对船下手，以至于航船上配备了一队的政府士兵，荷枪实弹日夜警惕。

只有经历过、到过，才知道战争这个可怕的恶魔绝不是男孩子游戏中那大义凛然的无畏动作，而是以人类的生命和恐惧为代价的。

战争对于人类的破坏之大，超过了其他形式的总和，但是，对于那些期待着发展的新兴国家来说，战争又是很难避免的，他们原准备迎接繁荣富强，却更有可能掉入战争的陷阱之中。

塞满武器是个好的做法吗

当一个发展中国家出现战乱时，世界其他大国的做法总是充满了争议。而争议最大的莫过于，大国们总是向战乱国家出售更多的武器，以便他们支持的一派能够从战乱中获胜。当然，出售武器的借口是冠冕堂皇的，最常用的有两个：一个是帮助爱好自由的人民战胜独裁者；另一个是帮助爱好稳定的政府镇压叛乱，恢复稳定和发展。

在一般情况下，一场战乱中，大国们会分成两派，一派采取一号借口，另一派采取二号借口，这样就可以保证战乱的双方都得到有效的武器供应，形成均势，让战乱长期化。

除了卖武器之外，双方还会互相指责，表示如果不是对方的非正义行为，战乱在自己支持的一派的攻势下，早就结束了，和平也会更早到来。但不幸的是，历史往往告诉我们如下几个规律。

第一个规律是，只要有外界支持，那么战争必然越拖越长，不可能出现加速结束的情况，人民的境遇也会更加糟糕。

第二个规律是，只要一个国家爆发了内乱，就不要指望外界的大国不干预，它们的干预是必然的，并且一定会分成两派，保证战争的长期化。

第三个规律是，战争大部分情况下不是以一方的完全获胜而告终，而是产生一个混乱的局面，即便战争结束后，人们依然生活在混乱的状态，无法尽快得到稳定和发展。只有少数幸运的国家能够产生一个完全的胜利者，而这个国家在胜利者的主导下，只要能够恢复稳定，都可能获得一波发展。

第四个也是最重要的规律是，一个国家内部一旦堆满了武器，就必然会诱发新的混乱，也就是说，武器自己就会制造打仗的借口。为了不让一个国家出现这种不稳定，有效的方法，就是不要把武器运过去。

事实上，武器和暴力的关系在世界其他地方也有着争议，比如，美国对于国内人的持枪自由就有着两种截然不同的看法：第一种观点认为，美国宪法第二修正案授予的持枪自由，是人们保卫自身自由和人身安全的重要手段，一旦不让人们持枪，遭遇歹徒（他们往往拥有更强的暴力武器）时，就无法进行自卫了；而另一种观点则认为，持枪自由诱发了更多的暴力，使得更多的人死于非命。

双方各有证据和借口，至今依然是无解的难题。然而，从世界其他地方的证据来看，更多的武器只会诱发更残酷的暴力，却很难保证那些最底层人的权利，因为他们也是最买不起武器的群体。

在历史上，关于武器和暴力关系的典型例子来自于奴隶贸易时期的非洲。

在欧洲人到达之前，非洲也有奴隶，但与后来的工业化奴隶是完全不同的，反而和阿拉伯人的奴隶很相似。在中世纪的阿拉伯世界里有着大量的奴隶存在，但这些奴隶除了要服侍主人，或者帮助主人完成一定的任务之外，有着极大的行动自由，他们可以自由上街、拥有财产，甚至有的皇家奴隶还可以担任政府高官。伊斯兰国家苏丹（国王）的宰相有时候都由奴隶担任。在埃及有一个马木留克王朝，担任苏丹的大都出身于奴隶，这是因为苏丹对于普通自由人并不信任，他从遥远的北方购买了一支奴隶部队，这支部队的力量是如此之强，甚至可以决定继任苏丹的人选，于是苏丹大都出自这支部队的指挥官。

一个自由人成为奴隶，大都是因为债务问题，一旦债务解决，还可以恢复自由身。另外，战争也是奴隶的一个来源，但比起后来的工业化奴隶来，战争奴隶也在社会中享有着充分的保护，拥有着一定的自由，他们的后代大都融入了接纳他为奴隶的社会中，成了自由人。

在非洲，西方人到来之前，虽然社会内部也买卖奴隶，但这些奴隶依然有足够的自由，人们也并不把奴隶当作一种异类来管理。

只是在葡萄牙人到达非洲后，他们开始从非洲社会内部购买奴隶，然后，将这些奴隶转移到了外部的美洲，奴隶的性质才发生了变化，成了工业化奴隶。工业化奴隶彻底丧失了自由和在正常社会生活中的位置，遭遇强迫的监禁和劳动，主人拥有着他们身体的一切，并主持生杀大权，他们的孩子也被当作牲口一样贩卖。

然而，如果仅仅是买卖非洲社会内部现存的奴隶，那么数量也是很有限的，根本满足不了美洲种植园的需求，要想获得更大规模的奴隶供应，就必须制造新的奴隶，将更多的自由人变成奴隶。

在大部分情况下，葡萄牙人并不想亲自参与去抓捕奴隶，因为那样做又危险又费力气，而最简单的做法是改变非洲社会的性质，让这个社会主动去制造更多的奴隶。

葡萄牙人的做法就是向非洲输入更多的武器，然后静观其变。随着非洲内部武器的增多，非洲社会果然出现了急剧的变化。在欧洲人到来之前，非洲的国家主要是贸易型国家，以和阿拉伯和北非世界的贸易为主，出口黄金，进口制成品。当大量的武器输入后，这些贸易型国家就衰落了，一批强人团伙带着高级武器形成的强力集团建立了另一批国家，这些军事化国家存在的唯一目的就是打仗。因为只有打仗才能抓获更多的战俘，这些战俘都被作为奴隶卖给葡萄牙和英国人，从而换来更多的武器。

非洲内部军事化国家的成长，是制造大量奴隶的关键，而军事化国家之所以出现，就来自于欧洲提供的武器以及奴隶需求。

这种赤裸裸的武器换取资源（黄金、奴隶等）的模式，至今依然在一次一次地上演，从西非沾满鲜血的钻石，到中部非洲为了矿产而出现的数次战乱，都能看到武器贩子的身影。只是现在人们换了更加"高尚"的借口：人权、自由、稳定、发展等，但不幸的是武器永远只制造鲜血，那些高尚的托辞不仅不会到来，反而远去了。

在亚洲的另一个地方，同样可以看到武器制造的悲剧。巴基斯坦和阿富汗交界处的普什图人聚居区已经成了世界上武器密度最高的所在。

巴基斯坦边境附近的古城白沙瓦曾经是贵霜帝国的首都，这里有着许多历史遗迹，但对于现代人来说，白沙瓦却是一个遍地武器的地方。从这里开始，向西或者向北，就是历史上普什图人居住的山区，这些地区的商店里陈列着大量的枪支，有的地方人们甚至不拿枪就不敢在街上久待。

巴基斯坦西北地区的枪支甚至已经形成了产业链，由于枪支过多，许多手工匠人出现了，他们善于修理各种武器，把武器的零部件拆下来拼凑成可以用的新枪，甚至能够制造一些粗制的武器和弹药。在这里买枪就像买菜一样方便，由于形成了这样的氛围，政府也无力管控，只好听之任之。

但在几十年前，白沙瓦却是一个友好的所在，也是从土耳其经过伊朗、阿富汗进入巴基斯坦和印度的重要一环，那时的白沙瓦并不以枪支闻名，而是以大麻和工艺纪念品闻名于世，与古代贸易世界的规则相接轨。

自从邻国阿富汗出现了战乱，白沙瓦的规矩就变了。20世纪70年代，阿富汗先是推翻了国王，接着一群信奉极端计划经济的人又推翻了总统，从而导致了中央权威的解体和军阀林立。苏联入侵阿富汗之后，以美国为首的西方国家干预进来，帮助阿富汗人抵抗苏联人。

他们抵抗苏联人的方法，就是运来了大量的武器。由于阿富汗的封闭性，要想援助阿富汗，只有从巴基斯坦一条路可以走，于是距离边境不远的白沙瓦就堆满了武器。

苏联撤军后，白沙瓦和阿富汗的噩梦才刚刚开始。沉淀在巴基斯坦边境的枪支将这里变成了一片地狱，成了世界上最危险的地方之一。

虽然人们往这里塞武器是为了帮助阿富汗，但大量的武器也给巴基斯坦带来了巨大的灾难。我曾经在巴基斯坦边境地带查看过曾经被武装分子血洗的警察局，战争在整个国家造成的伤痕已经深入到了方方面面，并不亚于处于热战之中的阿富汗。

武器的充沛，也让两国的年轻人不乐于让战争结束，因为战争才是这些未受过现代教育的年轻人的舞台。于是本·拉丹的"基地"组织、"伊斯兰国"都发现这里是他们的一个好去处，可以用极低的价格获得武器。同时，由于武器泛滥，政府已经失控，这才是为什么本·拉丹在这个区域躲了多年竟然没有被发现的原因。

从巴基斯坦的例子也可以看出，任何一个国家只要接收了大量的武器，就必然为了这些武器而产生出战争。不管是阿富汗、巴基斯坦，还是现在的利比亚、叙利亚都是如此。只是，这个世界依然按照大国的规矩不断地制造着武器，并试图将它们投放到世界的某个角落，在这里制造出一系列的流血事件。

那些接收了太多武器，陷入了战争的国家大都需要很长时间才能摆脱出来，因为一旦社会失控，整个国家就成了一个大屠宰场。

虚假的种族，真实的屠杀

在我观察世界的过程中，经常会遇到一些大屠杀纪念碑，它们是一个国家遭受战乱的纪念物，时时提醒人们暴力是多么可怕。但世界上真正能够看到这些纪念碑的却只是少数国家，其他地方并没有吸取它们的教训，还在制造着更多的屠杀。

这些发生战乱的国家都有一个共同的特点，就是按照信仰、人种等因素分成了截然不同的帮派，导致了激烈的内斗，最后被外面的大国加以利用，从而形成了一派对另一派的大屠杀。

非洲国家卢旺达是屠杀遗迹最多的国家，因为这里在二十几年前刚刚发生了令人震惊的种族灭绝事件。

卢旺达首都基加利（Kigali）郊区的一座小山上，远远地对着市中心的高楼群，小山上绿树成荫，种植了许多花卉，显得幽静和平。但在安宁之下，这里却有全国最大的公墓之一，也是大屠杀遇难者的埋骨所在。

山头上分布着许多集体墓穴，大多数墓穴都覆盖着石板或者水泥。有少数墓穴是用玻璃罩住的，透过玻璃，可以看到墓穴内部黑色的布盖。墓园中埋葬的主要是从首都附近寻找到的遇难者遗体，其数目超过了 10 万人。类似规模的墓地在全国还有六处，至于小型的丛葬墓更是不计其数。几乎在卢旺达的每一座城市中，都有不止一个地方或者陈列着当年遇难者的遗骸，或者用文字标注着屠杀地点，这些地点或者是教堂，或者是医院、饭店，甚至居民区。没有人知道屠杀中死亡的具体人数，但普遍估计死亡人数在 80 万人上下。而卢旺达当年的总人口只有 600 多万人，其中图西族更是有 70% 以上死于非命。

卢旺达的屠杀和战争来自于两个对立的民族：胡图族和图西族。与那些经历了上千年才形成的民族不同，这两个民族之前可能是同一个民族，是在最近百年才有了分野。事实上，是西方殖民者到来后，才根据当时流行的民族理论，强行将卢旺达和邻国布隆迪的统治阶层称为图西人，而将被统治者称为胡图人，两者的身份区分才正式出现。之前，统治和被统治者之间是可以互相转换的，事实上，他们拥有着共同的祖先：班图人。

第二次世界大战中，由于希特勒运用了臭名昭著的西方种族理论迫害犹太人，使得西方在战后放弃了这套理论。不想这种理论在殖民地依然大行其道，并被当地人当作了先进科学。

加之在比利时人统治这两个国家时，为了区分民族，采取了精确的记录系统，要求登记每个人的民族，一旦身份证件上有了民族的概念，那么这个人就再也摘不掉被强加的身份了。

第二次世界大战之后，比利时人逐渐撤出了这两个被保护国，让它们独立了，但卢旺达和布隆迪却走上了不同的道路。在卢旺达，1961 年通过全民公决的方式废除了国王制，实行民主制，原本的被统治者胡图人由于人口基数庞大，突然间成了统治者。而在布隆迪，依然是图西人掌权。

两个国家不同的发展轨迹导致了不同的迫害方式。在布隆迪，作为统治者的图西人时时刻刻准备镇压胡图人。1972 年，布隆迪的胡图人反抗被图西人政权镇压，死亡人数在数万人到 20 万人之间。

20世纪80年代，布隆迪总统皮埃尔·布约亚（Pierre Buyoya，依靠政变上台）决定放松管制，引入民主制。到了1993年，布隆迪的一名胡图人依靠选举担任了总统，组建了一个跨民族的领导班子，布约亚功成身退。

但第二年布隆迪的种族冲突再起，这一次掌权的胡图人开始对图西人发难，双方的斗争中，两位胡图族总统死于非命。最后，布约亚只好再次政变上台，这次他又用了7年（1996—2003年），才再次让布隆迪恢复了稳定。

布约亚选择了一位胡图人的副总统共同执政，并恢复了民选政治，促成了民族团结。他辞职两年后，一位父亲是胡图人、母亲是图西人的政治家当选了总统，布隆迪的政治和解进程持续了下去。

但布隆迪的局势却并没有完全稳定。到了2016年，布隆迪的政局再次恶化，这一次，是因为2005年选出的总统皮埃尔·恩库伦齐扎（Pierre Nkurunziza）不肯下台，寻求第三任期导致的。局势骚动让数十万人逃离，数百人被杀。虽然这一次动荡比起前两次屠杀的规模小了很多，但依然让这个贫穷的小国无法获得足够的发展。

布隆迪的种族冲突对于卢旺达的影响是巨大的。自从卢旺达的胡图族上台之后，一直将布隆迪当作一部警钟看待，担心本国的图西族也会像布隆迪一样对胡图人动手。作为防范，胡图人决定对图西人先发制人。事实上，从1959年开始，随着胡图人得势已成定局，卢旺达的图西人就开始了大逃亡，他们逃向了与卢旺达接壤的四个国家：乌干达、坦桑尼亚（当时的坦噶尼喀）、布隆迪和扎伊尔［现在的刚果（金）］。到了1963年，一小支图西武装试图打回卢旺达，胡图人开始对图西人进行第一次系统迫害，这次迫害造成了数千人的死亡。

在卢旺达，从1973年开始，就一直是一位胡图人哈比亚利马纳（Juvénal Habyarimana）将军执政。将军在国内取消反对党，建立了一套严格的网格状社会控制系统，将每个人都纳入掌握之中。这个唯一的党派叫全国发展革命运动（National Revolutionary Movement for Development，MRND），掌握着从人的生老病死，到选举、经济活动的各个方面。在他的统治下，图西人一直是低一等的存在，不仅受到压迫，还由于党的强控制力，变得无所遁形，随时都有受到迫害的可能性。

将军的政权之所以如此稳固，又和当时国际上的竞争有关。在世界两大殖民国家英国和法国之间，即便是殖民地都已经独立了，但竞争却一直存在。英国人组织了英联邦，与原来的殖民地保持着强劲的经济和文化上的纽带。不仅是原来的英国殖民地，就连原本其他国家的殖民地甚至独立国家，都可以参加这个联邦。法国人对于英联邦模式耿耿于怀，不断地拉拢那些没有加入英国势力的前殖民地国家，扩大法国的影响力。

卢旺达原本是比利时的受保护国，说的是法语，被法国当作了对抗英国的桥头堡。东非大部分国家都说英语，找到一个同盟并不容易，正是这一层关系，使得卢旺达的独裁政府不仅不会受到谴责，反而在联合国有了常任理事国级别的保护伞。

20世纪90年代初，由于世界咖啡（卢旺达主要出口物品）价格的大幅度降低，卢旺达经济崩溃了，为了转移国内的矛盾，总统开始利用种族主义，将之归结为图西人的阴谋。但世界对于独裁的容忍度越来越低，压迫着卢旺达放开选举。一方面卢旺达承受着放开选举的压力，另一方面又不断地宣扬种族主义。

1994年，邻国布隆迪的第二次种族冲突给了卢旺达的胡图人更大的借口。在卢旺达，最著名的种族主义组织叫胡图力量（Hutu Power Movement），这个激进派组织唯一的诉求就是消灭图西人，防止图西人重新掌权。这个组织掌握了一部分武装，同时拥有广播、报纸，他们开动一切宣传力量，煽动胡图人的恐惧和仇恨情绪。

胡图力量大肆活动的同时，位于邻国乌干达的一支图西人武装也帮了他们大忙。这些图西人是早年从卢旺达逃过去的，却由于在乌干达内战中帮助了后来的总统穆塞韦尼打赢了内战，而成为乌干达的座上宾。他们不甘于老死异乡，组成武装从乌干达跨过了边界，进入了卢旺达。这支军队号称卢旺达爱国阵线（Rwandan Patriotic Front，RPF），他们的进攻似乎证明了图西人的威胁，让胡图力量更加疯狂地排斥图西人。

在国内情绪越来越失控时，哈比亚利马纳总统却在国际的压力下，不得不同意开放选举，组成联合政府，甚至必须允许卢旺达爱国阵线也加入选举。1993年，各方终于在坦桑尼亚城市阿鲁沙签订了《阿鲁沙和平协定》。总统被迫签署协议，这被极端胡图人视为种族的背叛。

这一年，屠杀图西人已经成了一种阳谋。几乎每一个人都预料到这样的屠杀将会发生。胡图力量公开呼吁杀人，胡图人开始有计划地下发砍刀，并统计生活在周围的图西人人数。

我曾经碰到过一位屠杀中幸存的图西人，我问他，既然知道胡图人早晚要杀人，图西人为什么不逃走呢？

这位年过五十的汉子悲怆地反问我：逃到哪里去？在当时，周围的国家，甚至包括联合国，都更加愿意和卢旺达中央政府直接打交道，不愿意与图西族的个人发生联系。他们甚至劝说图西人不要逃走，告诉他们所谓屠杀只是臆想，不是现实。四周的国家还收紧了边境，不让图西人过境，避免接收难民。图西人只好待在家里等待着最后的裁决，祈祷灾难晚点儿到来。

由于《阿鲁沙和平协定》，联合国决定在卢旺达驻扎一支维持和平部队。但不久前美国大兵刚刚在另一个非洲国家索马里的维和行动中遭受了重大损失，美国国内弥散着一种对维和行动的怀疑论调，美国人并不愿意参与这种没有利益的维和。美国人决定不参与，让联合国的维和行动举步维艰。

局势因为法国的偏袒和在联合国的干扰，变得更加失控。现在的卢旺达虽然是法语国家，但几乎所有的民众都对法国人充满了愤恨。在首都基加利，一名商店店主告诉我：在非洲，法国人是非洲的最大敌人，凡是他们参与的事情，就不会有和平。

卢旺达人之所以如此怨恨法国，就源自在大屠杀中法国参与的罪恶。除了出兵帮助胡图政权镇压图西人之外，作为常任理事国的法国还在联合国负责说服其余国家不要出兵。它之所以这么做，是不想让其他势力插手自己的势力范围。

经过百般努力，联合国终于派来了一支1000多人的维和部队，主要由比利时人和孟加拉人组成，领头人是加拿大人达莱尔（Roméo Antonius Dallaire）。

即便这样，这支部队也数次收到警告。达莱尔更是直接警告联合国，屠杀已经迫在眉睫，他不断地请求增兵好维持秩序。但他的要求被忽视，没有更多的一兵一卒派来。

联合国部队一筹莫展之际，情况却突然间恶化：1994年4月6日，在坦桑尼亚参加完会议后，卢旺达总统哈比亚利马纳（胡图族）和布隆迪总统恩塔亚米拉（Ntaryamira，胡图族）乘坐同一架飞机，同机上还有卢旺达七位政府高官。飞机在回到卢旺达上空时，突然从机场军营附近的一个山头上发出了一枚导弹，将飞机击落，机上人员全部死亡。

这枚导弹是谁发射的，至今仍然没有定论。事后看，可能是对于总统缓和政策不满的极端胡图组织，但在事件刚发生时，不管是胡图人，还是法国人，都异口同声地宣称是北部的图西游击队干的。

这件事造成了布隆迪冲突再起，也成了卢旺达大屠杀的信号。从这一天开始，卢旺达被淹没在了血泊中。几乎所有的胡图人都成了谋杀图西人的罪犯或者帮凶，他们手持砍刀，有计划地将所有能遇到的图西人全部杀害，试图将这个兄弟民族从地球上抹去。

除了杀害图西人，他们还杀害温和的胡图人。当时国家的总理是一位胡图族女性，当她试图恢复国家秩序时，也一并遭到杀害。联合国部队派了10名比利时士兵去保护她，这10名士兵也死于非命。

更让人感到意外的是，就在图西人最需要保护的时候，联合国却突然决定撤兵了。这主要是因为比利时士兵的死亡，让比利时政府决定撤军。随着比利时的撤军，联合国认定无法完成维和任务，决定全部撤出。

就在屠杀之初，法国人立刻派部队空降卢旺达，将侨民撤走。与法国人一块儿撤走的还有不少胡图极端分子，他们跑到法国后继续充当座上宾。西方使馆和西方人撤离后，大批服务于西方机构的图西人都遭到杀害。在法国使馆里也有几位图西工作人员，他们恳求法国兵将他们带走，但被法国人扔下而全都遭到杀害。

在联合国部队中，只有负责人达莱尔不死心，继续呼吁联合国的干预。经过他的无数次争取，联合国终于再次决定派兵，却没有国家愿意出兵。决议以无法执行而告终。

图西人受难的日子持续了100多天，才由于北方游击队打过来而告终。胡图人屠杀图西人时，由于场面混乱，已经没有了纪律和组织，无法进行有效的军事行动，这反而给了图西人北方游击队以机会。指挥北方游击队的就是后来的卢旺达总统卡加梅（Paul Kagame）。

卡加梅所面临的国际压力极其复杂。一方面，胡图力量还在南方屠杀图西人，他不得不尽快进军，以避免图西人被杀绝。另一方面，国际社会不仅不指责杀人犯，以法国为首的集团反而想尽一切办法保护杀人犯，指责是卡加梅的进攻造成了局势的混乱，没有大屠杀，只有战争。

当卡加梅的进攻已经注定胡图人的倒台时，胡图力量的主将们纷纷开始了逃亡之旅。与他们一起逃亡的还有胡图族的百姓们，此刻的他们手上都沾上了鲜血，害怕图西武装回来后报复。他们将家中的东西席卷一空就上路了。

在卢旺达与刚果（金）交界的基伍湖（Lake Kivu）北岸，有一座美丽的城市叫基塞尼（Gisenyi）。对于非洲来说，这个湖的面积不大，只有2700平方公里，在基塞尼湖边，有着非洲最好的湖岸沙滩。这里虽然现在看上去非常安静，但在20多年前，却是兵荒马乱之地。胡图人主要就是通过这个地点逃往不远处的扎伊尔的。

屠杀开始两个多月后，法国人终于行动了，他们以"人道主义"为借口，向卢旺达出兵。此刻，联合国正愁没有国家愿意出兵，做了个顺水人情给法国军队披上联合国的外衣。但法国出兵，却是去解救胡图人。

这次出兵将法国钉在了非洲的耻辱柱上，也让卢旺达人一提到法国，就切齿不已。法国人的军队从扎伊尔进入卢旺达，一路上，胡图人的逃难者跟随着法国人，挥舞着大小砍刀。在法国军队经过的路上就有被砍死的图西人尸体，但他们却装作没有看到。

法国人的到来只是延迟了卡加梅的进攻，却无法阻挡胡图人的失败。屠杀开始 100 天后，1994 年 7 月 18 日，图西人武装占领了卢旺达全境，此时已经有 70% 以上的图西人被杀死，数量据估计达到了 80 万人以上。

这次事件也说明，即便国际势力参与了一个国家的内部争斗，也很难阻止血腥的争斗，甚至会增加它的荒谬性，让事情变得更加难以收拾。人们能做的不是去帮助争斗中的这一派或者那一派，而是必须制止双方的敌对行动，但这一点由于要动用武力并带来损失，却是国际势力最不想做的。

卢旺达式的种族悲剧也在世界各地上演：在非洲，苏丹因为种族问题而分裂成了两个国家，人口最大的国家尼日利亚也因为种族问题发生过战争。乍得、马里都有过从冷战到热战的经历，后者至今依然是一片混乱。

亚洲的阿富汗、伊拉克、巴勒斯坦（和以色列）、欧洲的巴尔干地区、苏联的许多加盟共和国，都在种族问题中碰得头破血流，许多国家至今没有找到出路。

统一战争和统一市场

在回顾了各地此起彼伏的战争之后，下一个问题是：是否所有的战争都是破坏性的呢？

在所有的战争中，只有一种战争可以为国家带来正向的收益，那就是统一战争。古今中外，如果战争能够完成统一，并维持和平，允许人们相对自由地选择自己的生活方式，那么社会经济就会进入一次巨大的繁荣阶段。这其中的原因，在于社会发展需要三大要素：人力、资金和物资。而只要能够维持一个统一的市场，让这三大要素自由流动，就会自动促进社会经济的发展。

中国在改革开放后，发展如此迅速，就在于这是一个如此庞大的统一市场。它的规模甚至超过了某些大洲。到现在，在发展中国家中也只有印度具有如此的潜力，但印度的市场由于条块分割过于严重，至今依然没有发挥出足够的效力。

在统一战争中，战争只是一种手段，其目的是为了建立统一市场。只有市场的红利超过了残酷战争带来的破坏，对于这个国家才是有利的。

享受战争红利的国家并不多，越南是一例。

从历史上说，越南是一个分裂传统大于统一的国家。如今，我们看到越南的国土是一个南北狭长的长条，其中北部以红河三角洲（这里有首都河内）为主，南部则是湄公河三角洲（有大城市胡志明，旧称西贡），在两个三角洲之间，是一条山和海之间的海滩低地。有人将越南的地形说成是一根扁担挑着两个筐（两个三角洲所组成的粮仓）。

在历史上，越南长期分属于三个国家。北部在中国的五代和宋以前大部分时间里是属于中国的，被越南人称为北属时期。南部的湄公河三角洲长期属于被中国人称为真腊（吴哥）的高棉帝国的属地，而在南北两个筐中间的狭长海岸上，是一个叫占婆的国家，这个国家的人种更接近于东南亚海岛上的人，语言属于南岛语族，信奉的是印度教和佛教。在如今越南中部的美山（My Son）地区，还有大片的占婆神庙群。这里在越战时曾经遭到轰炸，但依然保存了不少遗迹。

占婆人也有着骄傲的历史。在元代，蒙古人曾经出征东南亚，就连北方的安南（河内所在的红河三角洲）也不得不选择表面上臣服，但占婆却不肯屈服，甚至导致了元朝远征的失败。占婆的抵抗鼓舞了北方，于是安南也选择了与元军作战并最终获胜。但是在蒙古人时期越南依然是三分的。

宋代之后，越南北方（安南）独立，于是安南和占婆开启了连绵不绝的战争，直至 15 世纪，北方的黎朝将占婆赶到了南方芽庄附近，变成了一个小王国，占婆又存在了 300 年才最终消失。

与此同时，最南部的湄公河流域，高棉帝国的衰落让越南获得了南部地区，但不幸的是，由于南北两方的风俗各异，离心力太强，随后的越南又进入了南北争霸时期。

对应于中国明朝的时代，统一的越南后黎朝出现了两个家族的权臣，北方的莫氏和南方的郑氏（郑氏以黎朝傀儡君主的名义进行统治），形成了越南的又一次南北争霸。

1592 年，存在了 65 年的莫氏终于在郑氏的进攻下灭亡了，人们原以为可以再次看到南北统一的局面，但是，当得胜的郑氏欣欣然带着黎朝的傀儡君主回到北方的河内时，另一家族的权臣阮氏又突然占据了南方。越南进入了郑阮争霸时代。这时双方都奉黎朝为正朔，但事实上各自控制南北。

18 世纪，一次地方起义（西山起义）将郑阮双方势力都消灭了。但一位阮氏的后人却借助法国的帮助控制了越南，这就是越南最后一个王朝阮朝。阮朝故意定都于越南中部的顺化，就是为了消除南北双方的差异，让越南变成一个国家。但几十年后，法国的武力入侵将整个越南变成了殖民地，法国的策略依然是分而治之，将越南分成以河内为主的东京、以顺化为主的安南和以西贡为主的交趾支那。

直到越南人将法国人赶走，才有了机会重建统一越南。按照 1954 年的日内瓦协议，南北双方以北纬 17° 为界，在两年内举行统一的大选。但是，由于美国的阻挠，这次大选并没有进行，越南又变得和朝鲜、德国一样，有分成两个国家的危险。

最终是胡志明利用战争终止了分裂的危险。越南人为此付出了沉重的代价，必须与世界上最先进的国家美国作战。这意味着在战争期间，一切发展经济的想法都不可能成功。美国的化学武器摧毁了越南的大片丛林，而燃烧弹更是让人民流离失所。

但是，这场战争是否值得呢？许多人认为，越南战争是无谓的，只是两种思想的冲突和东西方"冷战"的产物。但越来越多的越南人开始意识到，即便抛弃了意识形态的成分，越战依然是值得的，主要是因为这次战争塑造了越南的民族性，将经历了数百年分分合合后依然无法成为一个整体的越南彻底变成了一个国家。在越南人的认知中，胡志明是一个将越南变成统一国家的民族英雄。

统一的越南是幸运的。从20世纪70年代统一后，越南实行计划经济的时间只有十几年，就又开始拥抱市场经济了。

就这样，越南通过战争获得了统一的市场，而国际环境的变化，让越南成了世界市场上的参与者。越南在实行社会主义阶段，加强了基础教育，使得越南的文盲率和中国等国家一样都很低，使得越南的工人能够迅速融入到工业化之中。

总之，统一战争带给越南的遗产大都是正面的，造就了如今越南经济的快速发展。

与越南一样，通过战争带来发展的还有土耳其。前文已经谈到，在第一次世界大战后，如果不是阿塔图尔克的力挽狂澜，土耳其将变成一个丧失了地中海岸的蕞尔小国。土耳其通过战争才保住了现在的江山，也才有机会巩固伊斯坦布尔这座重要的国际城市的地位，同时拥有黑海、爱琴海、地中海、马尔马拉海海岸，并控制博斯普鲁斯海峡。土耳其与伊朗、伊拉克、叙利亚的陆上交通，也给它带来了重要的资源：中东的石油。土耳其不是一个重要的产油国，却由于地理交通的重要性（它和伊朗、伊拉克、叙利亚接壤），可以从输油管道中获益。

然而，现代的土耳其却并没有意识到阿塔图尔克的精髓：他在建国初期依靠生死之战避免了灭国的命运，一旦进入和平时代，就紧紧拥抱和平，善于利用国际空当，不再打仗，甚至竭力避免打仗，努力发展经济。阿塔图尔克是一名在战争中锤炼出来的勇士，他的勇敢不再需要新的战争去证明，因此他可以竭力保持和平而不被指责为懦夫。因为他知道，当土耳其需要发展时，必须维持住和平，并与西方保持良好的关系，才能取得迅速的现代化。一旦和平丧失了，也就丧失了发展的机会。他之后的几位领导人大都遵从了阿塔图尔克的方针，竭力避免冲突，当一个左右逢源的地理赢家。

但随着共和国寿命的延长，后来的土耳其领导人由于缺乏阿塔图尔克的威望，越来越求助于民族主义这一条道路，与周边国家屡屡发生冲突，从而影响了土耳其发展经济的途径。从这个角度说，现代土耳其起步于一次生死之战，但兴旺于与世界的和平，如果长期与周边的国家为敌，则有可能步入二次衰落。

在共存中蹒跚学步

在非洲，也同样有许多国家发生过统一战争，比如尼日利亚。

如果按人口来看，非洲的超级大国只有一个，就是尼日利亚。它的人口总数超过了1.8亿，是世界第七大国家，大约每四个非洲人里就有一个是尼日利亚人。尼日利亚城市拉各斯（Lagos）曾号称世界最大城市，它建于海边一座小岛上，由几座桥梁与大陆相连，城市里有的区域高楼林立，有的地方却遍地贫民窟。

除了人口多，尼日利亚还是世界上种族关系最复杂的国家之一，全国一共500多个族群，信奉不同的宗教，操着各自的语言。正是因为族群的多样性，让尼日利亚成了种族冲突的大战场。

这样的地方本来因为离心力太强，很难捏成团，但是，尼日利亚却能成为一个整体。而这得益于一场战争。残酷的战争强行将人们绑在了一起，让他们不得不想办法学会一起生活。这种强制性造成了非洲最庞大的市场，让尼日利亚即便依然混乱，却成了谁也不敢忽视的区域性大国。

在西方到达西非之前，现在被称为尼日利亚的土地上，实际上有许多个本土国家。即便西方人到来后，尼日利亚依然没有被整合起来。

本书第二章已经提到，尼日利亚主要包括三部分。北部内陆属于伊斯兰区域，占据了全国领土的一多半，人口也在一半左右，他们主要分成了两个族群：豪萨族和富拉尼族。这一部分文盲程度很高，也更加排外。

在尼日利亚的西南部居住着约鲁巴人。这里的城市化率较高，拉各斯就在这里。而在东南部则居住着拥有商人传统的伊博人，由于经商的需要，他们遍布尼日利亚所有地区。另外，东南部由于包括了尼日尔河三角洲，在这里发现了丰富的石油资源，从而一跃成为尼日利亚最重要的经济区。

按照英国人的设计，尼日利亚实行普选制。但是，由于北方人口占据了全国的一多半，穆斯林酋长们只要掌握了本区选票，就可以左右南方两区的政治。这种政治制度实际上把北方落后地区的习俗和信仰强加在了南方两个先进地区。

不过，为了防止一方独大，英国人也做了一定的防范。尼日利亚被设计成半自治体制，三部分都是半自治的政治实体，在此基础上组成联邦。英国人是为了防止北方暴政，不想却无意间增加了国家层面的政治离心力。三部分本来就没有做好一起过日子的准备，离心力过强的话，只会让它们大打出手。

尼日利亚独立后的发展进程，可以概括为：

（一）建国初的种族冲突期，这段时间内，尼日利亚最主要的三大族群为了争夺政治控制权，发动了数次政变，政变又演化为战争，造成了数百万人的死亡。

（二）当内战结束后，由于产生了一个明确的胜利者，使得另两部分无法选择分裂，尼日利亚人不得不学着一起过日子。但由于尼日利亚的离心力依然太大，国家领导人很快就只能靠强力维持统治，于是这个国家又进入了独裁时期。如果说其他国家的独裁以稳定著称，尼日利亚的独裁却以不稳定闻名，独裁者如同走马灯一般上上下下，他们靠暴力上台，又被暴力推翻，周而复始。

（三）当独裁时期造成的痛苦超过了人们愿意承受的程度时，尼日利亚开始了民主化进程，现在的尼日利亚仍然处于不完善民主之中。

1960年尼日利亚一独立，北方（豪萨和富拉尼族）、东南部（伊博人）、西南部（约鲁巴人）这三大群体立刻陷入了无休无止的争斗。东南和西南区深受基督教影响，与北方伊斯兰区域形成对立。在建国之初，为了避免地域冲突，英国人在宪法中设立了三个半自治的政府，各自管理地方事务。在半自治政府之上，则是位于拉各斯的尼日利亚中央政府。

尼日利亚第一共和国采取总理负责制，总统只是象征性的职位。担任首任总理的是北方人。但很快，三个区域就开始了合纵连横，北方、东南部和西南部一直在争夺对中央政府的控制权。最初，北方选择了和东南部一起执政，西南部成了反对派。但后来，西南部和东南部认定必须联合起来才能对抗北方，可它们又总是由于不团结，发生内部分裂。

接着，伊博人军官群体发动了两次政变，试图掌握全国政权。随后，一群出自北方人的军官又发动政变推翻了伊博人军官政权。

依靠政变夺权后，北方人控制的军事政权为了防止下一次政变，强行拆散了原本的三方半自治架构，将联邦区域重新编成12个州，将原来的几大势力碎片化了。这次改革提高了其他少数民族的地位，而东南部的伊博人却深受其害。正是这次政治的重组，让伊博人认定，除了分裂已经没有路可以走了。他们发动了内战，试图建立一个叫比夫拉的共和国（the Republic of Biafra）。因此，这次战争也被称为比夫拉战争。

从战争本身来说，不管是北方还是东南部都不是百分之百正义，却各有自己的道理。北方人认为这是为了维持国家统一，而东南部则认为这是为了反抗北方的暴政。许多国家在评论这场战争时，认为伊博人由于在政权中无法获取足够的地位，想要独立是理所当然的。

战争的结果也并非完全合理。战争持续了30个月，大约有200万平民死去。战争还造成了另一个影响，原本伊博族是一个分布广泛的民族，但双方煽动的仇恨使得北方地区开始以野蛮的手段清理当地的伊博人。大量的北方伊博人被杀，剩下的逃走成了难民。

战争以伊博人的比夫拉共和国战败为终结。北方在尼日利亚的政治中取得了完全的优势。为了维持这种优势，北方不得不采取集权的做法，强行镇压南方的反抗。

这一切看上去都不符合经典的正义观念，因为伊博人作为弱势群体不仅战败，而且在战后也被剥夺了大量的经济资源。但是，这场战争的结果却又对未来产生了深远的影响。如果比夫拉（伊博人）获胜，那么尼日利亚势必走向分裂，可能变成三个地区性的中等国家，且相互敌对，丧失了成为更大市场的可能性。正是因为没有分裂，反而逼迫尼日利亚人在一个国家的框架内解决问题，保住了这个完整的大市场。

当然，尼日利亚摸索的过程是痛苦的。在北方战胜后，接下来发生了两次政变，两次都造成了掌权者的死亡，看上去尼日利亚向着又一次失控滑去。但恰好在这时，尼日利亚最著名的政治家奥巴桑乔（Lusengun Obasanjo）上台了。

奥巴桑乔原本是前一位总统默塔拉的副手，默塔拉时期已经开始制定宪法，恢复选举和民主的改革，但他被刺杀了。奥巴桑乔在稳定了局势之后，继续推进改革。一方面，他推行民主；另一方面，为了减轻尼日利亚的分离倾向，让民主制能够维持长久，他将尼日利亚继续碎片化，分成了19个州。这19个州中，有4个以豪萨-富拉尼人为主，有4个以约鲁巴人为主，2个以伊博人为主。三大族群占据了一半多一点，剩下的9个州分给了其他少数民族。这样，三大族群的政治影响力都减弱了，全国的局势形成了一定的平衡。在19州的基础上组成联邦政府。

另外，尼日利亚模仿了美国体制，形成以总统为主的行政班子，配以参议院和众议院作为立法机构。其中，众议院以人口为基础确定代表人数，而参议院以州为基础，每个州不管大小，名额都是一样的，这就更进一步避免了某一族群独大。

1979年，奥巴桑乔主持了新的大选，这是尼日利亚历史上一次公平选举，为了体现公平，奥巴桑乔本人并没有参加选举。选举选出了一位北方籍、但是得到了南方拥护的政治家沙加里（Shehu Usman Aliyu Shagari），他打着"同一国家，同一命运"的口号上台。沙加里当选后，奥巴桑乔完成了再造共和的重任，他辞去了最高元首职位，又辞去了军职，将政权交付给新当选总统，心甘情愿地离开了政治舞台。

到这时，尼日利亚似乎找到了一条通往民主又避免分裂的道路。人们似乎可以松一口气了。但事实却让人大吃一惊。

沙加里是一个温和的人，却无法控制局面，加之腐败和经济的下行周期，导致他担任一届总统之后就声名狼藉。更麻烦的是他并不想主动下台，依靠作弊第二次担任总统。这一次他引起了军人的不满。1983年，军事政变再次爆发。尼日利亚随后进入了最黑暗的时代，先后经历了巴班吉达（Ibrahim Babangida）和阿巴查（Sani Abacha）两任独裁者的控制，万马齐喑的日子持续了10多年。

到了1998年，阿巴查将军突然被两位印度妓女毒死了。这次意外死亡给了尼日利亚又一个机会。阿巴查的继任者阿布巴卡尔（Abdulsalami Abubakar）决定开启尼日利亚的再民主化。

1999年，尼日利亚举行大选，这次当选的是当年主动放弃权力的奥巴桑乔。这位两次挽救了尼日利亚的军人的当选，也预示着尼日利亚南北冲突的弱化。因为奥巴桑乔本人来自西部，还皈依了基督教，但他却得到了北方穆斯林的选票。

他当选之后，立刻开始对尼日利亚的又一次改革。尼日利亚还非常贫穷，2000年时的人均收入只略高于300美元，只有1980年时的1/3，5岁以下儿童夭折率达到了20%。但由于尼日利亚太大了，只要恢复和平，市场就会自动创造出五花八门的产品。

奥巴桑乔上台后，主要做的是恢复人们对国家的信心，以及世界对尼日利亚的信心。不管在国内还是国外，他都不断地告诉人们，尼日利亚已经是一个民主国家，不会走回头路。在非洲，他批评其他的独裁者，并承担一个大国的责任，积极参与联合国的维和计划，向其他不稳定国家派出维和部队，帮助他们恢复稳定。

他的努力让英美等国家相信他是认真的，也开始认真给尼日利亚以帮助。

在国内，奥巴桑乔并没有强制性地要求全国划一，而是采取了容忍的策略，中央政府遵循在联邦制下应有的权力，同时采取了很务实的态度。由于东方伊博人区域的治安很差，他甚至默许这个区域内实行私刑。而在北方州，也在推广穆斯林教法。奥巴桑乔通过默许，获得各个州对中央政府的认可。

在他任满两届后，奥巴桑乔遵守承诺和宪法下了台，在他的榜样下，尼日利亚也有了正常的选举和轮替。

从现有的情况看，尼日利亚虽然不够稳定，依然问题重重，但在保住了一个国家的框架之后，人们已经越来越适应"同一个国家，同一个市场"的规则，而这对于一个新兴的国家是如此重要，让尼日利亚保持了非洲大国的地位。

在非洲，类似的国家还有很多。在大湖地区的乌干达和卢旺达都曾经发生过激烈的内战，特别是卢旺达还曾经发生了举世震惊的种族灭绝事件，但是，随后的战争却都给国家带来了一定的稳定。

在乌干达，独立之后它的政治表现出特有的双重体制。一方面，国家内部还有五个王国，这五个王国不是独立国家，但是国王都有一定的实权，其中以布干达（Buganda）王国的权力最大。在这些王国之上则是中央政府。

乌干达最初实行总理负责制，而象征性的总统职位由选举产生，自然属于布干达国王。总理是中央政府的领导人，却一定程度上受制于下属的五个王国。

中央和地方关系总是无法理顺，加之乌干达族群关系过于复杂，南部和北部并不属于同一人种（北部属于尼罗人，南部属于班图人），形不成一个稳定的多数政党，总理的地位也不那么稳固。

到后来，总理奥博特（Milton Obote）依靠尼罗人为主的军队进行独裁，解散了各个王国，才暂时保持了稳定。但随着他独裁色彩的加深，阿明发动政变推翻了他，建立了以民粹为特征的独裁统治。

阿明在非洲历史上赫赫有名，在于他狂欢式的治理方式。他上台后不断地举行游行庆祝"人民的胜利"。但等到回归治理时，却发现没有能力，他只好依靠制造话题的表演来维持人们的拥戴，他驱逐了乌干达的印度人，投向了东方阵营，并和英国代表的西方阵营断交。但当他将矛头转向邻国坦桑尼亚时，却找错了对象，被坦桑尼亚出兵推翻了。

坦桑尼亚扶持了原来的总理奥博特重新上台，这导致乌干达爆发了持续五年的游击战争，30万人死于非命。直到1985年，游击队领袖穆塞韦尼夺取了政权。

虽然这一次游击战争造成了大量的伤亡，但穆塞韦尼却证明自己是终结混乱的人，由于重新获得了统一，在他的开明领导下，乌干达进入了发展期。在乌干达，人们已经很少提到这场内战，记得的是穆塞韦尼执政之后对经济的发展。乌干达在他的手中维持了完整，并保持了五个王国与中央政府的平衡，这是保证统一市场和发展的最关键因素。

穆塞韦尼的影响力不仅局限在国内。他扶持的卢旺达人卡加梅在卢旺达屠杀之后，攻克了首都，结束了卢旺达的混乱，让这个千疮百孔的国家同样进入了迅速发展之中。

并非所有的战争都能带来发展，但评判一个战争的标准在于：这次战争能否结束分裂状态，恢复和平，并带来一个统一的市场，让人们可以不用担心安危，为自己的生计而努力。在这里，建立个人与国家之间的信任，保证三大要素的自由流通，是决定国家发展的必要条件。

第八章

南亚的希望与纠缠：
一个案例

自古分裂的次大陆

在未来数十年内，随着中国成长为制造业大国，以及中国居住和制造成本的增加，人们将越来越多地讨论世界经济发展的下一个梯度问题。

在经济的梯度转移理论中，经济发展是在不同的国家之间传递的。每一个国家相当于一个水池，经济如同水一样，当一个池子灌满了，就向下一个池子里转移，直到所有的池子都有了水。以亚洲为例，第二次世界大战之后，最先发展起来的是日本，因为它距离美国的资本和技术最近，随着日本进入发达国家行列，日本社会的注意力转向了其他方面，经济发展速度减慢，于是，资本和技术之水就转移到了下一个梯度，也就是韩国和中国台湾。接着，当中国大陆改革开放之后，下一个梯度就轮到了这个巨型国家的其他地域。

关于谁是中国的下一个梯度，人们似乎看好两个地区，一个是以越南为代表的东南亚，但这个水池的体量不够大，因此，人们普遍认为印度将会成为中国的下一个梯度。印度和中国的对比也成了一门显学。

关于印度和中国的对比，可观察的角度有很多。这两个国家人口相当，但印度的国土面积只有 300 万平方公里，大约是中国的 1/3。不过，中国的国土面积有将近一半是高原、沙漠和草原，并不适合发展工农业，而印度的土地相对平坦，受极端气候影响的国土面积较小。印度还有中国地理上不具备的优势：它恰好处于国际贸易的一条中心线路上，自古以来，印度的南部就参与了丰富的国际贸易，连接了东亚、东南亚、波斯湾和阿拉伯，甚至欧洲的航线。由于贸易网络的发达，印度对世界的影响力很长时间内是强于中国的。

以东南亚为例，除了越南北部属于中华文明影响范围外，其余的东南亚地区接受的大都是印度教和佛教文明，近世以来又从印度接受了伊斯兰教，这表明古代印度的影响在这个区域是大于中国的。印度对于非洲的影响在现代之前也远大于中国，整个东非片区居住着大量的印度裔，他们已经在东非定居了上千年，而中国只有在郑和时代，才对这些遥远的地区有了惊鸿一瞥。

即便到了现在，印度由于靠近波斯湾，它的能源安全环境也是好于中国的。中国远航舰船必须绕过印度、安达曼海和马六甲，这遥远的距离一直是中国能源问题挥之不去的痛。

综合比较，印度的经济潜力不下于中国，因此，有人早早地宣称印度一定会成为中国的下一个梯度，并在很大程度上取代中国的地位。这在一些方面是对的，因为印度的经济体量实在太庞大了，只要稍微快一点发展，就一定能成为世界经济的引擎之一。

但另一方面，这样的说法已经持续了几十年，在中国发展起来之前，人们就对印度抱有很大的期望，但几十年后，印度似乎又辜负了人们的期望。特别是中国改革开放之后，印度的发展一直是被中国甩在身后。现在，人们又在鼓吹印度的发展，到底是这一次真的不一样了，还是印度固有的问题还有待解决？为什么印度这几十年的发展比中国慢？在未来，它的发展将走向何方？在本书的最后一章，我们不妨将印度和南亚次大陆作为一个整体，去探讨这片土地的前世和今生，看一看它的经验和教训。

1947年8月14日，在印度次大陆上有一个国家自治了，它叫巴基斯坦，从这一天起巴基斯坦从殖民地变成了英联邦的自治领。第二天，印度也宣布自治。两个国家成为自治领只是一个很短暂的过渡期，到了1950年1月26日，印度宣布成立共和国。1956年3月23日，巴基斯坦伊斯兰共和国宣布成立。

印度和巴基斯坦都实行了和中国完全不同的制度，特别是印度不断以民主国家自居，由此人们认定印度的发展将非常可观。但是，当印度被改革开放之后的中国远远地甩开时，人们又开始反思印度的民主制到底是拖累了它，还是成就了它。

但这个思考题背后,却掩盖了另一个事实,那就是:中国的内政问题要比印度和巴基斯坦简单得多。也就是说,印度和巴基斯坦从独立开始,虽然确立了国家的名义,但要形成一个国家的实质,却并不像人们想象的那么容易。

为了说明难在何处,就要从英国统治之前开始谈起。

中国自从秦朝第一次形成集权帝国之后,大部分时间里都是统一的。除了三国和魏晋南北朝时期有过几百年的分裂之外,自从唐朝建立后,中国分裂的时间就越来越短,五代十国等碎片化时期都只持续了几十年,就进入了下一个统一时代,即便南宋时期天下两分,但人们依然向往着统一,并欢迎统一的到来。

与中国不同,印度虽然位于一块次大陆上,但它的历史却是分裂远远大于统一的。印度最早的文明是在印度河流域(现大部分位于巴基斯坦),因此被称为印度河文明。这个文明是由一种肤色较深的人种创立的,但到了公元前1000多年前,一支中亚的印欧人种(雅利安人)入侵了从波斯到印度的广大区域。在印度,这支人种成了统治者,建立了婆罗门教体系(后来成为印度教),这个体系并没有消灭原来的印度河文明的人种,而是将他们向南驱赶,并把他们压制在低种姓之中,供雅利安人组成的高种姓人驱使。到现在,印度南部依然有广大的达罗毗荼人(Dravidian peoples)占主导的地区,达罗毗荼人肤色黝黑,与白肤色的印欧人形成鲜明的对比。

也就是说,从雅利安人建立婆罗门教和种姓制度开始,印度就已经分裂成了高级人和低级人,而种姓制度又将这种分裂固化了,维持了3000多年保留了下来。

雅利安人到来后,印度相对统一的历史只有四小段,分别是对应于东周和秦汉初期的孔雀帝国(Maurya Dynasty,公元前324年到公元前185年)、对应于东汉的贵霜帝国(Kushan Empire,巅峰期在公元55年到180年)、对应于东晋南北朝的笈多帝国(Gupta Dynasty,约公元320年到约540年)、在这三段之后，印度的历史分裂了上千年，才又出现了一个接近于大一统的莫卧儿帝国（Mughal Empire，1526 年到 1857 年）。

对于这四个帝国，也有着巨大的争议。首先，四大帝国并没有统一印度，在印度的南部区域内，一直有着许多独立的国家，有的甚至很强大。比如中国古籍中记录的朱罗国，在中国古代文献中，甚至一开始并没有意识到朱罗国和北方的印度是一体的，因为从中国去（北）印度要通过西域才能前往，而朱罗（南印度）是通过南方的海路与中国联系。四大帝国时期，印度大陆南方的国家都很活跃，帝国的首脑曾经发动过无数的远征，都无法将南方区域纳入统治之下，最多只能获取名义上的宗主权，却无法干涉对方的内政。四大帝国的核心区域都在以恒河为代表的北部区域，有时甚至可以扩张到阿富汗和中亚，却无法兼并南方。

其次，四大帝国中，现代印度承认的事实上只有两个半，其中孔雀帝国早期信奉婆罗门教，后期信奉佛教，印度人认为这是他们的本土帝国。而笈多帝国由于信奉婆罗门教，被认为是印度的正宗。至于信奉佛教的贵霜帝国，却是由印度之外的游牧民族（贵霜人来自于阿富汗北部，甚至可能追溯到从中国甘肃出发的大月氏人）建立的，正宗的印度教徒认为它是一个外来政权，印度只是被占领了而已，因此不算是印度的帝国。

至于剩下的半个，是最后的莫卧儿帝国。莫卧儿帝国的开国者巴布尔是来自中亚的穆斯林，他的父系来自蒙古的帖木儿，母系来自成吉思汗，他本人是中亚费尔干纳的王储，被赶出来之后，反而征服了印度。因此，作为外来人和穆斯林，这两点让印度人都不愿意承认莫卧儿帝国。只是因为莫卧儿帝国实在过于强大，并且在印度留下了许多优雅的纪念物（比如泰姬陵），其艺术价值远超印度本土文明，印度人不得不承认莫卧儿帝国的统治罢了。

莫卧儿帝国衰落时，也是英国人到来的时候。不幸的是，莫卧儿帝国就算在最强盛的时候，也无法统一印度，在印度的南方甚至中部，都有着许多的反抗政权。当帝国衰落后，印度依然是一盘散沙。英国人到来时，这里是一片充斥着各种小邦的土地。

1857年，印度发生了反英大起义，这次起义被镇压后，英国人彻底废黜了莫卧儿王朝的末代皇帝，接管了印度的统治权，英国女王也由此变成了印度女皇。但是，英国人的统治是复杂的，一方面，它以孟买、加尔各答、马德拉斯和德里为依托，将大量的土地直接置于女皇的统治下；但另一方面，印度依然有许多小邦存在，它们只是承认英国的宗主权，却还是有资格统治自己的国土。

直到1947年印度宣布独立后，那些独立的邦国仍然存在，并在表面上维持着自主权。所以，这时候的印度（包括印度和巴基斯坦）还不像一个统一的共和国，虽然它2/3的领土直接从英国人手中继承（英国人直接控制的领地），但还有1/3的领土实际上是属于各个邦国的。

不管是印度还是巴基斯坦，都因为印度殖民地缺乏统一的传统而付出了巨大的整合代价。这里先不提印度是如何整合这些国家的，先来看印度所面临的另一个问题，也是英国人给印度制造的最大麻烦：宗教分裂问题。

有人说，英国人最大的功劳就是把一盘散沙的印度小邦国捏成了一个统一的印度，但在临走前，英国人却又把印度分裂了，在印度的旧国土上出现了两个国家：印度和巴基斯坦。后来，巴基斯坦又分裂成了巴基斯坦和孟加拉国。于是，印度次大陆变成了三分天下。如果不分裂，那么现在的印度将是一个人口达到17亿的大国。

历史上没有"巴基斯坦"这个名词，"巴基斯坦"来自一位伊斯兰民族分子的创造，这位叫拉马特·阿里的人，利用旁遮普（Panjab）、阿富汗省（Afghan Province，即西北边境省）、克什米尔（Kashmir）、信德（Sindh）的首字母，以及俾路支斯坦（Baluchistan）的尾音，创造出"巴基斯坦"这个名字。

然而，英国人也是无奈的。这同样是因为印度的复杂历史。711年，阿拉伯人占领了中亚的布哈拉，并将出现不到100年的伊斯兰教传到这里。同时，阿拉伯人也在如今巴基斯坦境内的信德地区建立了桥头堡。唐代后期，前往印度的中国僧人已经看到了伊斯兰教对于西印度（即巴基斯坦南部）的影响。

在这之前，印度已经有了本土宗教印度教、佛教和耆那教，伊斯兰教的到来让印度宗教更进一步复杂化。

但伊斯兰教真正开始大规模传入印度，却是在10世纪以后。位于阿富汗和伊朗的加兹尼王朝国王马茂德（Mahmud）在短短的25年里，一共发起了17场战役，让印度人感受到了伊斯兰教徒的残酷。但由于印度过于庞大，真正被伊斯兰教占领，已经是1206年，由阿富汗古尔王朝的奴隶将军库特卜建立的德里苏丹国。就这样，在莫卧儿王朝建立之前，信奉伊斯兰教的德里苏丹国控制印度北部达300多年，将印度的北方伊斯兰化了。莫卧儿王朝到来后，征服了印度的大部分领土，使得伊斯兰教直达印度的中南部。

英国人到来后有意扶持印度教，但是，伊斯兰教同样拥有着庞大的人口，于是印度慢慢独立的过程中，除了代表印度教的国大党之外，又出现了一个由真纳（Muhammad'Ali Jannah）领导的穆斯林联盟。两个教派政党的分歧越来越大，最后迫使英国人制订了蒙巴顿方案，决定让两个国家分别独立。

但这样的做法依然无法维持和平，当印度和巴基斯坦各自独立后，双方立刻大打出手，这主要是两方面的争斗。

第一，由于北方的穆斯林和印度教徒大都是杂居的，当两国划定了边界之后，穆斯林和印度教徒立刻开始了互相驱逐。印度一侧的人们将穆斯林驱赶走，而巴基斯坦一侧的人们将印度教徒赶到印度境内。由于印度的领导人甘地呼吁和平，他竟被极端印度教徒刺杀身亡。这次冲突造成了上千万的难民和几十万的死者，就连印度首都德里都挤满了难民。

第二，在决定双方的国界时，许多土邦都可以选择自己希望属于哪个国家。对于大多数土邦，这是没有问题的。一个土邦包括了王公和人民两个组成部分，大部分情况下，王公的宗教信仰和民众的宗教信仰是一致的。但也有特例，比如最大的两个邦国查谟-克什米尔和海得拉巴，还有一个小邦朱纳格特，邦主和人民的信仰并不一致。

海得拉巴和朱纳格特的民众大部分信仰印度教，然而他们的王公却信仰伊斯兰教。王公们从自己的信仰出发，希望邦国加入巴基斯坦而不是印度。但这两个邦国身处印度腹地，与巴基斯坦的两部分领土并无交界，所以，印度政府决定采用武力迫使它们加入印度。

1947年底，印度军队进入朱纳格特，赶走了王公，并于次年举行公决，宣布朱纳格特并入印度。而对于海得拉巴，由于这是全国第二大邦国，不能以赶走王公为目标。然而，印度共和国政府的军队还是在1948年9月进入了海得拉巴，迫使王公同意加入印度。王公被形势所迫，找了个替罪羊，免去了首相的职务，在保留自己地位的前提下加入了印度联邦。

克什米尔则与前两个邦国相反，克什米尔的大部分居民信奉的是伊斯兰教，其王公哈克·辛格却是印度教徒。更令情况复杂的是，克什米尔处于印度、巴吉斯坦、中国、阿富汗四个国家的交界地带，不像海得拉巴一样是块飞地。这种情况导致了印巴两国的武装冲突，从此以后，克什米尔分成了印控和巴控两块。

印度除了印度教和伊斯兰教的矛盾，还包括印度教和锡克教的矛盾。锡克教是一支年轻的宗教，创始于15世纪末，曾经在旁遮普地区有属于自己的国家，以现代城市阿姆利则为中心，这里至今依然有锡克教最神圣的金庙。

在印度独立后，锡克教也制造了许多灾难性事件，让印度显得更加支离破碎。

总结起来，印度次大陆在历史上的大部分时间里都是分裂的，这种倾向一直保留到了独立之时。同时，由于印度教、伊斯兰教、锡克教的矛盾，让印度和巴基斯坦两国更是雪上加霜。

从印度和巴基斯坦几十年的发展轨迹来看，这两个国家的许多精力事实上并不在于建设，而是在于捏合。

印度如何捏成一个国家

印度独立后，在解决掉海得拉巴、朱纳格特想加入巴基斯坦的问题，并在克什米尔与巴基斯坦形成对峙后，接下来要处理的棘手问题，就是各个小邦的邦主们。由于这些邦主自古以来就享有统治权，印度中央政府如果不把他们的统治权拿掉，就意味着国家不是一个完整的国家，只是一系列小国的聚合体而已。可是如果拿掉他们，又如何解决法理问题？

印度政府需要在不实行暴力的前提下，合法地剥夺掉邦国王公的权力，或者让他们加入到政府中，采用另一种方式来行使权力。这是一个复杂的改造工程。

按照印度政府的设想，是要把大量的小邦整合起来，在联邦架构下，将小邦统一成大邦，置于中央政府之下。为了完成这一步，印度政府开始了与各个邦国的谈判历程，试图根据他们的大小和地位各个击破。这时候，与其说各邦国服从了民族大义，不如说他们知道要与中央政府抗衡是不可能的，如今最现实的做法，无非是为自己多争取一些保障罢了。

在合并浪潮中，这些邦国的地位是不同的，势力最大的三个邦国是查谟-克什米尔、海得拉巴和迈索尔，印度政府最终保留了它们的领土。其余的邦国则根据文化、历史，合并成了5个邦国联盟，而那些小而孤立的邦国则直接并入了印度从英国继承的各个省之中。

当各邦国合并之后，原来的政治格局已经被打破，王公们已经没有实力与中央政府对抗了，接下来就是彻底废除邦国制。这一步是在制定印度宪法时采取的。

印度宪法中规定，将全国的领土划分为29个邦，这些邦既包括了从英国继承的领地，也包括了原来的各邦国和邦国联盟。这29个邦划分了四类：A类邦9个，即从英国继承的9个省；B类邦9个，是原来的3大邦国和5个邦国联盟，以及 1 个从中央直辖区改为邦的文迪亚；C 类邦 10 个，由原来的中央直辖区直接改为邦；D 类邦 1 个，即安达曼和尼科巴群岛，群岛位于安达曼海和孟加拉湾交界处，远离印度本土。

29 个邦（中央政府下的行政区）的划分使得印度的邦国（土邦）成了过去。然而，各个邦国的王公又要怎么处理呢？为了政治的延续性，他们必须受到善待。印度的政策更像是赎买，而不是剥夺。王公们每年都可以从印度中央政府获得一定数额的年金，维持自己的生活。比如，迈索尔的王公就可以获得每年 260 万卢比的补贴，足够维持生活的排场。这些王公甚至还保有原来的宫殿，有的人还可以继续参与政治，以前是以领主的身份参与，而现在则是以政治家的身份。

这种温和式的革命创造了一个和平的印度神话，也可以看出，印度人本身是温和、不崇尚暴力的。多年种姓制度的熏陶也让他们安于天命，对于社会阶层之间的鸿沟并没有表现出太多的不满，王公受到补贴，在人们看来也是理所应当的，因为他们毕竟放弃了很多。

然而，在 1971 年，这些邦主的命运又出现了一次巨大的转折。这一年，英迪拉·甘地政府宣布取消了王公们的年金，从这时开始，各个王公们就只好自谋出路了。迈索尔的王公曾经有 500 多人为他服务，但印度停掉年金之后，他最后只保留了 10 个人。

经过了 1971 年的改变，印度的王公贵族们出现了分化。有的人坐吃山空，逐渐衰落了，在印度遍布着已经无人居住的宫殿和堡垒，是因为王公家族已经没有钱去修缮曾经的宫殿，只能看着祖产慢慢地变成废墟。有的人变成了政治家，进入了新的议会和政府，适应了新的印度。有的人转型成了商人、艺术家、社会名流，在新的社会中找到了自己的容身之处。

印度就这样通过两步走，将王公贵族作为一个阶层消灭掉了。不管他们是否愿意，已经再也没有能力与印度中央政府对抗，使得这个国家有可能实行一定的中央集权，而不再是许多个小国的联合体了。

但是，解决掉邦国问题，只是印度成型的一个关口。此外还有更多的关口指望印度中央政府去闯荡。最重要的则是教派之间的冲突，这些冲突甚至让两位印度总理付出了生命的代价。

我在印度观察时，经常可以看到各种冲突所留下来的遗迹。比如在新德里，依然保存着尼赫鲁故居，这位首任总理去世后将房子留给了他的女儿英迪拉。英迪拉在这处房产上居住了20年，经历了两次总理任期。

在房子外面美丽的花园里，有一条两边都是草坪的小径通向花园的园门，沿着小径走到一半时，会看到一段铺满了水晶的岔路。水晶岔路的一头，有一块玻璃标志的地点。

1984年10月31日，在总理官邸的花园里，英迪拉正准备去接受一家英国电视台的采访，在走到这个玻璃标志所指示的地点，经过两名锡克的保镖时，两名保镖突然拿起枪，向她打出了30发子弹，其中23发穿过身体，7发留在了体内。两名锡克保镖打完子弹后，扔掉枪支束手就擒，他们被押送到了一间密室，在那儿，其中一个被愤怒的人们击毙，另一个也被判处了死刑。

英迪拉总理的死亡在全国掀起了对于锡克人的仇恨，人们开始烧锡克人的店铺，殴打、暗杀他们。在对锡克人的迫害中，大约有5000人死于非命。

英迪拉之所以被杀，和同一年内她发动的一场"蓝星行动"有关。这一年的6月3日，作为总理的英迪拉发动了一场小型的战争，这场战争针对的是"一小撮"分裂主义分子。这群分裂分子就是宾德兰瓦勒（Jarnail Singh Bhindranwale）领导的锡克教激进派。

锡克教虽然是印度最年轻的宗教之一，却由于曾经在旁遮普建立过国家，对于印度中央政府一直有不服从的倾向。他们认为自己的国家是被英国人击败的，既然英国人撤离了，理应获得独立，不应被印度给整合进印度教的国家之中。

事实上，锡克教在印度并没有像伊斯兰教那样不受欢迎，许多锡克教徒在印度都大富大贵，印度前总理曼莫汉·辛格就是锡克人。但仍然有一部分人走向了反抗的道路。20世纪80年代，这种激进的倾向恰好进入了爆发周期，并由于一个人的出现而激化了。这个人就是宾德兰瓦勒。

宾德兰瓦勒作为锡克教激进派的领袖，获得了大量的追随者，甚至拥有枪支和卫队，行使着生杀予夺的大权。1981年，宾德兰瓦勒由于牵涉杀害敌对派别的人员被捕，但因为证据不足被释放。之后他干脆住进了锡克教神圣的金庙之中。金庙一直是锡克人最神圣的建筑，拥有着豁免权，警方不得进入抓人。这样的豁免权使得宾德兰瓦勒得以避开一切的法律审判。

此时，印度在"铁娘子"总理英迪拉·甘地手中运行得却并不顺利，这导致锡克教的离心力更加强烈了。围绕着如何对付这些分裂主义分子，印度政府也颇感头疼，他们无法容忍旁遮普地区出现一个"卡利斯坦"（分裂主义者心中新国家的名字），在宪法的框架内，又很难对宾德兰瓦勒进行有效的审判。甚至对他实行抓捕都很困难。

宾德兰瓦勒的活动仍然持续不断，他迅速将金庙变成了他的指挥部，储存了大量的武器，并开始训练武装人员。与此同时，旁遮普教派之间的恐怖活动也越来越多，种种迹象表明这都与金庙中的新宗师有关。

1984年6月3日，印度政府终于断然下令，对宾德兰瓦勒进行军事打击。这个命名为"蓝星行动"的军事打击持续了3天，直到6日才结束。金庙的建筑遭到了大面积的毁损，宾德兰瓦勒本人被击杀。

正是这一次行动，最终要了总理本人的命。宾德兰瓦勒虽然死了，但人们仍然把他当作英雄，他的名字被当作殉教者刻在了神圣的建筑上。锡克教的士兵就是为了给他复仇，最终杀害了甘地夫人。

除了英迪拉死于与锡克教的冲突之外，尼赫鲁-甘地家族似乎受到了诅咒。在她死后，她的儿子拉吉夫·甘地成了总理，这也是尼赫鲁-甘地家族贡献的第三个总理。拉吉夫显得文质彬彬，不像他母亲那么强势。在他接受教育的年代，整个世界又开始向着民主的方向移动，拉吉夫也是个尊重游戏规则的政治家。

但是1991年，一位泰米尔女人的自杀式爆炸，将尼赫鲁-甘地家族新的希望抹去了。拉吉夫·甘地在竞选总理期间被刺身亡。

泰米尔是印度南方的土著民族，也存在于斯里兰卡。印度的南方居住着更加黝黑的达罗毗荼人，而泰米尔人就属于其中的一支。这一支人种在印度南方和斯里兰卡都有着反叛倾向，由于印度牵扯进了帮助斯里兰卡镇压泰米尔武装的行动，拉吉夫·甘地就成了泰米尔人报复的对象，死于非命。

除了与锡克教、泰米尔人的冲突之外，最严重的还是与穆斯林的冲突。2002年，印度又爆发了一次印度教徒与穆斯林的冲突，这次冲突起源于一辆满载着印度教朝圣者的火车从宗教圣地阿约迪亚出发，返回古吉拉特。在一个小站上（也是穆斯林社区所在地），有的印度教徒与穆斯林小贩发生了冲突，在冲突中穆斯林教徒烧毁了一节车厢，几十位没有来得及逃出来的印度教徒死于非命。

这件事演变成了一场种族冲突，在古吉拉特以及周围的省份，印度教徒与穆斯林之间爆发了战争。那些曾经比邻而居的邻居突然间丧失了理性，将社区里的少数派砍杀殆尽。

古吉拉特邦政府由于是印度教徒执政，在种族冲突期间甚至扮演了火上浇油的角色，以不作为和暗示鼓励印度教徒对穆斯林进行屠杀。种族冲突的人间悲剧再次上演。

如果是放在其他国家，这么多大型的冲突一定会让整个社会分崩离析，而印度幸运在它有着虽然效率低下，但同时又形成了超稳定结构的政治制度。这种制度在促进发展上容易形成拖累，但几乎所有的人都可以发声，使得整个社会的创伤更加容易愈合。它促进了统一国家的形成，并有益于建设一个柔性的社会，将社会应力及时释放掉。

此外，印度社会的多元化也有益于人们反思暴力。不管发生过多少种族冲突，这个国家具有的反思精神，使得每一次剧烈冲突之后都会有一个缓和期，并且整体上的社会局势是趋向于缓和的。

1984年与锡克教的冲突爆发过后，锡克教与印度社会就出现了缓和状况。之后，锡克人依然在印度担任各种社会角色，并没有被隔离起来或者打入另册。印度的锡克教总理辛格也就是在这样的背景下崛起的。

2002年的冲突过后，人们又立刻进入了反思，他们自己也奇怪，当初是如何突然失去了理智。在报纸、电视和知识分子的促成下，人们开始为自己的作为感到羞愧，于是，印度的宗教冲突进入了一个更大的缓和时期。

因此，当我们认为印度的种族冲突拖累了经济发展时，只是看到了事情的一个方面，事实上，这是印度形成统一国家和民族性的一个过程，既然历史包袱太多，就必然会有这个阶段。

计划经济与改革运动

印度开国时，在英国的影响下步入了半计划经济的轨道。

在尼赫鲁担任总理，以及他的女儿担任总理的三十几年中，父女两人虽然在政治框架上打造了印度，但采取的经济和外交政策却并不算成功。

在外交上，一个从殖民地独立的国家现成的做法是和前宗主国发展紧密的联系，这可以说是成本小且可靠的做法。但由于殖民地心态，尼赫鲁却一直在提倡一种自主外交，提倡所谓的不结盟运动，而在实践中又和西方疏远。这个运动让印度在世界范围内成了领袖，却无助于它解决人民吃饱饭的问题。

为了解决经济问题，尼赫鲁和世界上其他新兴国家领袖一样，采取了计划经济的做法，他强化了政府对经济的控制，特别在农业上垄断了印度的农业采购，官僚集团不可避免地从盘剥中获益。直到今天，印度总理莫迪才试图废止这种做法，却依然遭遇了各种既得利益集团的反对。

在工业上，印度将大量的国计民生行业都收归了国有，比如采矿、钢铁等，到英迪拉时代，又把银行也收归了国有。另外，对于民间经济的许可证制度使得民间如果要开办企业，必须拿到无数的许可，这些许可又掌握在腐败和低效的官僚手中，因而民间几乎不可能顺利开展正常的商业活动。

在对外贸易上，由于印度的殖民地记忆，使得尼赫鲁对于外贸充满了警惕，几乎抵制一切进口，把进口替代的重要性无限放大，采取了一种闭关锁国的制度。

这种经济制度的建立，使得印度变成了一个低效的国家，经济发展缓慢，处处充斥着腐败，也决定了印度一直到20世纪90年代初期，仍处于贫困之中。

在英迪拉和父亲统治的这几十年里，印度陷入了一种奇怪的发展困境，经济增长率长期在3.5%左右徘徊，如果算人均GDP增长，则只有1.3%左右。印度在尼赫鲁-甘地父女统治期间不仅没有实现富裕，反而和世界水平拉得越来越大，远远落后了。

此外，印度虽然控制了经济，与中国相比，却忽略了最关键的一项——教育。中国大力发展基础教育，要求适龄儿童都必须去读书上学，中国人的识字率从而大幅度提高。当中国改革开放之后，正是由于大部分的人都识字，经过训练很容易就进入了工厂，造就了世界上最勤奋的工人。但印度由于传统社会的束缚，加上中央政府对于教育的投入不足，使得印度的文盲率远高于中国。对于一个人来说，识字和不识字就是最大的鸿沟，决定了他能否融入到现代社会之中。

在尼赫鲁时代，印度虽然经济上采取了计划主义，但在政治制度上，尼赫鲁却受英式民主的熏陶，坚决地采用了议会制，避免了独裁。虽然作为国父，他拥有着极大的权威和近乎独裁的权力，但仍然小心翼翼地使用权力。

然而，当尼赫鲁和过渡总理夏斯特里死后，新上台的总理英迪拉的背景却和老一代完全不同。她虽然在印度独立之前就已经成年，但在1942年才真正参与到印度的社会活动之中，没几年印度就独立了，她缺乏英式民主的熏陶和实际演练，更加迷信权力，也更加相信自己的能力。

所以，从英迪拉的执政方式中，能够看到天不怕地不怕的蛮干，并且不尊重竞争对手，甚至不惜把竞争对手关入监狱。而这些蛮干也的确获得了一定成就，比如，通过与巴基斯坦的对抗，成功地将孟加拉国（东巴基斯坦）分裂了出来，成立了单独的国家，削弱了巴基斯坦的实力。同时，发动了"绿色革命"，也就是印度的粮食革命，通过引入良种来增加粮食产量，将印度从粮食进口国变成了出口国。印度国土面积只有 300 万平方公里，是中国的 1/3，人口已经与中国接近，粮食不仅能够自给自足，还能够出口，不得不说是个奇迹。

但在其他方面，英迪拉的执政显得并不成功。她的国有化政策比父亲更加彻底，却使得印度的工业步入了困境。她宣布要向贫困宣战，并投入了大量的经费，然而由于官僚体系的作用，这些经费大部分被浪费掉了，并没有用到真正的贫困人口头上。要解决贫困真正需要的是放松经济管制，让人们可以做生意赚钱，她却走相反的路，加强了管制。

在政治上，她的政府变得更加不透明。也正因为这样，她被对手抓住了把柄，指控她为了连任，利用政府资源为选举服务。这时候，英式民主的威力显现出来了，当争议送到了最高法院，法官裁定英迪拉因为动用公共资源参与议会选举从而使得她的议员席位无效时，整个印度政坛哗然了。

根据判决，不仅选举无效，英迪拉还被禁止在 6 年内参加议会选举。而印度法律规定，只有议员才能担任总理，英迪拉一旦失去了议员身份，她不仅立即丧失了总理的资格，还在 6 年内都无法担任总理。

英迪拉决定反抗。此刻，民主制度本身已经成了她继续执政的障碍。命运在逼迫她下台的时候，又给她留了一条路，根据宪法规定，总统可以宣布紧急状态，从而授权总理冻结宪法进行执政。此刻的总统是英迪拉的盟友，于是，他们宣布了紧急状态，民主程序被冻结了。也正是因为此，她成了千夫所指的独裁者。

不但如此，她甚至用手中的权力直接打击反对党控制的邦政府。泰米尔纳杜邦和古吉拉特邦由反对党掌权，英迪拉利用总统管理权将邦的管理权收归中央，进一步破坏联邦制的同时，将自己的控制权延伸到了全国的各个角落，她也在独裁的道路上滑得越来越远。

英迪拉甚至不惜打击和逮捕她的政敌，并干涉媒体，使之为自己服务。这时，高高在上的铁娘子坚信自己的作为是正确的，一切为了人民。她认为自己的统治除了一小撮反对者之外，大部分都是支持她的。

这种自信让她宣布在1977年（实行紧急状态近两年后）举行一次选举，好让她将自己的统治合法化，取消紧急状态。

然而，这一次，她被自己控制的媒体和民意欺骗了。不仅她的党丢失了一多半的席位，就连她和儿子山奇也失去了议员席位。此前的民意告诉她，她是最受欢迎的政治家，然而，民意转身就把票投给了她的竞争对手，因为对方一直在警告，如果继续选择英迪拉执政的话，印度就失去了民主的标签。

但就在人们认为英迪拉已经日薄西山时，轮到她的对手犯错了。民主制度的有效，在于政治家可以免受对手的迫害。而此刻，对手们急于报复英迪拉，迫不及待地对她提起了诉讼，她被捕入狱了。

英迪拉的入狱让底层的民众突然间又爆发出了无限的同情心。当外界以为她的政治生涯已经结束时，3年后，她竟然卷土重来了。1980年，英迪拉的重新上台也让人民党政府短暂的自由化告一段落，印度重新回到了管制的轨道。此刻的英迪拉显得无比强势，在政治上，她打垮了对手；在经济上，虽然印度依然贫困，但对于国有经济命脉的控制却让她不用担心混乱。对于锡克人宾德兰瓦勒的"蓝星行动"虽然备受争议，但在军事上却是成功的。英迪拉通过这次行动也树立起了更加强势的形象。

但英迪拉的突然死亡，使印度又获得了一次机会。1991年，英迪拉的儿子拉吉夫也遇刺身亡，尼赫鲁-甘地家族陷入低潮期。但拉吉夫的死亡也让印度国大党暂时摆脱了一个家族的控制，开始了新的转向，这次转向中诞生了印度的经济改革。

当拉吉夫·甘地被刺身亡后，这个成立了40多年的共和国已有了衰败的迹象。分离主义势力猖獗、政治不稳定、贸易上奉行闭关锁国的政策。国内的经济也是一团糟，国民经济增长率长期徘徊在 3.5% 上下，印度的经济与世界的差距越来越大了。

更令人担忧的是，两个甘地的死亡让国际上对印度失去了信心，这在印度演变成了一场经济危机，印度政府的财政赤字高达 GDP 的 8.5%，外汇储备不足 10 亿美元，这个国家实际上已经破产了。

这次危机也说明，尼赫鲁-甘地式的经济实际上已经走到了头，印度的经济已经在管制和许可证的道路上腐烂了，而国外资本由于封锁而进不了印度的市场。一般一个国家走到了这一步，往往经历破产和动荡，折腾够了才可能跳出来，然而，幸运的印度此刻却遇到了一位资深的政治家，在他的带领下成功走了出来。1991 年普遍被认为是印度的改革元年，与中国的 1978 年具有同等的意义。在 1991 年之后，印度不仅没有像人们预测的那样烂掉，反而进入了一个高速增长时期，经济增长率上升到了 9%，民间经济也爆发出了巨大的活力，印度的软件和服务业也随之开始起飞，飞快地融入了世界经济秩序之中。

领导改革的纳拉辛哈·拉奥也许是最被低估的一位印度国大党总理，至今，在国大党的宣传上几乎看不到他的名字，国大党只是在提及他的失误时，会偶尔提到他，在谈论功绩时从来没有他，不是把功劳归于他的上一任国大党总理拉吉夫·甘地，就是归于他当时的财政部长、后来的总理曼莫汉·辛格，总是忽视掉这个实际的印度经济改革之父。

拉奥出生于 1921 年，早期参加过印度独立斗争，之后长期在安德拉邦任职，并进行了卓有成效的土地改革。之后，他在英迪拉和拉吉夫·甘地的政府中都担任过职位。1991 年，由于年龄已经太大，拉奥已经基本过上了退休的生活，不再参与具体的政治。然而，这时候拉吉夫·甘地被刺，导致印度的政坛出现了动荡。而在接下来的选举中，国大党虽然仍然是第一大党，却没有拿到足够的选票单独组阁。于是，作为元老的拉奥被推举了出来。

作为跛脚政府的非主流总理，拉奥上台时并不被人看好。也正是因为他的非主流，他开始了一项堪称伟大的工作：把印度经济几十年的积弊扭转过来，脱离管制主义、国家主义、闭关主义、许可证制，回归到自由主义。

拉奥碰到的第一个困难是谁来担任他的财政部长，如果要实行这一系列的改革，一个胜任的财政部长是必须的。然而，当人们看见印度正处于危机之中，财政部长手中可动用的牌极端有限，谁也不想接手。在冷漠和拒绝中，拉奥选择了一位叫曼莫汉·辛格的经济学家，这位经济学家是一位锡克教徒，他曾经担任过印度央行的行长，并非政治家。在当时的人看来，如果说拉奥是冷门总理的话，那么辛格是个更加冷门的财政部长。

然而，这一对边缘化的人物却做成了那些典型政治家做不出来的事情。他们的经济改革一直持续了下来。在拉奥的翼护下，辛格放松了外资管制，开始大量引进外国直接投资，从几乎一无所有到现在，印度已经成了第二大外资接收国。

印度经济最大的弊病是许可证制度，这种制度曾经被印度政府奉为圭臬。一个人为了开公司可能要跑数十个部门，拿到上百个签字。为了鼓励人们投身于经济发展，许可证制被放松了。由于制度的惯性，拉奥政府无法做到一下子将其取消，但制度大大的放松已经可以激起新一波的经济发展。

他还开放了资本市场，完善了印度的股票市场，使得印度的股票市场更加健康。印度的孟买证券交易所虽然有名，却并非垄断。1992年，在拉奥政府的主持下，孟买的北部又成立了另一家股票交易所：印度国家证券交易所（National Stock Exchange of India）。虽然只有20年的历史，但国家证券交易所已经成了仅次于孟买的全印第二大交易所，而市值更是与孟买证券交易所不分伯仲了。

除了这两家大型的交易所之外，孟买地区还有4家交易所，分别是：联合证券交易所（United Stock Exchange）、印度柜台交易所（OTC Exchange of India）、互联证券交易所（Inter-connected Stock Exchange）、MCX电子证券交易所（MCX Stock Exchange）。

另外，在德里、金奈、加尔各答、班加罗尔、海得拉巴、布班内斯瓦尔、斋仆儿、科钦等地还有19家交易所。可以说，印度的各个地区都有自己的交易所，从而构成了一个完整的融资体系。这个融资体系从殖民地时期就开始组建，即便经过了几位甘地的国有化举措，也并没有伤害到证券业的根本，这些证券市场仍然是对民间开放的。

在印度，一个企业如果需要资金，争取向公众募资，它有许多个选择，如果孟买证券交易所拒绝了它，它可以选择印度国家证券交易所，或者选择在海得拉巴、班加罗尔上市，只要有一个市场接纳它，就可以对公众募资了。而公众是否接纳，就看他们愿不愿意认购，一切都是市场决定的。

许多小型的企业可以选择在距离自己最近的地方上市，这里的人们最了解这个企业的好坏。当交易所不止一家的时候，想垄断公司的上市权是不可能的，从而为企业提供了最大程度的财务选择权。

除了证券市场之外，印度的银行机构也进行了改革。在独立之前，印度的银行业以私人拥有为主，独立后尼赫鲁虽然在基础行业推行国有化，但银行业仍然保持了私有制。直到他的女儿英迪拉执政时期，才在1969年和1980年实行了两次银行国有化运动，将大型银行收归国有。

然而，当拉奥执政后，在1993年，印度银行业重新开始对私人开放，逐渐形成了一个国有银行、私有银行、外国银行、地区性的合作银行组成的正规银行体系。除了正规体系之外，还有个人、家庭组成的非正规金融系统，也是农村金融的重要组成部分。它们共同组成了印度的金融体系。不管是银行体系，还是证券体系，印度模式都具有更大的容错性。

经过拉奥改革之后的印度经济开始了腾飞之旅，从1992年之后，印度的经济飞速发展，摆脱了长期以来的印度速度。

拉奥处理经济问题是成功的，但他却被宗教问题折腾得焦头烂额。锡克教经过1984年的种族冲突后，反而更加融入了印度社会，未来冲突的可能降低了，伊斯兰教与印度教的冲突却在1992年和2002年达到了顶峰，并导致了他的下台。

但不管怎样，印度的改革元年在他的手中已经开启了。之后的改革只是拉奥改革的继续。印度的政党也有着独特的特点，以偏左的国大党和偏右的人民党组成了两大党派，并根据选举结果轮流执政。拉奥之后的国大党又回到了偏左的道路上，这样的道路有利于维护社会的团结，却不利于经济的发展；而人民党是一个根植于印度教的政党，依靠民族主义来获得选票，甚至不惜煽动印度教与伊斯兰教的冲突，但人民党更善于处理经济问题。

关于社会转型也有了积极的变化。在人们对印度的印象中，印度社会的种姓问题一直是困扰经济的大问题，这个已经存在了两三千年的魔咒在现代依然将印度人分成了三六九等，使得底层的人民无法去追求幸福。

不过，在我去往印度时，发现种姓问题也有了极大的松动，这种松动并非是由于社会运动的结果，而是科技进步导致的。印度科技相对落后，并没有赶上固定互联网热潮，但随着移动互联网的发展，许多年轻人第一次接触网络都是通过手机来完成的。

当我在印度旅行时，总是在汽车和火车上遇到印度青年，他们带着手机，装上社交软件，去往异地的城市寻找网友。由于经济的发展，青年人都跑到大城市去打工，这种寻找网友的冲动最终可能冲破印度千年不变的道德体系。

在我和印度青年的接触中，我发现他们在移动互联网大潮下，以及从农村进入城市的狂潮中，已经逐渐摆脱了农村老观念的束缚，也勇敢地走出了进入现代的步伐。

印度至今依然在两党的撕扯下蹒跚前行。到了2010年之后，拉奥改革释放的活力渐渐不够了，但崛起的人民党在新总理莫迪的领导下又开始了另一次改革运动，运动的本身依然指向了许可证制，以及拉奥没有触及的农产品收购问题。莫迪的改革毁誉参半，他曾经促进了印度的快速发展，但另一方面，改革的速度比设想得要慢，阻力远超想象，特别是2020年新冠病毒的大流行，让印度的经济发展大受影响。

但至少，在可期的未来，印度以减少管制为目的的改革依然会继续下去，印度的经济也必然会以超过世界平均水平的速度发展，并逐渐巩固印度的世界地位。印度的经济也许很难像中国那样在几年内实现超常规发展，也很难在可预见的时间内超越中国，但随着印度政治整合的加速，在很长时间内，它依然可以成为世界经济的引擎之一。

巴基斯坦的难题

如果说，独立之后的印度为了将原本一盘散沙的国土整合起来，耗费了数十年时光，那么对于南亚次大陆上的另一个国家巴基斯坦来说，它遇到的难题更加复杂。

我曾经在斯卡都（Skardo）前往首都伊斯兰堡的汽车上，见过巴基斯坦准备派往印控克什米尔去渗透的一名士兵。他本来是克什米尔人，但他的家庭却在两国独立之后逃往了巴控地区。成年后，他在父母的熏陶下参加了军队，准备帮助祖国夺回失去的土地。我还从吉尔吉特（Gilgit，位于中巴友谊公路上）以西的马斯图季（Mastuj）前往更加偏僻的奇特拉尔（Chitral）。这里位于巴基斯坦的西北部，与阿富汗接壤，曾经遭受过塔利班的袭击。警察告诉我，奇特拉尔山背后就是阿富汗。

在地理上，印度面临克什米尔问题，但巴基斯坦面临的困境却不止一个，而是至少有四个。这四个困境如同是四个巨大的伤口，让巴基斯坦无法从中摆脱出来，更无法集中精力发展经济。而这也是当年英国人造成的。

20世纪，英国人慢慢地退出次大陆时，他们培养的印度政府和议会逐渐接管了权力。这时伊斯兰教徒却发现，自己虽然在经济上处于优势地位，但在政治上却无法获得相应的影响力。

政治上影响力最初的表现是在语言上，由于印度教的主导作用，印度教徒日常用语印地语（Hindi）成了各个地区的官方语言。而伊斯兰教徒的日常用语乌尔都语（Urdu）却被排除在外。乌尔都语本身也来自印地语，但接纳了更多的阿拉伯词汇，并用阿拉伯文字书写，从而与印地语有了区隔。

印度最大的党派叫国大党，这是一个宣扬民族主义的党，大部分都是印度教徒。这个党内部也在摇摆，一会儿极端，一会儿宽容。这种摇摆本身就让穆斯林战战兢兢。到这时，他们已经认定，如果穆斯林不成立单独的国家，那么印度独立之后，伊斯兰教的前景会非常暗淡。正是在这样的背景下，一个叫穆斯林联盟的组织开始争取独立。而领导这个独立过程的，则是国大党原本的代表人物之一真纳。

在真纳、尼赫鲁以及英国人的协议下，原本一个国家的次大陆分裂成了两个：印度和巴基斯坦。

次大陆的穆斯林对于建立独立国家充满了热情，却没有看到它的困难。我们可以把印度和巴基斯坦的困难做个比较：在独立之前，印度已经有了较长的立宪传统，从19世纪以来，印度人就开始参与政权和立法，以尼赫鲁为代表的上层印度教徒对于英美传统的政治哲学并不陌生。印度的独立只是一种仪式性的，而接管权力的实际工作是用上百年时间来完成的。从印度独立到现在，也是一部宪法贯穿始终，虽然修正案很多，但没有人会想到去重新制定宪法推翻原来的，这说明，印度式民主已经成了这个国家人人接受的底线，不需要做出改变了。

但巴基斯坦则出现得过于仓促，英国人原本想建立一个国家，后来突然间变成了两个，急匆匆建立另一套新的议会和政治规则，还没有来得及检验它的稳定性，巴基斯坦就急不可待地独立了。创始人真纳所费的力气也比尼赫鲁大得多，必须如同搭草台班子一般从无到有搭建政府，再逐渐演化和稳定。这样，巴基斯坦的政治发展从起步开始，就已经比印度晚了几十年。

更加致命的是，英国人在决定划分印度和巴基斯坦国土时，采取了过于随意的方法，使得巴基斯坦的边境地区充满了一个个雷区。这些雷区带来的不稳定让巴基斯坦举步维艰。

当时，巴基斯坦边境最主要的冲突地点有四处，分别是：东西巴基斯坦、克什米尔、西部的普什图部落地区、与伊朗接壤的俾路支斯坦地区。任何一处的爆发都会成为这个蹒跚政权的致命伤。

首先是东西巴基斯坦问题。在现在的世界版图上，还有一个极端贫穷但人口庞大的国家叫孟加拉国。巴基斯坦和孟加拉国曾经是一个国家，后者被称为东巴基斯坦。

印巴的分治是依据宗教原则。在印度北部是伊斯兰教盘踞最长久的地区，这些地区的伊斯兰教徒占比更高。在莫卧儿王朝时代，伊斯兰教徒密集区从现在的巴基斯坦开始，横扫印度北部（包括印度首都德里），直达孟加拉国境内。

但是，英国人的统治改变了北方的人口分布。英国人最终把首都建在了德里，为了照顾印度教徒，他们故意稀释了当地的伊斯兰教徒，结果，原本连贯的北部伊斯兰地带被切断了，中间的德里地区和北方邦变成了印度教徒占多数。到了独立时期，伊斯兰教徒主要被压缩在西北和东北两个区域内，这两个区域在地理上是不连续的。隔断这两个区域的正北方，已经变成了印度教地带。

如果从东巴基斯坦到西巴基斯坦，必须坐飞机前往，这种不可克服的地理缺陷成了东西两部联系的巨大障碍。人们可能会说，马来西亚和印度尼西亚的领土也是不连续的，并没有造成不可克服的困难。但是，夹在巴基斯坦两块领土之间的，却是敌对国印度，只要印度关闭领空，两块国土就基本上失去了联系。

而实际上，在印巴冲突时，印度也确实利用各种手段切断两巴的联系，让它自顾不暇。到了印度总理英迪拉·甘地时期，更是利用权谋策划了孟加拉国独立，让东巴基斯坦从巴基斯坦分离了出去。

巴基斯坦面临的另一个问题是克什米尔，这同样是英国撤离时的遗留问题。克什米尔在英国人到来之前，是分散的部落地区，分裂成二十几个部落，大都信奉伊斯兰教，曾经属于阿富汗，但后来被位于旁遮普的锡克教国家占领。

1846年第一次英锡战争中，克什米尔被从锡克教国家割让给英国，英国人又转手卖给了查谟邦主（Maharaja）。查谟邦主信奉印度教，而克什米尔的主要人口却信奉伊斯兰教。这些穆斯林甚至没有明白怎么回事，就被英国人强加给了一个印度教主子。

克什米尔这块疮疤也成了两国之间永久的痛，这里的人民心系巴基斯坦，但是印度却在军事上占据了优势。双方都认为自己没有错误，但历史所造成的复杂局面却如同一张网，让谁也无法逃避。

除了和印度、孟加拉国纠缠不清的关系之外，英国人还给巴基斯坦留下了第三个难以摆脱的遗产：西部边疆和阿富汗的关系。

在英国和俄国的大博弈中，双方最终确定维持一个独立的阿富汗，作为大英帝国和俄罗斯帝国的边界。但是，他们又都不甘心让阿富汗过于强大，于是，在和阿富汗订立边界的过程中，尽量多从阿富汗身上刮肉，将原本属于阿富汗的领土划归己有。

俄罗斯抢占的地区主要在阿富汗西北部的赫拉特以北，在如今的土库曼斯坦和阿富汗交界处。而英国人则把开伯尔山口东北方向的普什图人居住区划入了自己的边界内，这就是著名的杜兰德线（Durand Line）。所谓杜兰德线，是英国外交官杜兰德爵士（Sir Mortimer Durand）在1893年划定的阿富汗印度边界。普什图人是阿富汗的主体民族，他们不喜欢英国人，而是希望并入阿富汗，但是英国和阿富汗的边界将他们的土地一分为二了。

当巴基斯坦继承了这个疆域之后，阿富汗人希望能够将位于巴基斯坦的普什图人领地收回，但遭到了拒绝。此后，杜兰德线一直得不到阿富汗的承认，巴基斯坦与阿富汗上千公里长的边界上就充满了各种不确定因素。

巴基斯坦建国后，这部分普什图人地区首先成了巴基斯坦和阿富汗的争论点。阿富汗受到苏联入侵后，这片地区又成了各国援助阿富汗的跳板，各国争相将自己的势力扩张到这片普什图人地区，结果这片地区迅速激进化，塔利班就是从这里诞生的。

除了这三处大伤疤之外，还有一处中型的伤疤：俾路支斯坦。俾路支斯坦地区是一个古老的地区，但在近代被划入了三个国家的版图，分别是伊朗、英属印度和阿富汗，俾路支人却一直想有一个民族性的实体。

在巴基斯坦独立时，英属俾路支斯坦又分成了四个小部分，其中三个部分选择加入巴基斯坦，另一个部分却试图不做选择，想要保持独立。巴基斯坦出兵占领了这部分地区。巴基斯坦的军事占领给俾路支人树立了一个受侵略的想象。在未来，这个地区一直保留着独立倾向，影响着这个年轻国家的未来。

英国人给巴基斯坦留下的这四处伤疤大都是致命伤。对于一个新建立的国家而言，首要的任务是维持稳定、发展经济，只有经济发展了，才有能力保证人民富裕的同时，有足够的财政来发展军事力量。也就是说，首先是民间经济，其次才有能力发展军事。

可巴基斯坦却根本没有发展经济的时间，就必须建立一个强大的军事机器来应付千疮百孔的领土分裂和争端。所以，印度和巴基斯坦最初的建国原则就是不同的，印度按照英国统治时期的框架继续发展就有方向了，而巴基斯坦却决定建立一个强大的中央政府，来应付未来要发生的重大事情。

当然，印度政府也是官僚主义严重的国家，但毕竟保留了更多的私有空间。而巴基斯坦刚建立就要求个人必须服从于集体。那么，新建立的巴基斯坦在集权主义的思潮下，能够应付如此众多的问题吗？

徘徊于发展和稳定之间

在巴基斯坦独立过程中，首先爆发的是克什米尔问题。1947 年，随着巴基斯坦建国的临近，克什米尔成了巴基斯坦开国者们最揪心的关切点。

在划分两国领土时，往往采取各个土邦的自愿原则。但在三个邦主与臣民信奉不同宗教的地区，却成了双方争议的焦点。从后来的发展来看，这三个地区都是印度占据了先手。在海得拉巴和朱纳格特，信奉伊斯兰教的邦主都想选择巴基斯坦，却被印度以人民信奉印度教为由，出兵干涉强迫加入了印度。如果按照这个原则，那么第一大邦查谟-克什米尔虽然邦主信奉印度教，但大部分人民都信奉伊斯兰教，就应该加入巴基斯坦。

事实上，当邦主哈里·辛格（Hari Singh）犹豫不决时，巴基斯坦已经决定出兵进行干预，按照印度的方法驱逐邦主，利用庞大的伊斯兰教人口进行公决，让它加入巴基斯坦的怀抱。

巴基斯坦首先通过与克什米尔接壤地区开始了渗透，并策划了反对邦主的叛乱。它的军队也随之过境，从临近地区出发，向克什米尔首府斯利那加（Srinagar）进军。不想这一次，所谓臣民的叛乱却让邦主最终下定决心，签订了加入印度的协定书，随后向印度求援。

与海得拉巴全部都被印度领土包裹不同，克什米尔处于印度、巴基斯坦、中国、阿富汗四个国家的交界地带，当巴基斯坦军队进入克什米尔后，印度也立刻派兵出击，双方发生了军事冲突，也让这两个曾经的兄弟国家变成了敌人。

这次战争的结果以印度拿到了大部分利益为结束。在所有争议地区，印度获得了查谟和斯利那加这两个最主要城市，并占领了大约2/3的领土，巴基斯坦只获得了1/3的高寒和边缘地带。

克什米尔战争还没有结束，与伊朗比邻的俾路支斯坦地区也发生了叛乱。由于该地区的俾路支人一直有独立倾向，将此时看作争取独立的最佳时期。叛乱被镇压了下去，却给新兴的国家蒙上了另一层阴影。

正是这一次战争和一次叛乱，使得巴基斯坦领导层意识到必须有一个强力的核心，才能控制住这个四分五裂国家的命运。这个国家的南部分布着巨大的沙漠，北部则是世界上最高的山脉，国土支离破碎，难以驾驭。

1956 年，巴基斯坦通过宪法，这部宪法规定了一位强有力的总统，这位总统在内部和外部受到威胁时，有权力将宪法挂起，实行紧急状态。而在行政事务上，则由以总理为首的内阁来治理国家。与集权化政治相伴随的，则是政府主导的经济模式，它更倾向于政府对经济命脉的把控，以便将全国的资源源源不断地送入到军事链条中，以应付四处发生的军事威胁。

在宪法里，虽然也规定了三权分立、保护不同信仰等条款，但是在世俗化上却有两处巨大的倒退，让巴基斯坦从一开始就很难算得上是一个彻底世俗化的国家。在宪法中，规定总统必须出自穆斯林，不能由其他教派充当。

宪法同时写着，任何立法不得与《古兰经》和圣训抵触。人们对于一个国家是世俗的还是宗教的，有一个最基本的判断指标：看它的法律系统是以民法为标准，还是以教义为标准。巴基斯坦把《古兰经》和圣训放在了世俗法律之上，已经是一种将世俗社会拉回到教法社会的举动。

巴基斯坦的做法也可以总结为新兴国家的民主困境。由于建国之初事务烦琐，千头万绪，加上为了争取独立进行的战争，以及未来保家卫国的需要，人们总是倾向于放弃一定的民主原则，建立更加强力的政体。可是，民主原则一旦放弃，又可能影响这个国家未来的国运。

人们为了强调安全而加强政府权力，但巴基斯坦的厄运并没有因此而消失。宪法颁布后两年，这个新兴的国家突然陷入了政治瘫痪状态。

在西部的俾路支斯坦地区，分离主义死灰复燃，利用文火慢炖的方式逐渐削弱着中央政府的权力，而更大的问题出现在了东部的孟加拉地区。由于地理上的分裂，东巴基斯坦（即孟加拉国）和西巴基斯坦的差异表现得越来越明显。西部的穆斯林以旁遮普为中心，主要说乌尔都语，而东部的穆斯林则主要说孟加拉语。

在政治上，西部的政治家从一开始就参与了巴基斯坦的建国，并主导着政治、和平、战争、立法的进程，而东部从一开始就处于政治弱势地位，到底如何协调这两部分的关系，成了政治家的难题。

在制定宪法之前，政治家们首先直截了当地规定乌尔都语为官方语言，受到了东部的严重抗议后，才意识到应该尊重东部的权利，加入了孟加拉语作为官方语言。但在实际应用中，由于西部官僚掌控了政府，他们只会乌尔都语，不会孟加拉语，东部的政治家即便到了西部，也很难混得下去。

更加令双方差距扩大的，是两个地区的政治理想不同。西部地区更早接触到西方文明，而东部地区相对落后，结果西部往往更想走国家控制的权贵资本主义道路，而东部则更靠近苏联的社会主义理想。结果，西部选举上台的地方政府往往是右翼的，而东部掌权的常出自左翼。这种社会理想打架的状态反映到了议会中，就很难产生出一个稳定的主流政府，总理也如同走马灯一样，在两年内换了四个。只要东部和西部的争执存在，巴基斯坦的政治就无法稳定。

担任总统两年后，巴基斯坦的首任总统米尔扎（Iskander Mirza）就意识到，宪法在东西部的二元结构下实际上已经失败了，除了运用他的总统权力宣布紧急状态之外，他已经想不出解开这个亚历山大之结的办法。于是，巴基斯坦第一次军事强人时期在宪法制定才两年后，就登场了。

亚非拉地区的政权内，军人干政往往是政治失灵的一个结果，当政治家们已经疲于奔命，无法找到解决政治僵局的办法，军人就会跳到前台接管权力。

军人干政的结果也是喜忧参半，大部分情况下往往起到更坏的作用，但也有少数案例，军人帮助国家找到了出路，走出了历史的险滩峡谷。比如，土耳其的政治失灵时常靠一批有着共和理想的军人解决。第一次世界大战后，土耳其在阿塔图尔克的强力领导下抛弃了宗教，变成了世俗化国家。但是，土耳其每一代的右翼政治家都试图重新引入教法政治，对抗阿塔图尔克的遗产。土耳其的军人们却大都继承了阿塔图尔克的共和理想，每一次当右翼想这样做时，他们就发动政变，强迫政治家回归到世俗化的道路之中。只是到了21世纪，右翼政治家埃尔多安（Recep Tayyip Erdogan）上台后，才借助欧盟的帮助，以反对军人干政为借口，彻底粉碎了军队的共和派，土耳其也在他的带领下大踏步政教化。除了土耳其，智利的皮诺切特（Augusto Pinochet）也利用暴力避免了国家的极端左倾，坚持了自由主义的发展方向。

巴基斯坦军人干政到底是好还是坏呢？

1958年，巴基斯坦总统米尔扎宣布实行紧急状态，将宪法挂起，并解散了东部和西部的地方政府，依靠紧急状态进行直接统治。为了维持紧急状态，米尔扎任命了一位将军作为海陆空总司令，来配合总统的行动，这位将军就是阿尤布汗（Ayub Khan）。

两个星期以后，阿尤布汗发动了不流血军事政变，将米尔扎赶下了台，他本人成了巴基斯坦第二任总统。四年后，为了适应新的统治，阿尤布汗推出了巴基斯坦历史上第二部宪法。他吸取了第一部宪法的教训，在东西巴基斯坦分立的情况下，内阁制是一种不稳定的制度，只有实行总统制，才能保证稳定。

总统制的特点是一经选举，就不会在任期未到时倒台，而内阁制则可以由于议会党团的改变而随时下台，当议会过于复杂时，内阁制显然无法稳定下来。

为了保证自己的权力，阿尤布汗还规定，总统不是由全民选举的，而是由一个8万人的委员会选举。不过，阿尤布汗倒并非是一个特别强权的人，他并没有授予总统随便解散议会的权力。为了要求保守的宗教势力对自己支持，第一部宪法中规定的穆斯林优先原则也都保留下来，甚至更加强化了。

在阿尤布汗统治期间，伊斯兰堡（Islamabad）诞生了。巴基斯坦最初的首都是卡拉奇（Karachi），阿尤布汗认为卡拉奇是一个容易受到海上攻击的城市，同时是英帝国主义的象征，应该在位于中部的内陆地区建立一个新首都。在阿尤布汗的设想中，伊斯兰堡应该是整个伊斯兰世界的骄傲，要设计得整齐划一又富丽堂皇，他专门请了一个希腊公司来搞城市设计，做了一个庞大的规划。新首都选在了古老的城市拉瓦尔品第（Rawalpindi）的北方，那儿有一片巨大的平原。

在巴基斯坦建立新首都时,邻国印度也在建立新首都,印度在首都老德里的旁边建了一座新城,叫新德里。与新德里不同,巴基斯坦的新首都和旧首都之间却隔着1000多公里。

几十年后,两国的首都都已经稳定,再回头一看,才发现二者的巨大差别。新德里作为一座花园城市已经颇具规模,绿树鲜花映衬下,别墅群和政府建筑相映其中。印度给人的整体印象是脏乱差,但新德里却是少有的例外。

而伊斯兰堡却出现了巨大的失调。这座城市当初设计得过于雄心勃勃,包括了许多个正方形的街区,每一个街区都有一定的功能。但几十年后,由于城市架构过于庞大,开发资金却有限,到现在,整座城市仍然如同一片农村的组合,这里冒出一片别墅,那里有几栋楼房,剩下的地方都被杂乱的树木和野草所占据。走在伊斯兰堡的市中心,都有可能满眼是荒郊野岭的景象。

由于城市铺得过大,人们办事情非常不方便,动不动就要走过遍地的杂草,走很远去寻找商店、汽车站。商店的建筑大都是平房或者二层小楼,汽车站中泥水遍地,仿佛是在乡村集市上。

不过,除了首都规划的失败以外,阿尤布汗时期却成了一个令人怀念的时期。虽然是靠军事政变起家,他却意识到,巴基斯坦的维稳成本太高了,必须通过减负、发展经济来摆脱陷阱。

他大力和美国合作,缓和与印度的关系,并进行了一系列的经济改革,加强了私营经济的发展。在他的治下,巴基斯坦出现了短暂的欣欣向荣。由于美国的影响,年轻穆斯林的生活也逐渐世俗化了,人们不再过分强调爱国主义和军事复仇,更不愿去清真寺,而是看着美国的电影,听着美国的音乐,喝着可口可乐,梦想着发财。这样的势头如果持续下去,也许巴基斯坦能够找到一条世俗化和现代化的道路,一旦经济发展上去了,人们也就不再闹乱子,而财政上也会更有钱来支持军事。

但就在这时,已经有点轻飘飘然的阿尤布汗却犯了一个错误,他认为,随着这一波的经济发展，政府的财政实力已经大大加强了，于是，占领克什米尔、向印度复仇的时机已经到来了。为了避免国际舆论，他采取了一种小心翼翼的渗透策略，利用小股武装进入克什米尔，以训练当地人为主，再利用当地人打头阵，逐步夺取克什米尔的控制权。

但他没想到印度的反应非常强烈。由于当时正处于冷战之中，巴基斯坦得到了美国的支持，而印度是苏联的伙伴。正是由于两个大国的支持，使得双方都觉得自己有恃无恐。经过十几天的战斗，印度占了上风。阿尤布汗心酸地发现，虽然自己努力发展经济和军事，仍然无法改变巴基斯坦军队指挥乏力、战术陈旧的老毛病，暗暗吞下了苦果。

战争过后，阿尤布汗的黄金时期成了过去。人们反思战争时，首先想到的不是巴基斯坦的弱小，反而认为灾难都是阿尤布汗带来的，是他过于右倾、靠近美国的结果。另外，他的自由主义经济政策虽然帮助巴基斯坦农业和工业获得了大发展，却造成了贫富差距，人们要求的不是发展，而是平等。

从这时开始，有两股力量出现了巨大的失控。一是东巴基斯坦的左翼力量已经不再放纵这个紧靠美国的老军阀；二是在西巴基斯坦内部，一个更加左倾的集团团结在了布托（Zulfikar Ali Bhutto）的周围，对于阿尤布汗形成了冲击。

1969年，身体欠佳的阿尤布汗在全国形势的压力下黯然离职，将总统大位留给了他指定的接班人雅西亚汗（Yahya Khan）将军。雅西亚汗将军随即宣布进入全国紧急状态，开始了另一次军人统治。

但这一次的军人统治很快就被一件影响了巴基斯坦命运的大事打断了。

依然无解的边疆

1971年12月3日，在以色列六日战争4年后，巴基斯坦决定发动一次效仿性的军事行动。在以色列版本的战争中，以色列先发制人，以优势的空中力量集中打击阿拉伯联军的机场、雷达和防空力量。在陆军还没有出动时，阿拉伯人已经基本丧失了空军，从而影响了战局。为了空袭，以色列的200架西方配备的先进轰炸机倾巢而出，没有做任何保留。

巴基斯坦版本的军事行动也有着同样的目的，它决定先发制人，在印度的空军力量没有反应过来时，就动用强大的空军力量，以迅雷不及掩耳之势，将印度西北部的11个空军基地一举敲掉，让印度彻底丧失制空权，从而让巴基斯坦空军可以为陆军提供全方位的空中掩护。这个雄心勃勃的计划有一个宏大的名字：成吉思汗行动（Operation Genghis Khan）。为了执行这个行动，巴基斯坦动用的空军是——50架老式飞机。

这次空中打击的结局是可以预料的。实际上，在开始打击之前，印度已经对巴基斯坦的军事行动了如指掌，这并非是因为印度的情报工作有多好，而是因为巴基斯坦人自己不知道保密。

比如，在战争发生前一个月，巴基斯坦的政治家们就纷纷组织民众，宣传民族主义，叫嚣要干掉印度，这让印度当时的总理英迪拉·甘地明白，战争已经不可避免，于是开始加紧备战。11月23日，巴基斯坦总统宣布全国进入紧急状态，开始战备动员，准备打仗。这时印度知道战争越来越近了。

巴基斯坦的整个军事行动都在印度的预料之中，也就很难做到奇袭。其结果是，巴基斯坦不仅没有消灭掉印度空军，还被印度空军消灭殆尽，成了战败国。

这次战争之所以无法避免，是因为巴基斯坦内部问题：东西巴基斯坦的分裂就在眼前，而印度恰好处于两个巴基斯坦之间，只要它存在，位于西巴基斯坦的中央政府就很难镇压东巴基斯坦的叛乱。最终，巴基斯坦总统得出结论，如果要想保住东巴基斯坦，就必须击败印度。

两个巴基斯坦问题之所以激化，和两部分的政治困境分不开。最初巴基斯坦采取了议会制，但在实行过程中，由于两部分的理念不同，很难形成稳定的政府结构。到了阿尤布汗时期，为了避免政治僵局，将政体改为总统制，而总统不是人民选举的，这就避开了东巴基斯坦人民的选票对于政局的影响，始终由西巴基斯坦的高层操纵政治。

但是，这个方法到了1970年又出现了问题。虽然巴基斯坦实行总统制，但仍然保留了总理职位，总理职位是由议会选出的。由于东巴基斯坦（孟加拉国）的人口比西巴基斯坦多一点点，在分配议会席位时，总数313个的席位中，分给了东巴基斯坦169席，也占了一半多一点，剩下的保留给西巴基斯坦。

这一年，巴基斯坦进行了一次议会普选，谁也没有想到，东巴基斯坦一个叫阿瓦米联盟（Awami League）的组织竟然如此强势，东巴基斯坦的议席除了两席之外全都被它收入囊中。这样，不管西巴基斯坦的结果如何，联盟依靠东巴基斯坦的选票就已经成了议会的绝对多数党。按照规则，该党的党魁拉赫曼（Sheikh Mujibur Rahman）将自然成为总理。

对于东巴基斯坦人的选举结果，西巴基斯坦人感觉有苦说不出。他们认为，拉赫曼的胜利是煽动和愚昧的结果，在一个正常的选举中，一个政党无论如何不可能获得几乎百分之百的席位。

西巴基斯坦最大的政党是巴基斯坦人民党（Pakistan Peoples Party），党魁就是后来的总统布托。布托首先反对拉赫曼当总理，后来又提出了双总理制度，也就是东巴和西巴各出一个人当总理。但不管怎么提议，已经获得了多数席位的拉赫曼都无动于衷，反而认为这是布托在玩弄手段践踏宪法。

当拉赫曼意识到，西部的建制派是无论如何不会让他这样一个东部人当总理时，他走出了大胆的一步：宣告东巴基斯坦独立。

拉赫曼的做法让西部的建制派感到震惊，为了对付东部的反叛力量，他们决定诉诸武力。一个叫寻光行动（Operation Searchlight）的计划浮出水面，这个行动的目的是镇压一切反对派。当中央政府军队源源不断进入东部时，这次行动最终演化成了一场大屠杀。

但是，西部的镇压并没有让东部屈服，反而让东部人民更加意识到，西部的政治家根本不在乎东部的死活。这时恰好处于"冷战"的高潮期，西部建制派背后的支持者是美国，而东部反叛力量背后的支持者是苏联。此时，印度也是一个亲苏的国家，在苏联的支持下，印度也逐渐搅入了乱局，暗地里支持东巴基斯坦人民的反抗行动。巴基斯坦内战最终变成了印巴之间的战争，并以巴基斯坦在东部军队的投降作为结束。

这次战争奠定了英迪拉·甘地的一世英名，也毁掉了巴基斯坦总统雅西亚汗的政治生涯。作为战败者的首领，整个国家一半的疆土和人民就这样分走了，他自然要承担责任。如果说，巴基斯坦在之前从体量上还足以和印度抗衡，那么在丢失了东部之后，它已经失去了和印度抗衡的资本。在之前，一旦印巴局势紧张，巴基斯坦能从东部和西部同时压迫印度，现在，它只是印度西北部的一个小边区。巴基斯坦曾经是一个地区性大国，但现在变成了一个中等国家，必须付出更多的代价才能维持与印度的军事对峙，至于发展经济就更谈不上了。

但所有的责任也并不是都要总统来背。从最初英国人划定巴基斯坦地图时，就已经决定了巴基斯坦这样一个国家必然处于不稳定之中。在四大问题的侵扰下，它必然顾此失彼，最终走向分崩离析。

在巴基斯坦的独立，反而让巴基斯坦摆脱了四大问题中最大的一个，减少了政治成本，从这个角度来看，分家是唯一的出路。雅西亚汗的离职也将巴基斯坦从强人政治的轨道上捞了回来。老军人下台后，巴基斯坦重新举行了选举，开始了另一段民主时期。

当孟加拉问题已经成为过去，西部的政治再也不受东部的干扰，巴基斯坦能否在政治家的团结之下，将剩余的三大问题解决掉，从而尽快走出历史的泥沼呢？答案就留给了下一位领导人：布托。不幸的是，刚刚摆脱了独裁的他立刻选择了一条左倾的道路，将机会再次浪费掉了。

在印度和巴基斯坦历史上，有类似于美国肯尼迪家族的悲剧家族。印度的甘地家族出现了两位总理，但两位总理先后遇刺。在巴基斯坦，类似的状况出在布托家族。

巴基斯坦战败后，总统大位交给了巴基斯坦人民党领袖布托。布托在阿尤布汗当总统时期，就是总统器重的外交部长，他曾经在联合国大会上铿锵地指出：如果印度拥有核武器，那么巴基斯坦吃糠咽菜也必须拥有核武器。这样的豪言壮语让他获得了足够的名声。

布托上台后，面对着前任留下的烂摊子，痛定思痛，总结了几条经验：第一，孟加拉国的分裂已经是既成事实，再也没有办法收复，与其计较于名义上的归属，不如承认这个事实；第二，与印度相比，巴基斯坦仍然属于弱势一方，靠常规武力打败印度很难，要想生存，巴基斯坦必须发展核武器；第三，与印度比起来，巴基斯坦的朋友太少了，印度总理尼赫鲁的不结盟运动拉来了一大票崇拜者，加上和苏联的友好关系，让它成了地区一霸，巴基斯坦数来数去，只有两个半朋友，除了伊朗、中国之外，美国也曾经因为对抗苏联的需要而帮助过巴基斯坦，但美国的帮助是不可靠的，比如，当孟加拉国闹独立时，美国甚至倾向于让孟加拉国独立；第四，从阿尤布汗开始的经济自由化政策要为巴基斯坦军事惨败负责，自由经济不适合巴基斯坦，计划经济和国有化，集中精力办大事才是王道。

在这样的政策指导下，布托承认了孟加拉国的独立，他投入了大量的精力，关注核武器的发展，使得巴基斯坦在核竞争中不至于被印度甩下太远。同时，在外交上，他从依靠美国改为向东方靠拢，在经济政策上，更是大力推进国有化政策，加强福利。

在巴基斯坦早期，几乎每一个强力总统都像做衣服一样为自己量身定做一部宪法，布托也不例外。他又制定了一部宪法，将政体再次改为了总理负责制，他自己担任了总理。这部宪法是巴基斯坦第三部宪法，也是最后一部。之后，巴基斯坦宪法没有被重写，只是不断被修改。

布托的努力给自己赢来了"人民领袖"的称号，却给巴基斯坦带来了另一重枷锁。之前巴基斯坦国内的主要问题是东西巴基斯坦之间的纷争，而在西巴基斯坦内部，却很少被左倾化，阿尤布汗之后也一直崇尚自由经济，鼓励民间的发展。

布托错误地认为，自由经济是巴基斯坦没有战斗力的根源，因为人们都挣钱去了，不想打仗。由于巴基斯坦的官僚体系，自由化也必然被腐败的官僚利用，造成了进一步的贫富分化。但他没有意识到，自由经济本身是无罪的，有罪的是那些利用自由经济钻空子的官僚制度。结果，他反而加强了官僚对经济的控制，又用再分配的福利制度来获得支持，给中央政府的财政又增加了一层负担。

在布托的统治下，巴基斯坦进入了一个加强政府控制，发展大项目，经济发展却很缓慢的时期。但由于他的再分配政策听起来很美，使得巴基斯坦人民反而对他充满了感激。

当然，他的统治并非人人满意。有一帮人就对他充满了仇恨，这些人是原来的建制派。建制派对他的仇恨也不是因为他的错误政策，而是因为权力斗争。在冷战的大背景下，布托的左倾，必然让建制派更加右倾。

在巴基斯坦，右倾主要表现为对于宗教的谄媚。阿尤布汗时期，虽然总统对宗教势力有所妥协，但在潜移默化之间，民众已经开化，不再属于宗教情绪强烈的地区，即便是穆斯林也已经被世俗化了。

但在布托的领导下，巴基斯坦变成了左倾的阵地，于是倒逼反对派们祭起了宗教保守主义的大旗，主义之争最终导致了宗教的回归。

1977年，布托再次参加总理选举，他的反对者是右派势力巴基斯坦国家联盟（Pakistan National Alliance）。人们预计布托的政党过不了关。布托试图操纵选举，但他操纵过度了，公布的选举结果是：他的政党赢得了200个席位中的155个，这样的数字让即便支持他的人都不敢相信。当政治陷入僵局，人们纷纷抗议时，布托亲自任命的陆军总司令齐亚（Zia-ul-Haq）将军采取了行动。他发动不流血政变，废除布托总理职务并利用审判处死了布托。

如果说，由阿尤布汗发动的第一次军事政变给巴基斯坦带来的记忆不那么糟的话，齐亚将军的第二次政变却是一次灾难。

阿尤布汗对于经济的贡献巨大，也试图利用改革政体来挽救摇摇欲坠的东西巴基斯坦联邦，齐亚将军却更加依靠强力来进行统治。由于布托是个左派，齐亚将军依靠反对布托的势力发动政变，在政变后，就必须向反对派妥协。

齐亚将军最初希望能够在90天内组织新的选举。在土耳其等国家发生军事政变后，军方往往能够在短期内组织大选，尽快还政于民选政府，齐亚将军也想这么做。但随后他发现问题过于复杂，这个国家还是离不了自己，于是短期过渡变成了长期统治，直到11年后他去世，巴基斯坦才有了重新举行真正大选的机会。

在齐亚将军的治理下，巴基斯坦成了世界的背水湾，它静静地龟缩在喀喇昆仑和兴都库什山组成的小角落里不声不响，不引人注意。在巴基斯坦内部，经济已经停滞了，印度都不屑于与巴基斯坦竞赛。民间的技术、艺术得不到政府的关注。唯一不变的，是齐亚将军对宗教的热情。巴基斯坦正在变成一个面纱背后的国度，向着阿拉伯世界靠拢。

只有在这样的背景下，才能更清楚地看到巴基斯坦是如何在分裂主义的大潮中，逐渐被印度甩下的。英国人留下的难题对于印度来说是一个可以克服的障碍，随着印度树立了中央政府权威，逐渐将国家整合成型，于是有了20世纪90年代的拉奥改革。

而对于巴基斯坦来说，东西巴基斯坦的分裂已经是伤筋动骨，巴基斯坦丢掉了一半的人口和大部分耕地，剩下的国土面积中大部分是山地和沙漠，既有世界第二高峰，也有最贫瘠的干旱地，巴基斯坦从一个可以与印度匹敌的大国，变成了一个问题重重的中型国家。克什米尔问题中巴基斯坦也吃了亏，让印度占据了最好的河谷地带。俾路支斯坦问题也在不断爆发。

到了20世纪80年代，随着阿富汗问题的激化，巴基斯坦边境上最后一个问题：普什图问题也爆发了。在巴基斯坦边境上，住着许多普什图人，他们传统上属于阿富汗人，却被英国人强行整合进了巴基斯坦。对于巴基斯坦来说，这些地区是不容丢弃的，但又很难整合进入中央政府。

随着苏联入侵阿富汗，阿富汗成为战场，而国际社会发现唯一能够支援阿富汗的渠道就是通过巴基斯坦西北地区，于是大量的武器送到了这里，将巴基斯坦西北部变成了人类武器密度最高的地区，从此以后打开了冲突的魔盒，至今依然无法愈合。

巴基斯坦之所以要帮助国际社会支持阿富汗，是因为它希望通过这样的举措重返世界主流，做一个受需要的国家，不想却引狼入室，不仅引入了大量致命武器，也引入了更加极端的宗教思想，从而让自己国家受害。

如今，巴基斯坦依然要付出高昂的维稳成本，由于西北问题、俾路支斯坦问题、克什米尔问题不断地威胁着国家安全，巴基斯坦不得不征收高昂税收来维持一支强大的军队，从而影响了自身的经济发展。

夹缝中的缅甸女神

除了印度和巴基斯坦之外，还有一个国家也可以算在南亚的范畴之中。它在最近10年内也在经历着重大的变革，不仅在经济上，也在政治上，同时又有着极大的回潮。随着中国出海战略的发展，以皎漂港为核心的海上替代通道也逐渐进入了人们的视野，因此，在本书的最后，不妨探讨一下缅甸最近的民主化和经济走向。

成也女神，败也女神，最近几年，世界上评价变化最大的一个人是昂山素季。2015年，世界一片欢腾，为昂山素季领导的政党获得了缅甸的执政权拍手叫好，这位长期率领缅甸人民争取民主运动胜利的女士，终于获得了她应该得到的机会，主导一个国家从封闭落后，走向开放和发展。

然而，仅仅过了几年，昂山素季却突然被妖魔化了，由于她对待边境上的罗兴亚人问题采取了冷处理的态度，无法达到西方的期望，于是各国开始纷纷谴责这位曾经的女神。许多大学撤回授予她的荣誉职位，西方国家的各级政府和机构也在剥夺她一系列的奖项和荣誉称号。

幸运的是，在她的家乡，女神依然是女神。许多国家的在野党一旦成了执政党，就立刻让人民感到失望而遭到诅咒，但在缅甸，人民依旧爱戴着这位掌握了政权的女神，表明她领导的务实改革得到了国人的认可。

在昂山素季掌权前后的2013年和2019年，我曾经两次去往缅甸，在第一次去时，当时的缅甸总统登盛刚刚释放了软禁中的昂山素季，随后她当上了议员和在野党领袖。与此同时，登盛推动了政治改革、经济改革、新闻自由改革等，直到2015年，昂山素季的政党掌握了权力。在缅甸，每一个人谈起昂山素季，都充满了希望。一位作为异议者的表演艺术家刚刚获准重新出山，当我们去看他的表演时，他激动地举着奥巴马会见昂山素季的照片，得意地表示自己这些年的奋斗是值得的。

在仰光的茵雅湖边，有一栋普通的建筑正在成为旅游景点。茵雅湖坐落在仰光城的北面，湖水清澈宁静，湖岸上绿草如茵，仿佛是世界上最平静的地方之一。在湖的南岸，这栋小小的建筑就是缅甸开国者昂山将军的住宅，也是当年软禁昂山素季的所在。

当我造访这里时，昂山的房子大门紧闭，在大门上高高地放着一张昂山将军的照片。几辆大型的旅游巴士停在门口，从车上下来一个个肥胖的外国人，在大门外品头论足。过了一会儿，外国人照完照片，纷纷上巴士离开了。可紧接着又来了两辆小型的巴士，这次来的是缅甸人，他们也乐于照相留念，然后离开。整个气氛显得欢快轻松。

到了2019年，昂山素季已经承受着国际社会无数的压力，但我再次去往缅甸时，与一位前教师谈话，再次提到了昂山素季，他依然是那么激动，急于告诉我，只有缅甸人最了解缅甸，昂山素季所做的一切都是为了缅甸，而国外的人们并不了解缅甸所发生的故事。

在我第一次访问缅甸时，只有很少的人会说英语，大街上几乎看不到任何英文。但第二次去时，短短的几年间，大街上的英文标志已经很多，青年人自信地与外国人交流着，就连缅甸的公交车上都在播放着学习英文的短片。虽然缅甸依然是个农村极其贫穷的国家，但昂山素季给人们带来的自信随处可见，表明缅甸正在试图摆脱之前的孤立状态，寻求发展与进步。这和国际社会强加给她的形象有天壤之别，也让人们感觉到，国际社会的许多后现代议题，与新兴国家最需要的发展议题是多么不同。

在南亚的殖民地中，印度与巴基斯坦常常会被用来作为比较。但是缅甸这个由于封闭而显得神秘的国度却很少有人关注。事实上，在独立后，缅甸与其他国家都不相同，它在不断摸索，不断进入歧途，却不断挣扎，希望能够找到一条比较适合自己的道路。我们不妨来看一看这个位于南亚东部的国家，曾经与印度都是殖民地，在独立后又是如何发展和演化的。

与印度相比，缅甸的集权主义倾向更加根深蒂固。印度在英国人统治之前是四分五裂的状态，而缅甸被殖民地化较晚，当印度已经逐渐沦落为英国殖民地的时候，缅甸由于地理位置更加难以到达，还处于光荣的孤立状态，英国制度在缅甸社会中留下的痕迹不深。

更重要的是，缅甸到1752年还建立了一个辉煌的王朝——贡榜王朝。贡榜王朝南征北战，是东南亚的霸主。与此同时，贡榜王朝又是一个中世纪的帝国，除了中央政府之外，缅甸境内还有许多少数民族，比如克伦族、克钦族、掸族等，他们居住在山区之中，传统不同，政治更加落后。这和当年中国的清政府相似，除了中央直辖区，还有不少附属区，更远处则是属国，共同构成了帝国圈。

这种前现代的帝国模式留下了种族冲突和分裂的苗子。而要对付分裂，很多时候除了动用武力，没有其他好办法。缅甸东北部的罗兴亚人问题也就是在这样的背景下产生的。罗兴亚人是来自孟加拉国的穆斯林，缅甸人则都信奉佛教，从贡榜王朝以来，历届政府从来没有承认过他们的身份，也缺乏将他们纳入社会框架的经验，这种情况一直持续到了现代，很难通过一两个善意的举动而有所改观。

英国人到来后，一方面带来了许多白人特权，另一方面也尝试在殖民地建立一套宪法制度。由于印度殖民地化较早，精英教育更完善，所以会出现甘地、尼赫鲁等熟悉英美制度、尊重宪法框架的精英阶层。但是在缅甸，宪制建立较晚，精英阶层的发育也不完善，力量不够强。

到了第二次世界大战时期，缅甸一度被日本人占领，成了日本进攻中国云南地区的跳板。为了扶持缅甸对抗英美的政治势力，日本还开始寻找在缅甸的代理人。日本人扶持的多是年轻人，他们多被送到日本进行过学习。这些人文化素质和宪制理念并不强，又因为军事化训练带上了军人的特征，还有的人借助佛教的慈悲情怀希图建立一个佛教秩序的国家，这使得缅甸的政治思想一直不发达。

然而，在日本人扶持的人当中，却有着一个异数：昂山将军。与他的其他同志比起来，昂山是一个更加理想化的人。他很早就参加了反对殖民地的斗争。昂山也曾经醉心于利用日本人来反对英国统治，寄希望于在日本的帮助下建立一个独立的国家。但他发现日本人的榨取比英国人更甚。作为新兴帝国的日本缺乏有效社会规则的约束，借助日本人赶走英国人无异于痴人说梦。于是昂山决定开展反日活动，并与英国人进行合作。

第二次世界大战后，英国人突然发现，虽然日本人投降了，但一个独立的缅甸领导层已经逐渐成熟。这个领导层由昂山将军领导，做好了接替英国人的准备。如果他们无法通过和平手段接班，并不排斥使用暴力手段。

英国人意识到如果继续把缅甸作为殖民地，统治成本要大于它的收益，决定用和平的方式，让缅甸分步骤独立。缅甸独立前，英国人已经在缅甸设立了议会制度，最初的议会是由英国人控制的，此刻，英国人把总理的职位让出来，请昂山将军担任。

昂山将军任总理后，缅甸分步骤独立的过程开始加速。他主持制定了相对民主的缅甸宪法，并与英国人签订了"昂山-艾德礼协定"，规定一年后缅甸独立。由于缅甸的帝国特征，拥有着众多的少数民族，在制定宪法时，昂山倾向于对少数民族给予了较为优厚的政治待遇，来团结整个缅甸。然而，就在昂山将军和少数民族进行讨论的时候，他被刺杀身亡。

将军的死亡成为缅甸悲剧的重要原因。一个制度最重要的时期，是它刚刚建立时。民主制度虽然从长期来看是有利的，但在短期内，却要影响许多既得利益的分配。为了把各种利益集团拉到一个框架内进行博弈，需要一个颇孚众望又带点强力色彩的人主持工作，这个人既要有开阔的思路、认同民主制度，又不能有野心进行独裁统治。或者可以说，他的统治色彩必然带上一定的魅力型领袖的特征，但他本人又足够清醒，避免独裁之路，这样这个国家才较容易度过最初的学徒期。

昂山是一个和尼赫鲁接近的人物，颇孚众望，能够得到各种势力的认可。如果失去了他，从缅甸当时的政治家中很难找到一个这样的人。

昂山死后，他的政党在最初仍然能够保持团结，一个叫吴努的人担任了独立后缅甸的首任总理，并宣誓要实行民主制。吴努是一个理想主义色彩很浓、道德层次很高的人，却缺乏足够的魄力和勇气。他是一个诗人、佛教徒，却不是政治家。

独立的缅甸经历了各个殖民地自治后不可避免的阶段，充满了混乱和矛盾。

在宪法层面上，吴努基本上是一个民主派，但当时缅甸国内的各种势力过于分散，且要求各个不同。和尚们试图把佛教立为国教，并排斥少数民族和伊斯兰教群体，也包括华人；少数民族区域纷纷要求独立，发动了叛乱；左派和右派之间也吵成一团。作为总理的吴努缺乏足够的勇气和威信，无法将所有的势力捏合在一起。统一的缅甸离心力越来越大，以致人们开始担心这个国家会不会分崩离析。

在行政层面上，由于把战前的行政官僚都排除在外，缅甸缺乏合格的官吏，结果官吏们仍然在用中世纪的统治手法来治理国家，腐败和索贿横行，民间经济受到了极大的损害。

在经济层面上，吴努是一个信奉国家投资的人，缅甸获得了不少的海外投资和贷款，但这些钱并没有进入民间，而是由政府组织了不少大的投资（"比道达"计划），这些投资建设的工程和工厂大都浪费掉了，没有形成实业力量。政府投资虽然浪费了，但海外流入的钞票却没有回笼，形成了巨大的通胀压力，从而进一步摧毁了民间经济。

到最后，解决不了问题的吴努只好求助于佛教来团结全缅，举行盛大的佛教活动，甚至本人都把权力交给副手，自己跑掉好几个月去拜佛，但这显然无济于事。丧失了制度建立的最初机会，那么这个政权迟早要付出代价。

1958年，当吴努因为党争、经济等问题，无法组织有效政府的时候，决定请昂山将军的一位老朋友——奈温将军出面暂时接管权力。奈温将军是昂山将军的同志，曾经一起去日本学习，又一起举起了独立的大旗，他被称为缅甸的"军队之父"。

作为缅甸军方的首领，由于缅甸军方在抗英过程中的功劳为人们所铭记，加上军人正直的形象已经深入人心，军方的接管受到了民众的欢迎。需要说明的是：这次接管也是有宪法依据的，不属于军事独裁，因为宪法规定军队可以在政府解散后组织看守政府，并安排大选，等新的政府选出来后，再把权力移交给新政府。

军人组织的看守政府按照规定将于半年后组织大选。然而半年后，由于条件不成熟，大选又推迟了一年，所以，军人看守政府此次执政一年半（准确地说是16个月）。

没有理由怀疑奈温将军的诚实和理想主义，他也的确很好地维持了政府和社会的运转，并按照承诺在一年半后将权力交回给了合法政府。军人再次退居幕后，民主继续前行。

但几乎没有人发现，这一年半的军人执政已经给缅甸政治留下了一个潜在的后果：在军人执政之前，民选政府把社会和经济状况搞得一团糟，而在军人执政时期，由于军人高度的纪律性，腐败的传言消失了，社会的动荡也随之减弱，更难得的是，奈温将军的看守政府还使得缅甸的经济出现了出人意料的好转。

由于军人政府平息了动乱，并鼓励农村经济的发展，使得农村经济又出现了活力。奈温还力排众议，组织了一个主要由各行业专家组成的领导班子，这个班子对城市经济和城市管理也很有成效。军人虽然再次把权力交给了民选政府，但在缅甸人的心目中，却一直怀念这短暂的军政府时代。

在短暂的军人代政之后，吴努总理再次重新上台。他上台后缅甸经济不出意料地再次开始走下坡路。又经过了一年多，缅甸的经济滑向了失控的轨道。

人们心里在偷偷地对比时，已经逐渐倾向于强人政治。那一年半的军人代政除了对普通民众产生影响之外，也影响了奈温将军这样的军人。奈温将军意识到，自己是比吴努等人更适合的政治家，能够有效管理这个国家。当他对吴努等人越来越失望的时候，决定接过统治的大权。

1962年，缅甸军人发动政变，推翻了吴努总理的统治。这次军人政变并非是野心家的产物，而是时局变动与个人判断的结果，我们不需要去质疑吴努或者奈温的人品，他们之所以出现，是因为经过十几年的试验，民主政府在团结缅甸取得发展的道路上暂时失败了。

上台后的奈温雄心勃勃，制订了一系列的计划，以期在最短的时间内让缅甸富裕起来。上一次他的看守内阁只执政了一年半，就取得了巨大的成绩，那么这一次呢？

答案是：这次他们完全无能为力了。

在看守政府时，由于军人恢复了社会秩序，民间经济也随之复活，从而带来了社会经济的发展，至于军人制定一系列主动推动经济的经济政策起到的效果却是有限的。让经济发展的是维持稳定和放松管制。奈温将军却错误地以为，民间经济的复苏是他经济政策大力推动的结果。由此他得出了结论：

需要加强对经济的管制和指导，加强计划性，向国有化的方向迈进。

军人将缅甸不仅领向了集权，还领向了计划经济，这两方面的合力让缅甸经济非但没有发展，反而走向了死胡同。于是，军政府时期的缅甸陷入了自我封闭和落后的循环之中，成了亚洲最神秘的国家之一。

当奈温意识到自己的努力没有将缅甸带入繁荣时，他建立的制度已经生长出巨大的惯性，而他本人的认识能力有限，不可能做出调整了。他热爱缅甸，却将缅甸带入了泥沼。

然而，奈温又并非投机主义者。事实上，大部分新兴国家的领导人希望能够领导国家走向富强。他们之所以失败并非是因为人的品格问题，而是他们所设计的路线不可能达到想要的结果。当奈温的改革失败后，他也采取了一定的补救措施。20世纪60年代后半期，缅甸出现了大饥荒，奈温放松了国有化和对市场的控制程度，以使得缅甸人可以生存下去。同时，他也知道军人统治名不正言不顺，于是建立了一个表面上合法的政府。

到了20世纪80年代，社会反抗越来越强烈，奈温虽然采取了一定的镇压措施，但各类示威游行仍然是可以举行的。1988年，昂山将军的女儿昂山素季从英国回国，并领导了全国的民主运动，奈温由于没有控制社会示威的经验，开始用枪来回答示威者。但他也并没有试图杀死昂山素季，既考虑到她是自己亲密战友的女儿，也是因为他有自己的原则。

奈温不杀昂山素季，没有把反对派赶尽杀绝，使得缅甸始终保持着一个成熟的反对党，这一点，可以说是奈温给缅甸留下的最优质遗产。这个反对党的目标不是破坏社会秩序，而是建立民主。没有成熟反对党的社会在转型期极易坠入民粹的漩涡，并导致另一个强人出现。

奈温在全国人民的压力下同意举行民主大选。但是，一个人面临他的一生被否定时，他并非完全心甘情愿走开。于是，昂山素季领导的反对党虽然赢得了选举，但军政府决定不承认选举结果，并软禁了昂山素季。

事实上，军人政府的行动还是来得太晚了。如果他们更有经验和不择手段，可能会在选举之前执行严格的管制，操纵选举，但实际上，大选一直进行了下去，甚至没有禁止民主联盟参选。直到大选结果出来，昂山素季领导的民主联盟赢得了胜利。这时军人集团才缓缓来迟地跳出来禁止了民主联盟，并建立了另一个军政府的统治。即便如此，地下的民主联盟仍然可以活动并获得支持，成了成熟的政治力量。

拯救缅甸的路线图

1988年缅甸的民主运动表面上看是政治运动，但实际上是因为缅甸政府将经济搞垮了。经济衰退导致了商品减少，商品减少强化了配给制；军政府由于四处要花钱，只好乱印钞票，更导致价格飞涨。人民对经济的抗议逐渐演变成对民主的渴求。

昂山素季原本已经在英国生活，并没有参与缅甸的政治进程。在一次从英国回缅甸探亲时，她看到了缅甸人的生活环境，决心留下来。由于她是昂山将军的女儿，又拥护民主，获得了缅甸知识分子的支持。

在昂山素季的感召下，民主联盟在大选中取得了巨大的胜利，然而随后就被军政府禁止了。这之后的昂山素季大部分时间都在软禁之中，对缅甸的政局并没有实际的影响。但是，她的旗帜作用是如此之大，随时都会给军政府造成压力，使得他们产生危机感。

缅甸要走向民主，需要借助双重的压力：内部集团（军人集团）中产生一批想改革的开明分子，外部也要形成反对力量（民主派），压迫内部集团改革。内部集团的开明派和外部力量的反对派缺一不可。昂山素季所起到的作用就是外部力量。

与此同时，内部集团还必须足够开明，至少要容忍外部力量的存在，而不是把他们杀光。昂山素季被软禁这么多年一直没有被杀害，中间还有几次被放出来恢复了自由，可见内部集团的开明派还是有作用的。

军人政府叫停"8888民主运动",是出于两个方面原因:第一,为了保持既得利益。第二,更重要的是,他们认为昂山素季领导的民主不适合缅甸,会造成失控,当社会变化超出了他们的知识范畴,他们的第一反应就是叫停这种变化。

军政府的危机感并没有随着昂山素季的软禁而减轻,他们知道,虽然民主运动可以暂时冻结,但如果他们本身不作出改变,这样的运动还会一而再再而三出现,直到冲垮现有的堤岸。他们尝试召开国民大会,通过协商的方式重启一种可控的中间状态,但由于各方的分歧过大,协商失败了。军政府关闭了国民大会,决定自己来主导改革。

2003年开始,缅甸的政改在军人政府的主导下启动。这一年8月底,新上台的钦纽总理还推出了一份缅甸民主路线图。

尽管钦纽的路线图是不错的,但在当时却受到了国际上的批评,认为它没有时间表,是虚伪的。为了证明这不是虚伪的,钦纽总理与昂山素季也取得了联系,试图将她也拉入进程之中。但钦纽和昂山素季的联系又激怒了另一个以丹瑞大将为首的军事集团。对于稳定的渴望,终于又一次压倒了改革的呼声,钦纽被迫下台。一个强硬派总理梭温上台执政,导致缅甸的民主历程再次出现了中断。

2007年,脆弱的政治结构再起波澜,一次小小的汽油调价事件引起了僧侣的抗议,并最终演变成了呼吁民主自由的"袈裟革命"。僧侣在缅甸的地位很高,在1988年的民主运动中,僧侣虽然有参与,但不是主角,在2007年的"袈裟革命"中僧侣成了革命的主角,使得缅甸政府的压力更大。

"袈裟革命"虽然被镇压下去了,但随着缅甸政治和经济压力越来越大,军政府又意识到必须改革了,民主进程再次开启。此刻,登盛将军继梭温之后当上了总理。在登盛的主导下,缅甸再次启用了钦纽的路线图,并遵循着路线图一步步向下走,制定了宪法,开始选举。

2010年,当缅甸遵循路线图举行全国性选举时,它已经站在了一个岔路口上：这到底是一次公正的选举，让缅甸走向民主，还是一次虚假的选举，变成军政府操纵的游戏？

事实证明，它的确又是被操纵的。

2010年的选举，昂山素季和她的民主联盟再次被排除在选举之外，从而证实了这次所谓的民主是假的。但令人意想不到的是，选举结束后，新的机会却出现了。

军事集团仍然担心昂山素季给现有格局带去的破坏性力量，他们在小心翼翼摸索民主道路的时候，也想将她的影响降到最小。但他们又知道，离开了昂山素季（包括她的民主联盟）的参与，缅甸就不会有真正的民主。

所以，军人们设计了一条曲线的道路：首先把昂山素季排除在外，通过虚假选举建立起稳定的政权（2010年大选）；再邀请昂山素季加入棋局。他们认为这样既可以保证昂山素季的参政权，又不至于让政策出现巨大的跳跃和断档，给改变留下时间。

这样的动作也可以看出军人们的小心翼翼，他们已经害怕了像奈温将军发起的那种剧烈变动，宁肯用变化最小的方式来完成变革。当然，这样做也不是没有危险。这样做需要双方的政治家都保持足够的冷静和谦让：登盛总统必须有足够的肚量容得下昂山素季，而昂山素季也必须同意加入进来，而不再像以前那样只是作为批评者存在。

经过登盛的拜访，昂山素季同意了，她认识到这是一个民主的机会，她甚至还帮助缅甸改善形象，从国际上争取更多的资源来进行改革。

双方就这样小心翼翼地合作着。登盛如同是一个智慧的老人在小心翼翼地掌着舵，又坚决地避免它走回头路。随着政治的民主化，各方面的管制也在减少，并越来越尊重人民的权利。

到了2015年，在另一次选举中，昂山素季的政党终于成了执政党。主导了改革的登盛绝不恋栈，挂冠而去，终于完成了缅甸民主化改革的最后一步。

如果到这一步历史就终结了，那么无疑这是一个圆满的结局。但到了

2021年，由于前一年昂山素季的政党再次在选举中大胜，缅甸军人宣布不承认选举结果，再次发动了政变推翻了这个只存在了五年的民主政权。这也显示出缅甸政治的善变与多样，人们总以为历史是线性前行的，但它却表现出了极强的螺旋性特征，有前行也有回潮。

这一次政变之所以会发生，在于缅甸的宪法中依然规定了军人集团的不少特权，加之昂山素季本人不能当选总统（她嫁给了英国人，不符合宪法规定的担任总统的条件），这使得2015年之后的政治状态只是一种过渡状态。军人集团也并非铁板一块，事实上，它内部也有着改革派和保守派之分。登盛所代表的改革派离开后，军人集团中的保守派越来越担心昂山素季的进一步改革会损害他们的利益，而昂山素季也受到了太多的掣肘，双方都希望对宪法做出一定的调整，以对自己更加有利。政变就是在这样的背景下发生的。

目前依然无法预测缅甸政变的结局，那些尝到了民主滋味的人们不愿意接受另一次军政府，他们的反抗又激起了军政府的另一次镇压，缅甸有可能会回到1988年之后的局面。但是，另一方面，也应该看到军人集团内部也有着改革的需要，在确保利益不受损的情况下，有可能再次开展另一次的民主尝试。不管怎样，缅甸这个神秘的国度依然让国际社会无法做出准确的预测，这或许会造成未来发展的障碍。

在对比缅甸和印度在独立后的发展时，人们会发现，缅甸由于历史包袱重，在独立后经历了更多的波折。印度虽然曾经有过经济发展缓慢的时期，但一直保留着较为成功的民主制度。虽然英迪拉·甘地时对制度有所破坏，但随后的政治家们又回归到民主轨道上。缅甸不仅在经济上失败，人们也没有维持民主制的经验，导致军人政权屡屡出现，缅甸也由此走上了闭关锁国的道路，成了东南亚、南亚地区最封闭的国家。

缅甸的军人也并没有完全放弃理想色彩，他们虽然在建设国家上屡屡失败，却依然在对治国模式进行探索。加上开国者的女儿昂山素季的努力，使得民主的观念在缅甸已深入人心，缅甸国内依然存在着一个相对成熟的反对派，双方即便存在着对抗，但未来仍有合作的可能性。

然而，即便不考虑这次政变，缅甸的整体形势依然是复杂的。由于它们继承了100多年前遗留的帝国模式，在中央区域之外，有着许多少数民族地区，如何整合这些地区依然是个难题。在军政府时代往往采取武力，即便昂山素季执政，也无法完全放弃武力。只有当这些外围地区完全整合进入缅甸的政治之中，才有可能最终结束武力冲突。

昂山素季是一个务实的人，她不会因为要讨好世界的某种思潮，就完全放弃武力，也不想在缅甸还没有达到现代化时就沾染上太多的后现代毛病。缅甸改革之初，有的地方以环保等为借口对一些中国资本提出了限制，但随着缅甸政府将精力集中在经济发展上，中国投资不仅没有撤出，反而在加速进入，这也是双方从务实的角度做出的良好选择。缅甸最需要的是成熟的资本，只有中国能够附加最少的条件，给予最多的投资，而中国需要的则是投资机会，这是一种双赢的局面。未来在缅甸迎头赶上世界的步伐，获得足够的发展后，才应该更加关注西方人操心的后现代问题。

另外，缅甸国内的少数民族罗兴亚问题虽然在世界上掀起了轩然大波，但在国内却并不被当作一个大问题。昂山素季选择了搁置这个无法一下子解决的问题，即便受到了国际上的压力，也还是最务实的做法。

只是随着政变的爆发，许多内部问题必然外部化，因此，不难理解有人会借着这个机会，煽动缅甸人对中国企业进行破坏，导致问题的更加复杂化，缅甸今后仍有可能重回闭关锁国的轨道。

在未来的一段时间内，中国在南亚的几个邻居依然各自面对着不同的问题。

缅甸的动荡以何种方式结束，是以双方的妥协重回和平的轨道，还是在外部的鼓励下走向彻底的对立，是决定缅甸未来命运的关键。而到底选择哪一条路，又必然在于双方的领导层是否足够明智，以及他们是否能够控制自己的阵营；军人集团的诉求在于保留他们的一部分宪法特权，但如何将他们的特权最小化，同时又让他们放心，不秋后算账？在经济上，虽然改革的几年发展迅速，但由于缅甸的底子太薄，发展还需要足够长的时间，如果不能尽快地解决政治问题，势必再次影响到发展问题，久拖不决只会让缅甸的形势更加复杂化。

在很长时间内，三大边境问题依然会困扰巴基斯坦，让它无法全力以赴地谋求发展，这可能是未来可预见的期限内无法改变的现实。除了边境问题之外，它能否摆脱教法阴影，完成世俗化，则是政治上的重大任务。当中国投资大批进入时，最应该考虑的是效益，也就是说，能否从投资中让双方都获得足够的利润，是友好关系是否能够持续的重要因素。

而印度虽然有着教派冲突、计划经济残留、官僚主义和许可证制的多重问题，但由于它的人口基数庞大，加之已经完成了大部分的政治整合工作，在未来它依然是世界发展的引擎之一。它很难像中国一样发展那么快，但它的发展却是长期的。它的地理位置非常重要，既可以沟通非洲，又卡住了世界石油运输的关键性通道。如何与这个区域性大国打交道，依然是我们未来数十年面对的重大课题。

后　记

　　10年前，当我开始了对海外地区的行走观察，才感觉到世界的变化是如此迅速，也总是不由自主地拿刚发生的新闻与我的经历相对照。比如，当2020年黎巴嫩首都贝鲁特的港口发生大爆炸时，我会立刻意识到，我当年住过的旅馆已经不存在了。那个小旅馆就在港口的旁边，距离发生爆炸的码头直线距离只有两三百米而已。我试图去了解我见过的人是否安好，却得不到答案。

　　2020年11月，埃塞俄比亚政府军再次与提格雷的地方武装发生冲突，政府军炮轰了提格雷的首府梅克勒，我突然想到我的书《穿越百年中东》的部分章节，就是在梅克勒的一家小旅馆里写出来的。在那儿有一位美丽的女孩子，她梦想着去首都亚的斯亚贝巴读书。她的美貌曾经让我赞叹不已。但是，她的梦想到底实现了没有？当战乱再次笼罩这个多灾多难的国家时，她在梅克勒的家人到底怎样了？依然没有答案。

也是这一年，当阿塞拜疆和亚美尼亚战火再起，我想到了在土耳其边境地区遇到的一位亚美尼亚青年告诉我"阿塞拜疆是我们的敌人"时的斩钉截铁，以及另一位阿塞拜疆青年在伊朗国境线附近指着对面阿塞拜疆领土上废弃的村庄，告诉我是亚美尼亚人焚烧了这些村庄时的悲痛。

再往前，当阿富汗喀布尔的第五警备局发生了恐怖袭击时，我的朋友、帮助我找回了被抢劫的物品的第七警备局的阿米里探长前往医院看望那些受伤的同事。我一直为阿米里感到担心，因为这是一个随时将脑袋挂在腰带上的工作。但现在，我已经联系不上他了。

我在喀布尔鸡街遇到的扎希尔老人还健在吗？他出生在阿富汗改革的和平年代里，他的生命穿越了数十年的战争，经历了国王、总统的统治，苏联的入侵，"圣战者"、塔利班的统治，美国的占领，当垂老的他向我讲述一生的经历时，是那样让人唏嘘。

当印巴之间因为克什米尔问题发生冲突时，我总是在想，当年我在汽车上遇到的那名即将潜入敌方控制区的士兵是否依然安全？

当马里、布基纳法索等西非国家不时又爆出恐怖袭击时，我立刻想到了在那里遇到的人们，比如曾经帮助过我的马依噶。

我遇到过的难民、偷渡客朋友是否回到了家乡，或者找到了谋生手段？我见到的大学生是否实现了去欧洲读书的理想？等等，太多的问题都不再有答案。

自从我的历史作品打开市场之后，很多人问过我，在国内最好出版、也最好卖的社科类书籍是历史书，而对现代世界进行观察的作品却并不容易出版，既然我的历史书已经有了一定的名声，为什么还要坚持花时间去行走，自找苦吃去写出版周期更长、回报更慢的作品？既然依靠查阅资料就能写出作品，为什么还要费尽心机地在路上奔波？

我的回答是：那是因为，任何只在书斋里的作品都是不可靠的。一部好的作品，必须来自实践。也正因为抱有这种理念，我不可能放弃对现代世界的思考与观察。

我的行走系列的作品，每一部都要求亲自去过，观察过，与当地人接触过，才能避免闭门造车，依靠想当然去写作。即便我的历史系列，也必须有足够的生活经验作后备，比如《中央帝国的财政密码》和《中央帝国的哲学密码》，来自我做财经记者时期的观察和思考，而《中央帝国的军事密码》则是在走遍了全国，考察了大量的山川地理之后才敢动笔。就算是纯粹历史讲述性质的《汴京之围》，也综合了财政、经济、军事、地理等多方面的知识，只有这样，才能写出活的作品，并且保证作品更加可靠。

如果哪一天我只会坐在家里等材料，就是我的创作力死亡的那一天。

作为丝绸之路三部曲中的一部，本书也是一部总结性的书，将我近10年来的游走和观察放在了一本书里重新梳理。如果读者朋友们读过我的其他游记，可能会发现，本书的观察有一些已经在我的六本书里有了体现，它们分别是被称为亚洲三部曲的《印度，漂浮的次大陆》《三千佛塔烟云下》（东南亚）、《骑车去元朝》（蒙古），以及穿越三部曲的《穿越百年中东》《穿越劫后中亚》（暂未出版）、《穿越非洲两百年》。

回顾这10年游历生涯，会发现在观察和写作过程中，我的心态和思绪都有过不小的变化。写《印度，漂浮的次大陆》时，年少轻狂的我可以与印度人一起爬火车、睡车站、喝生水、吃素食，和他们吵起架来也同样不含糊，这样做都是为了按照印度人的生活方式去观察他们的生活。那时候的我不知道病痛和恐惧，显得如此单纯，笔调上也更加乐观向上。

虽然在东南亚遭遇了人生中第一场热病，在柬埔寨看到了战争留下的创伤，但都没有影响我乐观的心态。即便在观察蒙古时，我依然敢于骑自行车单人穿越，甚至一路扎营，而从来不担心自己的安危。事实上，在蒙古我曾经遭到过陌生人在夜间的盘问，也曾经被人恶意威胁过，被孩子扔过石头，但这都无法挡住我好奇的冲动，我也相信，即便有过挫折，但我遇到的帮助始终要比恶意多。

到了中东，我终于和战争遭遇了。在那儿我遇到了自愿去参加战争的青年人，才第一次意识到世界并非都是善意的。或者说，即便所有的人都以为自己是正义的，但每个人的"正义"却可能有天壤之别。也是从那时开始，我对世界有了更加深入的思考。在之前，我注重的是去解释世界为什么是这样，从而寻找背后那根向上的规律性，最后希望能够找到共同发展与和平共处之道。但那之后，我开始试图去发现世界的矛盾所在。事实上，直到现在，几乎每一年，在世界的这里或者那里都会爆发战争。可是，既然每个人都爱好和平，人们为什么又要去打仗呢？

　　在中东，我能够发现问题，却无法提供解答。因此，亚洲三部曲是试图发现规律和答案的书，而从中东开始的新的三部曲，却成了发现问题却无法提供答案的书。

　　在中亚的阿富汗，我遭遇了暴力袭击并负伤。这次负伤让我更加谨慎地行事，从这时开始，我意识到危险是确实存在的，而我并没有老天爷赐予的幸运符或者不死之身。

　　到了非洲，我又差一点遭遇诱拐，但正是因为谨慎行事，让我避免了更糟的结局。加上在这里我遭遇了疟疾的折磨，让我更加意识到世界的复杂性远远超过了一个人的承受力。

　　也许正是因为这些经历，让我的笔调更加冷静。但这并不是说我的看法变得很阴暗。我自己的遭遇，以及我看到的、听到的故事，反而让我更加有了同情心，我深爱着观察的每一片土地，为在这些土地上生活的人们感到欢欣或者悲伤。也因为这份感情的存在，我更想把他们的历史讲出来，将他们所面临的教训告诉给读者，也让读者们意识到中国发展的不易。

　　我依然强调的是，世界是一个道义与实际利益的混合体。曾经利益和暴力占过上风，正由于这样的世界不值得人们期待，于是人们才发明了人权、自由等观念，来取代纯粹的暴力和自私。现在人们已经在文明的道路上取得了很大的成就，但距离完全理想化的世界还有很长的路要走。在这条路上也常常会有回潮，但即便在冲突爆发的时刻，也必须坚定地走下去，而不是因为以前有过暴力时代，就质疑现在的路是错的。

本书是丝绸之路三部曲的第二部。在第一部《丝绸之路大历史》中，我回顾了古代中国与世界的交往，以及世界对中国的影响。在第二部中，则写"一带一路"的现实，并探讨世界如何走到了今天，以及将走向何方。特别总结了不少发展中国所面临的陷阱和教训，希望中国人能够远离这些教训，和平又顺利地发展下去。

然而，由于Covid-19疫情的影响，本系列的第三部，也就是描写中国人在海外闯荡的书，却可能不得不推迟一段时间。随着疫情的爆发，目前无法确定何时开始采访，至于成稿，很可能要到更靠后的时间了。疫情造成的停滞可以用读书来弥补，在这段时间里，我翻译了两本书，一本是关于西非的历史，另一本则是更加古老的欧洲墨洛温王朝的历史，以此作为无法出访的补偿。此外，天地出版社即将出版的关于西班牙内战的书，也有我翻译的部分的内容。

再次强调，本书是一本教训之书，我希望读者在读完之后，能够明白中国改革开放是多么不易，今天的和平与富足不是理所应当的，而是我们共同选择和努力的结果。事实上，世界上更多的教训证明，一旦背离了融入世界的初心，那么，接踵而来的恶果是有可能将一切的成就重新毁掉的。

本书最应该感谢的是我的祖父母郭保成和李玉萍。在我一生中，对我影响最大的人莫过于他们。我从小跟随着他们长大，是他们让我抛弃掉那些世俗的观念，去追求一种更加独立于物质主义的精神生活。他们在我读大学的第一学期就双双去世，也正是从那时开始，我决定遵循他们的教导度过一生，不向任何世俗妥协。这才有了现在的我，我的观察，我的游走，和所有作品。

感谢我的父母郭连生和张桂琴，在我最无助的时候，你们始终相信我，并给我物质支持，让我坚持着走下去。

感谢我的妻子梦舞君，认识你之后，我的每一本书都是在你的关切下诞生的。

感谢我的出版人团队，杨政、李云、陈德、董曦阳、李博、张根长、武波等，以及市场和发行团队的诸位编辑，你们一直是我最佳的搭档，自从找到了你们，我才有了专心写作的可能。

感谢当代中国出版社的高山、刘文科、邓颖君等，你们为本书的出版提供了帮助，使得此书能顺利出版。

感谢我的朋友文学锋、秦旭东、周杭君，你们的信任是我走到今天的动力。

本书的素材来自于10年的游历，本书写于大理风吼居，初稿于2020年，终稿于2021年2月底。

图书在版编目（CIP）数据

失落的世界：新兴国家发展的陷阱与教训 / 郭建龙著 . -- 北京：当代中国出版社，2023.4
ISBN 978-7-5154-1250-4

Ⅰ . ①失… Ⅱ . ①郭… Ⅲ . ①发展中国家—概况 Ⅳ . ①D501

中国国家版本馆CIP数据核字（2023）第034299号

出 版 人	冀祥德
责任编辑	邓颖君
责任校对	康　莹
印刷监制	刘艳平
装帧设计	水玉银文化
出版发行	当代中国出版社
地　　址	北京市地安门西大街旌勇里8号
网　　址	http://www.ddzg.net
邮政编码	100009
编 辑 部	（010）66572744
市 场 部	（010）66572281　66572157
印　　刷	北京文昌阁彩色印刷有限责任公司
开　　本	710毫米×1000毫米　1/16
印　　张	22.5印张　8插页　306千字
版　　次	2023年4月第1版
印　　次	2023年4月第1次印刷
定　　价	88.00元

版权所有，翻版必究；如有印装质量问题，请拨打（010）66572159联系出版部调换。

天喜文化

出 品 人　陈小雨　杨　政
监　　制　陈　德　董曦阳
项目统筹　李　博
策　　划　武　波
营　　销　胡媛媛

郭建龙在天喜

《汴京之围》

一部帝国荣辱衰亡史

《穿越非洲两百年》

一部有温度的现代非洲史

《丝绸之路大历史》

一部古代中国与西方世界的文明交流史

《盛世的崩塌》

一部全新视角下的大唐帝国兴衰史

生年月的文章，分类人无前由

天喜文化